संत रैदास

जिस समय रैदास व्यावहारिक रूप में जगत् की बात करते हैं, उसको एक दुःख का आगार, कष्ट का कारण तथा भ्रमरूप मानते हुए भी स्पष्टतः एक सत्कर्म-क्षेत्र भी मानते हैं; विभिन्न सामाजिक गुणों को जीवन में ग्रहण करने का उपदेश देते हैं और कर्म की पवित्रता का आग्रह करते हैं; कर्म की पवित्रता के लिए सर्वाधिक महत्त्वपूर्ण प्रेरणा, मोक्ष एवं दुष्कर्म के विरुद्ध दंड की अवस्था, कर्म और पुनर्जन्म का ज्ञान देते हैं। उनका कथन है कि 'मानव-जीवन इस रूप में एक दुर्लभ उपलब्धि है। और इसी मानवशरीर से हम सत्कर्म करते हुए अपने को पुनर्जन्म से मुक्त करा सकते हैं। वे मनुष्य शरीर को कच्चे घड़े के समान नष्टप्राय बताते हुए यह चेतावनी देते हैं कि इस जन्म को वृथा न खोकर उसका सदुपयोग किया जाना चाहिए। अनेक स्थलों पर तो वे पूरे मानव जीवन को विभिन्न (चार) खण्डों में बाँटते हुए प्रत्येक जीवनांश या आयु का उपयोग हरि-स्मरण में कर दुष्कर्मों से बचे रहने का उपदेश देते हैं और कहते हैं कि अबकी बार तो यह अवसर (मानवशरीर) मिला है, दुबारा नहीं मिलेगा। अतः इसका सदुपयोग सत्कर्म (हरि-स्मरण) में ही होना चाहिए। यदि वह न होगा तो मृत्यु के उपरांत प्रभु (साहब) के सम्मुख संपूर्ण जीवन का लेखा-जोखा देना होगा और उस समय यम के हाथ दंडित होने के अतिरिक्त कोई उपाय न रह जाएगा।' मानव जीवन को रैदास ने एक हीरे की भाँति माना है, किंतु उसका यदि सदुपयोग भौतिक सुखों के अर्जित करने में किया जाये तो रैदास के अनुसार, 'यह जीवन को नष्ट करना ही होगा।'

—इसी पुस्तक से

योगेन्द्र सिंह

संत रैदास

लोकभारती पेपरबैक्स

प्रथम पेपरबैक संस्करण : 2008
पंचम पेपरबैक संस्करण : 2023

लोकभारती पेपरबैक्स : उत्कृष्ट साहित्य के लोकप्रिय संस्करण

लोकभारती प्रकाशन
पहली मंजिल, दरबारी बिल्डिंग, महात्मा गाँधी मार्ग,
प्रयागराज-211 001

वेबसाइट : www.lokbhartiprakashan.com
ईमेल : info@lokbhartiprakashan.com

शाखाएँ : 1-बी, नेताजी सुभाष मार्ग, दरियागंज, नई दिल्ली-110 002
अशोक राजपथ, साइंस कॉलेज के सामने, पटना-800 006 (बिहार)
1, अनमोल सोराबजी संतुक लेन, मरीन लाइंस, मुम्बई-400002

जे.के. आर्ट प्रेस
प्रयागराज द्वारा मुद्रित

मूल्य : ₹ 175

SANT RAIDAS
by Yogendra Singh

ISBN : 978-81-8031-233-5

दैवी सम्पद् मण्डल

की

महान सन्त परम्परा को

एवं

मेरे पिताश्री

श्री नन्द किशोरजी 'शान्त'

के गुरु महाराज

श्री १०८ श्री स्वामी एकरसानन्दजी सरस्वती

की पवित्र प्रेरणास्पद स्मृतियों को

सविनय समर्पित

जिनके दर्शन-सत्संग-उपदेशों एवं सम्पूर्ण महान दैवी व्यक्तित्व के प्रभाव ने मेरे बाल्यकाल से ही मेरे परिवार का वातावरण धर्म प्रवण बनाया और पूज्य स्वामीजी द्वारा स्थापित दैवी-सम्पद्-मण्डल का सम्पूर्ण परिकर-परिवार आज भी प्राणि मात्र के कल्याणार्थ अहर्निश संलग्न है।

विनयावनत

योगेन्द्र सिंह

कृष्ण करीम राम हरि राघव जब लग एक न पेषा।
वेद कतेब कुरान पुरानन, सहज एक नहिं वेषा॥
जोइ जोइ पूजिय सोइ सोइ कांची, सहज भाव सत होई।
कह रैदास मैं ताहिं को पूजूँ, जाके गाँव नहिं कोई॥

—सन्त रैदास

जब संसार में कार्लमार्क्स नहीं था, जब संसार में द्वन्द्वात्मक भौतिकवाद का चिन्तन नहीं था, तब भी मनुष्य अन्याय के विरुद्ध लड़ता था और यह संघर्ष मध्यकाल के सन्तों में हमें दिखाई देता है।...वे सब निम्न-जातियों की मुक्ति के लिए उठे हुए स्वर थे। यह स्वर मानवता का स्वर था और भारत में भी वैष्णव चिन्तन इसका मूल था जिसने सबमें समन्वय फैलाने का यत्न किया।

संगम और संघर्ष, पृ० ९२-९३—रांग्येय राघव
(किताब महल, प्र० सं० १९५३)।

प्रस्तुत संस्करण की भूमिका

प्रस्तुत पुस्तक 'सन्त रैदास' का द्वितीय संस्करण आपके हाथ में है। मूलत: यह पुस्तक कानपुर विश्वविद्यालय के तत्कालीन कुलपति माननीय श्री राधाकृष्ण के आग्रह पर कानपुर विश्वविद्यालय के सम्पूर्ण उपाधि धारकों को वितरित करने के लिये तैयार की जानी थी, किन्तु किन्हीं कारणों वश इस पुस्तक को मैंने एक चुनौती रूप में स्वीकार किया और सारे भारतवर्ष में घूमकर सन्त रैदासजी की सम्पूर्ण कृतियों का संकलन कर डाला। इन कृतियों के विभिन्न पाठभेद भी सामने आये (जिनका यथासम्भव इस पुस्तक में समावेश भी कर दिया गया है)। उपलब्ध सामग्री के प्रकाश में सन्त प्रवर के उपलब्ध साहित्य का संक्षिप्त आकलन भी करने की चेष्टा की गई किन्तु चूँकि यह पुस्तक उस समय दीक्षान्त समारोह में वितरण हेतु लिखी जानी थी अत: पुस्तक का आकार सीमित ही रह सकता था। अत: प्रत्येक पक्ष को संक्षिप्त करके प्रस्तुत करने की चेष्टा की गई और कहीं-कहीं तो इस प्रयास में समास-शैली ग्रहण करने के कारण पुस्तक के समीक्षा भाग के कुछ अंश दुरूह भी लगने लगते हैं। अस्तु पुस्तक प्रकाशित होकर दीक्षान्त समारोह में वितरित हुई और मुझे यह कहने में कोई संकोच नहीं है कि पुस्तक को हिन्दी जगत में ही नहीं विदेशों में भी पर्याप्त स्वागत मिला। पुस्तक प्रकाशित होकर देश के विभिन्न विश्वविद्यालयों के स्नातक एवं स्नातकोत्तर स्तर पर हिन्दी साहित्य के पाठ्यक्रम में सम्मिलित हुई, विदेशों की अनेक सम्बन्धित कृतियों में सन्दर्भित हुई और इंग्लैण्ड की एक संस्था ने इस पुस्तक का अंग्रेजी अनुवाद भी करवाने की अनुमति मांग ली। जब यह संस्करण प्रेस में जा चुका था तब भी मनोहर पब्लिशर्स द्वारा प्रकाशित Life & Works of Raidas लेखक Caltoear तथा Friedlander में 'सन्त रैदास'—ले० योगेन्द्र सिंह के सन्दर्भ दृष्टिगोचर हुए।

इधर सन्त साहित्य के प्रति हिन्दी साहित्य जगत में जो उपेक्षा का भाव पूर्व में रहा वह क्रमश: कम होता जा रहा है। इस घटाटोप को तोड़ने का प्रथम प्रयास बंगला में सर्वप्रथम गुरुदेव रवीन्द्रनाथ ठाकुर तथा श्री क्षितिमोहन सेन ने किया था और हिन्दी क्षेत्र में इस प्रयास का श्रेय पद्मभूषण डॉ० रामकुमार वर्मा को जाता है और अब तो सन्त साहित्य हिन्दी साहित्य के क्षेत्र की न केवल एक सशक्त विधा स्थापित हो चुकी है वरन् सामान्य जन की पीड़ा, निम्नतम दुखी व्यक्ति के उद्धार प्रयास को अभिव्यक्ति देने के कारण, वर्तमान सामाजिक चेतना के प्रयासों के साथ शायद यह साहित्यिक विधा ही अधिक तालमेल में बैठती है। इसीलिये विभिन्न विश्वविद्यालयों में अब सन्त साहित्य के अध्ययन को प्रमुखता दी जा रही है, जिसमें विभिन्न सन्तों का साहित्य अलग-अलग रूप से विशेष अध्ययन का विषय बन रहा है। जहाँ तक मेरी जानकारी में आया है, 'सन्त रैदास' जी भी विभिन्न विश्वविद्यालयों में अध्ययन के

विषय बने हैं और कतिपय विश्वविद्यालयों में तो 'सन्त रैदास' के साहित्य का विशेष अध्ययन करने के लिये विशेष पीठ (चेयर) स्थापित किये गये हैं।

प्रस्तुत पुस्तक 'सन्त रैदास' का प्रथम संस्करण बाजार में समाप्त हो चुका है। मैं इधर जहाँ भी जाता लेखक के नाते विद्वत् समाज मुझसे पुस्तक के द्वितीय संस्करण का आग्रह करता था। प्रस्तुत विषय "सन्त रैदास, उनका उपलब्ध साहित्य, विभिन्न पाठभेद तथा समीक्षात्मक अध्ययन" पर पुस्तक के प्रथम प्रकाशन तक जहाँ तक मेरी जानकारी थी, यह पहली पुस्तक थी। अभी भी इस प्रकार से समीक्षा तथा विभिन्न पाठभेद प्रस्तुत करते हुए शायद अब तक यह अन्तिम पुस्तक भी है। (यदि कोई अन्य पुस्तक उपलब्ध है तो विद्वत् समाज तथा माननीय पाठकगण मेरी ना जानकारी के लिये मुझे क्षमा कर दें) अतः मांग बराबर बढ़ती गई। इधर कुछ मेरा अन्य कार्यों में लगातार व्यस्त रहना या यों कहें कि कुछ प्रमाद पुस्तक का पुनः प्रकाशन विलम्बित करता रहा। सन्त समाज के आदेश, विद्वत् मण्डल के आग्रह तथा बहन राजलक्ष्मी वर्मा की लगातार स्नेहिल झिड़कियों ने पुनः इस ओर **ध्यान देने** को विवश किया और प्रस्तुत पुस्तक का वर्तमान संस्करण आपके हाथ में है। पुस्तक प्रकाशन में भाई दिनेश कुमार जी गुप्त का मार्गदर्शन तथा लोकभारती प्रकाशन के श्री दिनेश व रमेशजी मेरे आभार के विशेष पात्र हैं।

—योगेन्द्र सिंह

अनुक्रम

संत रैदास

प्रथम खण्ड

व्यक्तित्व

सन्त रैदास के विभिन्न नाम तथा व्यक्तित्व का निर्णय

सन्त रैदास अथवा रविदास एवं किंचित् उच्चारण भेद के साथ इसी से मिलने वाले अनेक नाम देश के विभिन्न भागों में प्रचलित मिलते हैं। सर्वप्रथम इस विषय में निर्णय की आवश्यकता है कि यह एक ही सन्त के विभिन्न नाम हैं या एक से अधिक सन्तों का व्यक्तित्व एक ही व्यक्ति पर आरोपित हो गया है। इस सम्बन्ध में मिलने वाले विभिन्न नाम हैं—रविदास, रैदास, रायदाय, रुद्रदास, रुईदास, रयिदास, रोहीदास, रोहितास, रुहदास, रमादास, रामदास, हरिदास। इनमें से रविदास तथा रैदास दो नाम तो ऐसे नाम हैं जो दोनों ही सन्त रैदास की रचनाओं में उपलब्ध होते हैं। शेष नाम उनकी रचनाओं में कहीं नहीं मिलते। वे सभी नाम विभिन्न अन्य लेखकों या अन्य व्यक्तियों के द्वारा उनके लिये प्रयोग किये गये हैं। गुरु-ग्रन्थ साहब में रविदास नाम से ४० पद तथा एक श्लोक संकलित है। इस रचनाकार के विषय में काशी का निवासी तथा जाति से चमार होने का वर्णन मिलता है। किन्तु साथ ही ग्रन्थ-साहब में ही अन्य स्थलों पर ऐसे भी पद मिलते हैं जिनमें काशी के निवासी चमार रैदास का प्रसंग मिलता है। इससे हम इस निर्णय पर सरलतापूर्वक पहुँच सकते हैं कि ग्रन्थ-साहब के रविदास तथा रैदास एक ही व्यक्ति थे।

'सन्त रैदास की बानी' में ८७ पद तथा ३ साखियों का संकलन 'रैदास' के नाम से हुआ है जिनमें से लगभग सभी में 'रैदास' नाम की छाप भी मिलती है। 'रैदासजी की बानी' में पद तथा साखियों का किंचित् पाठभेद के साथ गुरुग्रन्थ-साहब में संकलित रचनाओं से लगभग पूर्ण साम्य है। अतः यह बात पुष्ट हो जाती है कि रैदास तथा रविदास एक ही व्यक्ति थे। भक्त पच्चीसी के लेखक खेमदास ने रैदास को 'रयदास' लिखा है। डॉ० सुरेन्द्रनाथ गुप्त[१] ने रविदास को 'रुइदास' कहा है। यह 'रैदास' का बंगला उच्चारण भी हो सकता है। 'रुइदास' भी रैदास का बंगला उच्चारण में रूपान्तर ही ज्ञात होता है। 'भगवान रैदास की सत्य कथा' में उस पुस्तक के पाठभेद के साथ दो नाम मिलते हैं। 'रयिदास' और रोहीतास' जिनमें अन्तर करने की आवश्यकता नहीं है और इन दोनों ही नामों को रैदास ही समझना चाहिए। 'रैदास-रामायण' के मुख पृष्ठ पर 'रहदास रामायण' लिखा मिलता है। किन्तु अन्दर 'रयदास-रामायण' लिखा है। अतः इन दो नामों में भी अन्तर नहीं किया जाना चाहिए और इन्हें एक ही व्यक्ति, रैदास के भिन्न नाम समझना चाहिये।

---

१. हिन्दू मिस्टिसिज़्म।

प्रचलित विश्वास के अनुसार मीरा रैदास की शिष्या थीं। मीरा की एक पंक्ति में प्रयुक्त होने के कारण[१] रैदास के एक नाम 'रोहीदास' का और प्रयोग माना जाता है। किन्तु एक स्थल पर रोहीदास के प्रयोग से सन्त का नाम रोहीदास मानना अनुपयुक्त है। मीरा ने दूसरे अनेक स्थलों पर गुरु के रूप में 'रैदास' नाम से ही उनका स्मरण किया है।[२] सम्भव है गीत-लय या पाठभेद के कारण यह परिवर्तन आ गया हो किन्तु इतना निश्चित् है कि यह रोहीदास व्यक्ति भी वही रैदास थे और मीरा ने उनका नाम ससम्मान लिया है। सन्त तुकाराम, श्री रानाडे तथा विनोबाजी के मतानुसार भी सन्त रैदास को ही लोग रोहीदास कहते हैं।

भगवान रविदास की सत्यकथा में कुछ स्थलों पर रविदास को रामदास भी कहा गया है। कुछ सिख चमार भी अपने को रामदासी कहते हैं। भारत के बहुधा चमार अपने को रैदासी या रविदासी कहते हैं। इससे कतिपय लेखकों की यह धारणा बनी है कि रविदास का एक नाम रामदास भी था।[३] किन्तु यह तर्कसंगत नहीं है। सन्त रैदास के सभी अनुयायी अपने को हिन्दू ही मानते हैं और अब तक रैदास के अनुयायी होने के कारण उनमें से किसी ने कोई अन्य धर्म स्वीकार नहीं किया है; फिर रामदास नाम के अनेक धर्मगुरु हुए हैं—रामदास कबीरपंथी, सिक्खों के चतुर्थगुरु रामदास, धामी सम्प्रदाय के अनुयायी रामदास, रामदास मलूकपंथी आदि। अतः रामदास या रामदासी चमारों के आधार पर उस रामदास को मूल रैदास के व्यक्तित्व तक लाना ग़लत होगा। कुछ स्थानों पर रैदास को रामदास भी कहा गया है। इसका यह भी कारण हो सकता है कि रैदास के विषय में स्वामी रामानन्द के शिष्य होने की अनुश्रुति भी चली आ रही है। यह भी हो सकता है कि यह कोई और व्यक्ति रहा हो और यह रामदास रैदास न रहे हों। वैसे केवल रामानन्द के शिष्य होने के कारण रैदास को रमादास कहना युक्तिसंगत न होगा।

सन्त रैदास का एक नाम हरिदास भी कहा जाता है। इस भ्रम का एक आधार यह भी हो सकता है कि श्री वियोगी हरि द्वारा सम्पादित 'सन्त सुधा सार' में सन्त रैदास की एक साखी में[४] अन्तिम शब्द हरिदास आया है। सम्भव है उससे यह अनुमान लगाया गया हो कि रैदास का एक नाम हरिदास भी रहा हो। किन्तु वस्तुतः उस स्थल पर हरिदास शब्द का प्रयोग हरि के दास अर्थात् भगवान के भक्त के रूप में किया गया है, न कि रैदास के किसी दूसरे नाम के लिये। वैसे रैदास की उच्चता सिद्ध करने के लिये उनको हरिदास

---

१. झांझ पखावज वेणु बाजियां, झालर नो झन्कार।
काशी नगर मां चौक मा मने गुरु मिला राहीदास॥

२. मीरा सतगुरुदेव की करै वंदा आस।
जिन चेतन आतम कह्या धन भगवन रैदास।

* * *

गुरु मिल्या रैदासजी दीनी ज्ञान की गुटकी।

३. ब्रिग्स : दी चमार्स, पृ० २०७।

४. सब सुख पावैं जासु तैं सो हरि जू के दास।
कोउ दुःख पावैं जासु तैं सो न दास हरिदास॥

कहने की चेष्टा बाद में की गई हो, यह दूसरी बात है। गाँधीजी ने भी अन्त्यजों के लिये हरिजन शब्द का प्रयोग किया है। फिर उपर्युक्त साखी नाभादास कृत भक्तमाल के दूसरे रूप में मिलती है। भक्तमाल में उसी साखी में अन्तिम शब्द हरिदास के स्थान पर रैदास ही दिया गया है। अस्तु। वस्तुतः मूलरूप में यह नाम रविदास ही था। बाद में उसके अनुयायियों के द्वारा ही अपभ्रंश रूप में यह नाम 'रैदास' हो गया। इस बात का समर्थन 'रैदासजी की बानी' के सम्पादक द्वारा भी 'रैदासजी का जीवन-चरित्र' लिखते समय किया गया है।[1] इस विषय में बहि:साक्ष्य प्रमाण के रूप में सर्वाधिक पुष्ट प्रमाण 'गुरु ग्रन्थ साहब' में आये धन्ना भगत के एक पद को लिया जा सकता है जिसमें उन्होंने सन्त रैदास की रविदास के ही नाम से पुकारा है।[2] भक्त मालकार ने भी रैदास नाम ही प्रयोग किया है।

इस प्रकार हम कह सकते हैं कि सन्त रैदास का मूल नाम 'रविदास' ही था जो कि उच्चारण-भेद से रैदास भी हो गया। अन्य सभी नाम विभिन्न क्षेत्रों में उच्चारण-भेद अथवा अन्य भावों के आरोप से बनते रहे। इन सभी नामों के विभिन्न परिवर्तित रूपों को देखने से इतना तो निश्चित हो ही जाता है कि सन्त रैदास का प्रसिद्धि-क्षेत्र अवश्य ही बहुत विस्तृत रहा है और वे सम्पूर्ण भारत में एक मान्य सन्त रहे हैं।

संत रैदास का जीवन-वृत्त

संत रैदास के जीवन-वृत्त से सम्बन्धित उपलब्ध सामग्री—सन्त रैदास के जीवन को पूर्णतः प्रकाश में लाने के लिये यद्यपि हमें न तो पूर्ण-रूपेण अंत:साक्ष्य ही उपलब्ध होते हैं और न कोई ऐसे निर्णायक बहि:साक्ष्य प्रमाण ही आधिकारिक रूप से उपलब्ध होते हैं जिनके आधार पर सन्त रैदास के जीवन-वृत्त को पूर्णरूपेण प्रामाणिक रूप से प्रस्तुत किया जा सके, किन्तु फिर भी जो भी अन्त:साक्ष्य और कुछ बहि:साक्ष्य प्रमाण अब तक उपलब्ध हो सके हैं उनका वैज्ञानिक विश्लेषण करने पर हम रैदास के जीवन से सम्बन्धित कुछ तथ्यों की जानकारी अवश्य उपलब्ध कर सकते हैं।

जहाँ तक अन्त:साक्ष्य प्रमाणों का प्रश्न है, सन्त रैदास ने अन्य सन्त एवं भक्त कवियों की ही भाँति अपने विषय में कुछ विशेष परिचय नहीं दिया है; बस उनके द्वारा रचे गये कतिपय पदों के द्वारा हमको केवल उनकी जाति, कुल, परिवार,[3] निवासस्थान,[4]

---

१. ...रामानन्दजी ने लड़के का नाम रविदास रखा, पीछे से लोग उन्हें रैदास-रैदास कहने लगे।
'रैदासजी की बानी' (भूमिका)—बिल्वेडियर प्रेस, इलाहाबाद।

२. 'रविदास ढुवन्ता ढोरनी तितिनी तिआगी माइआ'
—गुरु ग्रन्थ साहब, राग आसा-२।

३. नागर जनां मेरी जाति बिखियात चमारं। (पद ६०).
* * *
कह रैदास खलास चमारा। (पद ५).

४ मेरी जाती कुटवांडला ढोर ढोवन्ता, नितहि बनारसी आसपासा। (पद ६०).

प्रारम्भिक काल में अपमानपूर्ण जीवन,[१] पश्चाद्वर्ती जीवन में सम्मान[२] एवं जीवनयापन[३] की विधि पर ही प्रकाश पड़ता है। सन्त रैदास के द्वारा लिखे गये कतिपय पदों में कुछ महान् सन्तों एवं भक्तों का भी प्रसंग आया है[४] जिससे सन्त रैदास के जीवनकाल के विषय में भी कुछ तथ्य सामने आ सकते हैं। जिन महान् सन्तों का उल्लेख रैदास ने इतने सम्मानपूर्वक किया है, या तो वे सन्त रैदास के जीवनकाल में ही उनसे अधिक सम्मानित और प्रसिद्ध हो चुके थे या स्वर्गवासी हो चुके थे, अर्थात् रैदास से पहले जन्म ले चुके थे। कुछ सन्तों ने भी रैदास का नाम बड़े सम्मानपूर्वक लिया है। उपर्युक्त सिद्धान्त के अनुसार इस विषय में भी यह अनुमान लगाया जा सकता है कि उन सन्तों के काल में रैदास पर्याप्त प्रसिद्धि पा चुके थे या स्वर्गवासी हो चुके थे अर्थात् वे सन्त रैदास से आयु में कनिष्ठ रहें होंगे।

कुछ परवर्ती सांप्रदायिक साहित्य तथा अन्य धर्माचार्यों ने भी रैदास के जीवन पर प्रकाश डाला है। कतिपय आधुनिक विद्वानों ने भी रैदास के जीवन के विषय में कुछ खोजें की हैं। अस्तु, सम्पूर्ण बहि:साक्ष्य सामग्री को हम निम्नलिखित श्रेणियों में बाँट सकते हैं—

(क) समकालीन अथवा तथाकथित समकालीन संतों एवं विचारकों की रचना में रैदास से संबंधित आये हुए प्रसंग।

(ख) सांप्रदायिक साहित्य।

(ग) परचयी साहित्य तथा भक्तमाल।

(घ) अनुश्रुतियाँ तथा किंवदंतियाँ।

(ङ) पश्चाद्वर्ती विद्वानों के विचार।

(क) इस सूची में प्रमुखत: दो ही संत-भक्त आ सकते हैं। एक तो धन्ना भगत तथा दूसरी मीरा। यद्यपि यह विवादास्पद है कि मीरा संत रैदास की समकालीन थीं, किंतु एक बहुत बड़ी संख्या में विद्वान मीरा को रैदास का समकालीन मानते हैं। साथ ही विद्वान् धन्ना भगत को भी रैदास का समकालीन बताते हैं। रैदास को धन्ना भगत का

---

१. दारिद देख सभको हंसै ऐसी दसा हमारी। (पद ५४).

* * *

हम अपराधी नीच घर जन्में कुटुम्ब लोक करै हांसी रे। (पद १०७).

२. अब विप्र परधान तिहि करहिं डंडउति।
तेरे नाम सरणाइ रविदासु दासा। (पद ६०).
...नीचे से प्रभु ऊंच कियो है कह रविदास चमारा। (पद ६१).
ऐसी लाल तुझ बिन कौन कर,
गरीबनिवाज गुसइयाँ मेरे माथे छत्र धरै॥ (पद १६).

३. चमरटा गांठि न जनई, लोग गठावें पनही। (पद ३१).

४. नामदेव कबीर, तिरलोचन सधना सेन तरे। (पद १६).
निरगुन को गुन देखा आइ देही सहित कबीर सिधाई। (पद १५).

समकालीन बताने वालों की संख्या अधिक है। अस्तु, अन्य बहि:साक्ष्य प्रमाणों की तुलना में इन दो संतों की रचनाओं को, इस विषय में हम अधिक प्रामाणिक आधार मानकर चल सकते हैं। धन्ना भगत ने संत रैदास का नाम बड़े सम्मानपूर्वक लिया है[१] और उनको नामदेव, सैन नाई वा कबीर साहब के ही समकक्ष माना है।[२] मीराबाई ने भी रैदास का नाम बड़े सम्मान से अपने गुरु के रूप में लिया है।[३]

(ख) जहाँ तक सांप्रदायिक साहित्य का प्रश्न है, उसे दो आधारों पर विभाजित किया जा सकता है। प्रथम आधार तो उपलब्ध साहित्य की प्राचीनता या रविदास से समकालीनता है और द्वितीय आधार रविदासी संप्रदाय से सम्बद्धता या उससे इतरता है। प्रथम कोटि के साहित्य में यद्यपि यह बात कह सकना तो कठिन है कि कौन-सा साहित्य कितना प्राचीन अथवा समकालीन है, वरन् सम्भावना यही अधिक है कि यह साहित्य बाद में ही रैदास के जीवन पर आरोपित दृष्टिकोणों के प्रकाश में लिखा गया हो। अस्तु इस कोटि में पाँच पुस्तकें उपलब्ध होती हैं जो रैदास की समकालीन और पुरानी होने का दावा करती हैं। 'रैदास-रामायण', 'कबीर-रैदास संवाद', 'काशी-माहात्म्य', 'भविष्य पुराण' और 'रैदास पुराण'। इनमें 'रैदास-रामायण', रविदासी संप्रदाय के ही भक्त बख्शीदास की रची हुई है। 'कबीर-रैदास-संवाद' श्री सैनी का लिखा हुआ है। सैनी कबीर पंथी थे। दोनों पुस्तकों में ही रचनाकारों ने अपने-अपने संप्रदाय के प्रवर्तकों को अधिक विद्वान तथा प्रभावशील सिद्ध करने की चेष्टा की है। फिर भी इन पूर्वाग्रहों को यदि निकाल दिया जाये तो भी संत रैदास के जीवनवृत्त तथा उनकी विचारधारा पर इन पुस्तकों से कुछ-कुछ प्रकाश अवश्य पड़ता है। 'रैदास-पुराण' भी पश्चाद्वर्ती रचना ज्ञात होती है किन्तु उसका उपयोग भी कुछ सीमा तक किया जा सकता है। भविष्यपुराण तथा काशी माहात्म्य अवश्य परम्परागत ब्राह्मणधर्म की पुस्तकें हैं किंतु उनसे भी हमें कुछ तथ्यों की उपलब्धि होती है तथा उनसे कुछ तथ्यों की पुष्टि मिलती है।

आधुनिक कालीन रचनाओं में श्री हीरालाल कुरील द्वारा 'भगवान रैदास की सत्यकथा' तथा श्री रामदासजी शास्त्रपाठी 'कलियुगी रविदास' के द्वारा लिखी हुई 'श्री भगवान रैदास का सत्य स्वभाव' है। इन रचनाओं में भी संप्रदाय जैसा पूर्वाग्रह तथा अतिरंजनायें अधिक मिलती हैं किंतु इनसे भी रैदास के जीवन से संबंधित तथ्यों पर कुछ प्रकाश पड़ता है।

---

१. रैदास ढुवन्ता ढोरनी, तितिनी तिंआगी माइआ
परगटु होआ साधसंगी हरि दरसन पाइआ॥
इहि विधी सुनि के जाटरौ उठि भगती लागा,
मिले प्रतसी गुसांइया धन्ना बड़ भागा॥ —गुरुग्रंथ साहब, रागआसा २.

२. परशुराम चतुर्वेदी : उत्तरी भारत की संत परंपरा, प्रथम सं०, पृ० २२६।

३. गुरु मिलिआ रैदासजी, दीन्ही ज्ञान की गुटकी।
—मीराबाई की पदावली, हि० सा० सं० (पद २४).
...रैदास संत मिले मोह सतगुरु, दीन्हा सुरत सह दानी। —वही, (पद १५९).

(ग) जहाँ तक परिचयी साहित्य का संबंध है, रैदास के जीवन से संबंधित परिचयी श्री स्वामी अनंतदास ने लिखी है।[१] इसकी अनेक प्रतियाँ लेखक को मिलीं। भंडारकर इंस्टीट्यूट पूना तथा श्री अगरचंद नाहटाजी के संग्रहालय में जो प्रतियाँ मिली हैं, लेखक ने परिचयी रूप में इन्हीं प्रतियों को आधार माना है। इन परिचइयों में रविदास के जीवन से संबंधित अनेक चमत्कारपूर्ण घटनाओं का वर्णन किया गया है। संभव है कि इन अतिरंजनाओं का उद्देश्य तत्कालीन समाज में रविदास का महत्व बढ़ाना रहा हो, किंतु परिचयी साहित्य जब अन्य प्रमाणों की पुष्टि प्राप्त कर लेता है तब उसके कुछ तथ्य अवश्य विश्वसनीय बन जाते हैं।

भक्तमाल (मूल रचना नाभादास, टीका प्रियादास) में भी रैदास के जीवन की कतिपय घटनाओं का चमत्कारपूर्ण ढंग से वर्णन किया गया है। उसमें भी कुछ अतिशयोक्तियाँ और सांप्रदायिक अतिरंजना ज्ञात होती है। किंतु उसमें वर्णित घटनाओं से परिचयी में वर्णित घटनाओं और जनश्रुतियों से प्राप्त अनेक घटनाओं का साम्य प्रायः एक-सा बैठ जाता है।

(घ) जनश्रुतियाँ तथा किंवदंतियाँ यद्यपि किसी भी कथा अथवा जीवनी का ऐतिहासिक आधार नहीं होतीं और उनमें अतिरंजना तथा जनमानस की भावनाओं का काल्पनिक आरोप अधिक हो लेता है, किंतु सर्वप्रचलित किंवदंतियों को भी अगर विवेकपूर्ण रीति से विवेचित किया जाय तो हम कुछ तथ्यों पर पहुँच सकते हैं। संत रैदास से संबंधित जो किंवदंतियाँ तथा जनश्रुतियाँ प्राप्त होती हैं उनमें स्थान-भेद तथा पात्रभेद के अनुसार रैदास के व्यक्तित्व का अतिमूल्यन और अवमूल्यन दोनों ही करने की चेष्टा हुई; किंतु हम इस अतिमूल्यन-अवमूल्यन के आरोप को हटाकर कुछ तथ्य निकाल सकते हैं और यदि एक ही सी जनश्रुति सब स्थलों पर प्रचलित मिलती है तो वह तुलनात्मक रूप से कुछ अधिक विश्वसनीय बन जाती है।

संत रैदास के जीवन से संबंधित प्रचलित जनश्रुतियों को हम तीन कोटियों में बाँट सकते हैं—

(१) प्रथम कोटि की जनुश्रुतियाँ वे हैं जो उनके जन्मकाल के विषय में होने वाली चमत्कारपूर्ण घटनाओं और उनके पूर्व जन्म से संबंध रखती हैं। इन सभी जनश्रुतियों में संत रैदास को चमार के घर जन्म लेते हुए भी मूलरूप में उनका चमार न होना सिद्ध करने की चेष्टा की गई है। इन जनश्रुतियों का प्रसंग तो सन्त रैदास के जीवनकाल का वर्णन करते समय किया जायेगा। किन्तु यहाँ लेखक इतना कह देना आवश्यक समझता है कि यह प्रयास जिसके अनुसार सन्त रैदास का मूल रूप में चमार न होना सिद्ध करने की चेष्टा की गई है, ब्राह्मण धर्म या जिसने भी यह प्रयास किया हो, उसकी ओर से बहुत ही अवांछनीय प्रयास या एक साजिश कहा जा सकता है। यह चिन्तन-पद्धति कि अन्त्यजों में कोई महान् भक्त हो ही नहीं सकता, सभ्य समाज को किसी भी प्रकार स्वीकार्य नहीं हो सकती।

---

१. लिपिकाल संवत् १६४६।

(२) द्वितीय प्रकार की जनश्रुतियों में वे जनश्रुतियाँ हैं जिनका सम्बन्ध सन्त रैदास के साधनापूर्ण जीवन और उसके परिणाम स्वरूप उनके विभिन्न प्रकार से सम्मानित होने से है। इन जनश्रुतियों में अनेक स्थलों पर कर्मकाण्डी ब्राह्मणों तथा पाखण्डियों पर, जनमान्यता के अनुसार रैदास की विजय ही अधिक दिखाई गई है।

(३) तृतीय प्रकार की जनश्रुतियाँ सन्त रैदास के त्यागपूर्ण जीवन तथा उनके सन्त स्वभाव से सम्बन्धित हैं। हो सकता है कि इन जनश्रुतियों में अतिरंजना या कल्पना की मात्रा अधिक हो किन्तु इन जनश्रुतियों से इतना तो स्पष्ट हो ही जाता है कि तत्कालीन युग में सन्त रैदास एक महान त्यागी तथा निस्पृह सन्त माने जाते थे।

(ङ) सन्त रैदास के जीवन तथा कृतित्व पर कतिपय विद्वानों ने आधुनिक काल में भी प्रकाश डाला है जिनमें प्रमुख नाम इस प्रकार कहे जा सकते हैं—सर्वश्री डॉ० हजारीप्रसाद द्विवेदी, डॉ० रामकुमार वर्मा, पण्डित परशुराम चतुर्वेदी, पं० भुवनेश्वर मिश्र, रामानन्द शास्त्री, डॉ० संगमलाल पाण्डेय, सुश्री पद्मावती शबनम, प्रो० तारकनाथ अग्रवाल, श्री वियोगीहरि, रामचन्द्र कुरील, महन्त सकलदास, महन्त रामदासजी शास्त्रपाठी, कलियुगी रविदासजी, विलियम हेस्टिंग्स और रैदास बानी के सम्पादक। यद्यपि इन सभी महाविद्वानों की सूचनाओं का आधार भी उल्लिखित अन्त:साक्ष्य तथा बहि:साक्ष्य प्रमाण ही रहे हैं; किन्तु इन सभी महानुभावों ने अपनी बुद्धि तथा तर्क के अनुसार उपलब्ध तथ्यों से विभिन्न स्पष्टीकरण निकाले हैं जिनसे सन्त रैदास के जीवन पर पर्याप्त प्रकाश पड़ता है।

संत रैदास का आधिकारिक जीवन-वृत्त

सन्त रैदास का जीवनकाल तथा तिथि-निर्णय—सन्त रैदास के जीवनकाल का निर्णय कर सकने के लिए हमें कोई अन्त:साक्ष्य प्रमाण उपलब्ध नहीं होते। कुछ बहि:साक्ष्य प्रमाण अवश्य उपलब्ध होते हैं; किन्तु ये बहि:साक्ष्य भी हमें किसी अन्तिम प्रामाणिकता पर नहीं पहुँचाते। इसलिए हम रैदास के जीवन के विषय में तुलनात्मकता की दृष्टि से ही कुछ तथ्यों के आधार पर निर्णय लेकर उनके जीवन काल को प्रकाश में ला सकते हैं। विभिन्न बहि:साक्ष्य प्रमाणों के आधार पर हम जिन धारणाओं पर पहुँच सकते हैं, प्रारंभिक रूप में वे निम्नलिखित कही जा सकती हैं—

(१) सन्त रैदास कबीर के समकालीन थे। इसी धारणा का एक पक्ष यह भी है कि वे रामानन्द के भी शिष्य थे तब हमें यह मानना होगा कि रामानन्द उनके समय में जीवित थे।

(२) सन्त रैदास मीराबाई के गुरु थे, अर्थात् मीराबाई के समकालीन थे चाहे वे उनसे आयु में कितने ही बड़े क्यों न रहे हों।

(३) सन्त रैदास धन्ना भगत के समकालीन होकर उनसे पर्याप्त ज्येष्ठ थे।

उपर्युक्त सम्भावनाओं का परीक्षण उपलब्ध तथ्यों के आधार पर तुलनात्मक रूप में

५५

सर्वप्रथम हम मीरा तथा रैदास की समकालीनता के विषय में स्पष्टीकरण करेंगे, क्योंकि उपलब्ध अनुश्रुतियों के आधार पर मीरा के रैदास की शिष्या होने की सम्भावना अधिक दीखती है। बहि:साक्ष्य प्रमाण भी इसका समर्थन करते हैं।

मीरा ने रैदास का गुरु भाव से अपने पदों में अनेक स्थलों पर स्मरण किया है।[१] और अब वे पद आधिकारिक रूप से मीरा के माने जा चुके हैं। इन पदों के प्रकाश में रैदास के मीरा का गुरु होने की सम्भावना उत्पन्न होती है। इस विषय में कतिपय विद्वानों द्वारा एक आपत्ति उठाई गई है। मीरा ने धन्ना भगत का भी नाम बड़े सम्मानपूर्वक लिया है; जैसे वे कोई एक बहुत ही सिद्ध अथवा पौराणिक महानपुरुष रहे हों।[२] मीरा के धन्ना भगत का इस भाव से उल्लेख करने का तात्पर्य विद्वानों ने यह निकाला है कि धन्ना भगत मीरा के समय में जीवित नहीं थे तथा दिवंगत हो चुके थे।[३] अब धन्ना भगत ने रैदास का नाम भी बड़े सम्मान से लिया है।[४] इससे यह भी निश्चित होता है कि रैदास धन्ना भगत से पर्याप्त ज्येष्ठ रहे होंगे और रैदास धन्ना के साधना काल तक पर्याप्त प्रसिद्धि पा चुके होंगे। अब इन विद्वानों के मतानुसार जब धन्ना भगत ही मीरा के काल तक जीवित न थे तब रैदास जो कि धन्ना से भी ज्येष्ठ सिद्ध होते हैं, उनके मीरा के काल तक जीवित होने का प्रश्न नहीं उठता। इसी आधार पर कतिपय विद्वानों ने रैदास को मीरा का गुरु मानने से इनकार किया है। रैदास के लिए मीरा के गुरुभाव से कहे गये पदों को प्रक्षिप्त न मानते हुए भी विद्वत्वर्ग यह मानता है कि वह रैदास जिनके विषय में मीरा ने गुरुभाव से पद कहे हैं, मूल रैदास न होकर रैदासी सम्प्रदाय के ही कोई अन्य महापुरुष रहे होंगे[५] और उनका अनुमान है कि यह महापुरुष भक्तमाल में वर्णित बीठलदास रैदास हो सकते हैं।[६] किन्तु इसका कोई पुष्ट प्रमाण सामने नहीं आया है। अस्तु, जहाँ तक मीरा के द्वारा अपने से ज्येष्ठ धन्ना भगत का सम्मानपूर्ण उल्लेख और धन्ना भगत के द्वारा रैदास का ससम्मान उल्लेख आने का प्रश्न उपस्थित करके इस कड़ी को इतना लम्बा ले जाने का प्रश्न है कि मीरा का

---

१. गुरु मिलिया रैदासजी, दीन्हीं ज्ञान की गुटकी।

—मीराबाई की पदावली, हि० सा० स०, पद १०.

रैदास सन्त मिले मोहि सतगुरु दीन्हा सुरत सहदानी। —वही, पद १५९.

२. मीराबाई की पदावली। (पद ४८).

३. परशुराम चतुर्वेदी : उत्तरभारत की सन्त परम्परा, पृ० २३९।

४. रविदास ढुवन्ता ढोरनी, तितिनी तिआगी,
माइया, परगटु होआ साध संगी हरि दरसन पाइआ।
इति दिधि सुनि कै जाटरो उठि भगती लागा,
मिले प्रतषि गुसाइआ धन्ना बड़भागा। —गुरु ग्रन्थ साहब, राग आसा—२.

५. परशुराम चतुर्वेदी : उत्तरभारत की सन्त परम्परा, पृ० २३९।

६. वही, पृ० २३९।

रैदास की शिष्या होने की सम्भावना ही समाप्त हो जाय, लेखक के विचार से असंगत होगा। फिर जब रैदास को मीरा ने गुरु भाव से स्वयं ही अपने पदों में स्मरण किया है तब इसके विपरीत केवल अनुमानित सम्भावना के आधार पर हम इस तथ्य को इनकार कर दें यह अनुचित होगा। अतः हमको रैदास को मीरा का गुरु मानने के ही पक्ष में अधिक सशक्त प्रमाण मिलते हैं। मीरा के द्वारा धन्ना भगत के उल्लेख तथा धन्ना भगत के रैदास के उल्लेख से हम इनकार नहीं कर सकते और इस परस्पर सम्मान की परम्परा की कड़ी से हम इतना समझ सकते हैं कि धन्ना भगत मीरा से ज्येष्ठ रहे होंगे और वे मीरा के काल तक पर्याप्त प्रसिद्धि पा चुके होंगे। इसीलिए मीरा ने उनका स्मरण ससम्मान किया है। यह भी सम्भव हो सकता है कि यह ज्येष्ठता पच्चीस-तीस वर्ष की भी हो। यही अन्तर धन्ना भगत और रैदास के बीच भी हो सकता है। इस प्रकार यदि हम रैदास, धन्ना और मीरा के बीच की कड़ी को अधिक महत्त्व दें ही तो रैदास मीरा से लगभग ५०-६० वर्ष ज्येष्ठ होकर भी मीरा के गुरु तथा उनके समकालीन हो सकते हैं।

विद्वानों ने मीरा का काल संवत् १५६० से १६०३ ई० तक माना है।[१] उस दशा में हम रैदास का जन्म वर्ष लगभग संवत् १५०० मान सकते हैं।

अब दूसरी सम्भावनाओं, रैदास के कबीर के समकालीन तथा रामानंद के शिष्य होने का प्रश्न उठता है। जहाँ तक रैदास के कबीर के समकालीन होने का प्रश्न है वह बिल्कुल सम्भव है। इस विषय में भक्तमालकार का छन्द[२] जिसमें उन्होंने कबीर, रैदास आदि सभी को रामानन्द का शिष्य बताया है, रैदास की परिचयी, कबीर-रैदास-संवाद तथा रैदास-रामायण सभी का समर्थन मिलता है। विद्वानों ने कबीर का जन्मवर्ष संवत् १४५५ ई० माना है। रैदास के जन्म के विषय में उल्लिखित अनुमानित वर्ष से कबीर के अनुमानित जन्म-वर्ष में इतना अन्तर भी नहीं है कि जिससे रैदास और कबीर का एक दूसरे के समय में जीवित रहना असम्भव ज्ञात होता हो। यह सम्भव है कि कबीर अपनी प्रसिद्धि के शिखर पर हों तब रैदास की साधना प्रारम्भिक अवस्था में हो। इसका समर्थन रैदास के ही पदों में मिली विभिन्न पंक्तियों से होता है।[३] एक स्थल पर रैदास ने कबीर को सम्मानपूर्वक स्मरण करते हुए उनके सदेह स्वर्ग पधारने की भी बात कही है। इससे स्पष्ट सिद्ध हो जाता है कि रैदास कबीर से कनिष्ठ तथा आयु में छोटे थे और कबीर जब अपनी प्रसिद्धि के शिखर पर रहे होंगे तब रैदास का साधना काल चल रहा होगा। इस

---

१. **मीराबाई की पदावली—हि० सा० स०।**

२. **श्री रामानन्द रघुनाथ ज्यों, दुतिअ सेतु जगतरन कियो।**
अनन्तानन्द कबीर, सुखा, सुरसुरा, पदमावति नरहरि।
पीपा भवानन्द रैदास, धना सेन, सुरसुर की धरहरि॥
औरौ शिष्य प्रशिष्य एक तें एक उजागर।
विश्व मंगल आधार, सर्वानन्ध दशधा के आगर।
बहुकाल वपु धारिकै, प्रनत जनन को पार दियो। —भक्तमाल सर्थक, पृ० २८२.

३. **नामदेव कबीर तिरलोचन साधना सैन तरे। —गुरु ग्र० सा०, रग आसा-५.**
...निरगुन को गुन देखो आई। देही सहित कबीर सिधाई॥ (पद १६).

विषय में कतिपय विद्वानों ने एक संशय उत्पन्न किया है[1] कि रैदास कबीर से आयु में बड़े थे। इसके समर्थन में उन्होंने कबीर की एक पंक्ति उद्धृत की है जिसमें उन्होंने रैदास को एक श्रेष्ठ सन्त कहा है।[2] वह पंक्ति कबीर की रचनाओं में बहुत-से पाठों में नहीं मिलती है अतः इस पंक्ति को प्रक्षिप्त भी माना जा सकता है। यदि इस पंक्ति को प्रक्षिप्त न भी मानें तो भी इससे रैदास तथा कबीर को समकालीन मानकर कबीर के हृदय में रैदास के लिए आदर भाव का परिचय तो मिल सकता है, किन्तु इससे रैदास के कबीर से आयु में ज्येष्ठ होने का कोई स्पष्ट संकेत नहीं मिलता। और दूसरी ओर यदि रैदास को हम कबीर से ज्येष्ठ मान लेते हैं तो रैदास के मीरा के गुरु होने की सम्भावना कम हो जाती है जिसके पक्ष में अधिक पुष्ट तर्क मिलते हैं। रैदास के कबीर से भी ज्येष्ठ होने की कल्पना तभी उठ सकती है जब हम रैदास की आयु को असामान्य रूप से लम्बा मान लें।

जहाँ तक रैदास के रामानन्द के समकालीन होने अथवा उनके शिष्य होने का प्रश्न उठता है, उसकी सम्भावना अत्यन्त विरल है। रैदास ने अपने समय के अनेक सन्तों का नाम बहुत सम्मानपूर्वक लिया है[3] किन्तु उन्होंने रामानन्द का कहीं उल्लेख नहीं किया है। सन्तों ने महापुरुषों को बड़े सम्मानपूर्वक स्मरण किया है, भक्तों एवं सन्तों के चरणों में अपनी श्रद्धा अर्पित की है और गुरु को प्रभु से भी बढ़कर माना है, ऐसी दशा में यह सम्भव नहीं था कि यदि रैदास रामानन्द के शिष्य होते तो रैदास रामानन्द का एक स्थान पर भी सम्मानपूर्वक नाम न लेते।

रैदास के रामानन्द का शिष्य होने का संशय धार्मिक एवं साम्प्रदायिक ग्रन्थों के आधार पर उठता है; जिसमें भक्तमाल का उल्लिखित छन्द जिसमें रामानन्द के १२ शिष्यों का प्रसंग आता है सर्वाधिक प्रमुख है; किन्तु यदि वैज्ञानिक दृष्टि से विश्लेषण किया जाय तो रैदास के रामानन्द के समकालीन अथवा शिष्य होने की सम्भावना कम ही हो सकती है। भक्तमाल सटीक के अनुसार रामानन्द का जन्म संवत् १३५६ माना गया है।[4] डॉ० भण्डारकर ने भी रामानन्द का जन्म-संवत् यही माना[5] है; जिसे अधिकांश विद्वानों द्वारा समर्थन भी मिल चुका है।[6] यदि रामानन्द का जन्म हम सम्वत् १३५६ में मान लें तो यह वर्ष ऊपर के तथ्यों के प्रकाश में सिद्ध हो सकने वाले रैदास के जन्म संवत् लगभग १५०० से १३५ वर्ष अधिक बड़ा होता है। फिर जन्म लेकर रैदास के दीक्षा प्राप्त करने की योग्यता की आयु तक को हमें और जोड़ना पड़ेगा जो कि कम से कम १५

---

१. रामानन्द शास्त्री : रविदास और उनका काव्य, पृ० ८०-८२।

२. 'सन्तों में सन्त रैदास'।

३. गुरु ग्रन्थ साहब, राग आसा-५।

४. भक्तमाल सटीक : नाभादास, टीका प्रियादास, नवलकिशोर प्रेस, लखनऊ, पृ० २८८।

५. वैष्णाविज्म, शैविज्म एण्ड माइनर रिलीजस सिस्टम्स : डॉ० आर० जी० भंडारकर, पृ० ६९।

६. परशुराम चतुर्वेदी : उत्तर भारत की संत परम्परा, पृ० २२२।

से १८ वर्ष तो होनी ही चाहिये। तब उस दशा में रामानन्द की आयु को हमें १५० या १६० वर्ष (कम से कम) माननी होगी जो कि व्यावहारिक रूप में सम्भव नहीं दीखती। कुछ विद्वानों ने रामानन्द की मृत्यु संवत् १४५२ से १४६७ के बीच मानी है। उस दशा में तो यह बात बिल्कुल भी सम्भव नहीं है कि रैदास को रामानन्द का शिष्यत्व या समकालीनता मिली हो। कतिपय विद्वानों ने रामानन्द का जन्म संवत् १३९० से १४०५ तथा उनकी मृत्यु १५०२ से १५१७ के बीच मानी है[1] जिसका कोई पुष्ट तर्क प्रस्तुत नहीं किया गया है। अस्तु, यदि रामानन्द का जीवनकाल यह ही माना जाय तब भी यह सम्भव है कि रैदास जब बालक रहे हों तब रामानन्द अपने जीवन के अन्तिम दिनों में रहे हों। तब भी शिष्यत्व ग्रहण करने की सम्भावना अत्यन्त विरल ही दीखती है। हाँ यह बात सम्भव है कि लगभग सभी सन्त रामानन्द की क्रान्तिकारी विचारधारा से पर्याप्त प्रभावित रहे हैं और उस दशा में उनमें से पर्याप्त को रामानन्द का शिष्य कह दिया जाय तो इसमें लेखक को कोई आपत्ति न होगी।

इस प्रकार उपर्युक्त तर्कों के प्रकाश में निम्नलिखित तथ्य सिद्ध होते हैं—

(१) सन्त रैदास रामानन्द के समकालीन और शिष्य नहीं थे।

(२) सन्त रैदास कबीर के समकालीन तथा उनसे आयु में छोटे थे।

(३) सन्त रैदास धन्ना भगत से ज्येष्ठ थे और उनके काल तक पर्याप्त प्रसिद्धि पा चुके थे।

(४) सन्त रैदास मीरा के गुरु थे तथा उन्होंने मीरा को दीक्षा दी थी।

अब रैदास की जन्मतिथि निर्धारित करने में यदि हम किसी विशेष वर्ष पर भी न पहुँचें तो भी हम सम्भावनाओं के निकट अवश्य पहुँच जाते हैं और वह सम्भावना संवत् १५०० के लगभग ही मानी जा सकती है। लेखक के इस मत का समर्थन आधुनिक काल के विभिन्न विद्वानों के द्वारा भी होता है।[2]

रैदास का जन्म-दिन—रैदास के जन्म-दिन के विषय में सम्प्रदाय में विश्वास किया जाता है कि उनका जन्मदिन रविवार और तिथि माघी पूर्णिमा थी। इसी दिन सारे देश में रविदासी भाई उनकी जन्मतिथि प्रतिवर्ष मानते हैं। किसी अन्य प्रमाण के अभाव में हमें माघी पूर्णिमा ही रविदास की जन्मतिथि मान लेने में कोई संकोच नहीं होना चाहिए।

सन्त रैदास का जन्म-स्थान—सामान्यतः रविदास पंथी भाई रविदास के जन्म-स्थान के विषय में एकमत नहीं हैं। इस विषय में विभिन्न मत मिलते हैं। इन सम्पूर्ण मतों को यदि शीर्षक-बद्ध किया जाय तो इन मतों को हम दो शीर्षकों में रख सकते हैं—

---

१. रामानन्द शास्त्री : संत रविदास और उनका काव्य, पृ० ४५।

२. डॉ० रामकुमार वर्मा : हिन्दी साहित्य का आलोचनात्मक इतिहास

× × ×

संत वाणी संग्रह, भाग १, बिल्वेडियर प्रेस, पृ० ६६।

(१) रैदास पश्चिमी प्रदेश के निवासी थे। पश्चिमी प्रदेश में भी अनेक सम्भावनाएँ सामने उभर आई हैं—

(क) पश्चिमी उत्तर प्रदेश के,

(ख) गुजरात-राजस्थान के,

(ग) राजस्थान में मेवाड़ के,

(घ) राजस्थान में माण्डवगढ़ या मंडावर के निवासी।

(२) सन्त रैदास पूर्वी प्रदेश, बनारस के आसपास के रहने वाले थे।

इस मत में भी दो सम्भावनाएँ सामने आती हैं—

(क) रैदास बनारस के निवासी थे।

(ख) रैदास बनारस के पास ही महुआडीह के निवासी थे।

सन्त रविदास के, पश्चिमी उत्तर प्रदेश के निवासी होने की कल्पना, रविदास महासभा के कुछ अनुयायियों द्वारा दी गई है। उनका कथन है कि सन्त रविदास पश्चिमी उत्तर प्रदेश के निवासी थे और काशी का सांस्कृतिक महत्त्व सुनकर बाद में वे वहाँ जाकर रहने लगे थे। ये अनुयायी अपने समर्थन में किसी भूतपूर्व रविदासी महासभा के अधिवेशन की अध्यक्षता के पद से दिये गये स्वर्गीय श्री लाला लाजपतराय के भाषण का उल्लेख करते हैं, किन्तु इस विचार का कोई पुष्ट प्रमाण नहीं दिया जा सका है।

सन्त रैदास के गुजरात व राजस्थान की ओर के होने के विचार को कुछ समर्थन अवश्य मिलता है। इस संबंध में अनेक तर्क प्रस्तुत किये जा सकते हैं।

(क) गुजरात राजस्थान की ओर सन्त रैदास के अनुयायियों की संख्या अधिक पाई जाती है।

(ख) भाषा की दृष्टि से सन्त रैदास की रचनाओं में उधर की भाषा के पर्याप्त शब्द व प्रयोग पाये जाते हैं।

(ग) राजस्थान में चित्तौड़ में श्री कुम्भनश्यामजी का मन्दिर तथा रैदासजी की छतरी बनी हुई है। बताया जाता है कि यह स्थान रैदास का ही था और छतरी उसी स्थल पर बनी है जहाँ रैदासजी का स्वर्गवास हुआ था।

(घ) राजस्थान में ही माण्डोगढ़ में रविदास का प्रसिद्ध कुण्ड और रविदास कुटी पाई जाती है जिससे भी यह विचार उत्पन्न हो सकता है कि सन्त रविदास राजस्थान में ही इस प्रदेश के निवासी होंगे।

जहाँ तक गुजरात-राजस्थान की ओर रविदासी अनुयायियों की संख्या अधिक होने के आधार पर संत रविदास को उस क्षेत्र का माननें का प्रश्न है, इस तर्क को अन्तिम और प्रामाणिक नहीं माना जा सकता। केवल मात्र अनुयायियों की संख्या का बाहुल्य किसी प्रवर्तक के ही प्रदेश का प्रमाण नहीं होता। हाँ अनुयायियों की संख्या में राजस्थान के अधिक अनुयायी होने का यह परिणाम अवश्य निकाला जा सकता है कि रैदास का प्रभाव उस क्षेत्र में किसी कारण अधिक रहा होगा, या वे अपने जीवन-काल में पर्याप्त

समय वहाँ रहे होंगे। मौखिक परम्परा से एक बड़े काल तक 'बानी' रूप में चले आने वाले रैदास के काव्य में राजस्थान और गुजरात की ओर की शब्दावली भी अधिक आ गई होगी। फिर सन्तों का भ्रमण तथा पर्यटन अत्यन्त विस्तृत था, उनकी भाषा किसी एक विशेष क्षेत्र से बँधकर नहीं चली है, उसमें स्थानीय परिवर्तन तथा स्वरूप सदा आते रहे हैं।

चित्तौड़ में कुम्भनश्याम का मन्दिर तथा रैदास की छतरी और माण्डोगढ़ में रविदास-कुटी तथा कुण्ड आदि का अस्तित्व इस बात के अन्तिम प्रमाण नहीं हो सकते कि संत रविदास उस क्षेत्र के निवासी थे। यह स्थल तो रैदास के पर्यटन के बीच, कभी उधर पहुँचने की स्मृति में भी श्रद्धालु भक्तों द्वारा बनवाये जा सकते हैं। श्री कुम्भनश्याम के मंदिर तथा रैदासजी की छतरी के विषय में तो प्रसिद्ध ही है कि रानीझाली (या मीरा, जो भी रही हो) ने रैदासजी के आगमन पर, उसी उपलक्ष्य में यह स्थल बनवाये थे।

संत रैदास का जन्म, राजस्थान के माण्डोगढ़ में हुआ था, इस पक्ष में 'रैंदास-रामायण' की एक पंक्ति[१] दी जाती है। किन्तु यह विचार तो उस पंक्ति के साथ ही जुड़ी उससे पहले की पंक्ति से कट जाता है, जिसमें उस स्थान को स्पष्टतः काशी के पास बताया गया है।

अब रैदास के जन्म-स्थान से सम्बन्धित सम्भावनाओं में काशी अथवा काशी के आस-पास के ही किसी स्थल की सम्भावना शेष रह जाती है। इस पक्ष में रैदास के ही पदों में अन्तःसाक्ष्य प्रमाण स्पष्ट रूप में उपलब्ध हैं[२] जिसमें कि सन्त रैदास ने अपने परिवार वालों को बनारस के आस-पास ढोर ढोने का पेशा करने वाला बताया है। इस तर्क के विरुद्ध भी यह कहा जा सकता है कि उन्होंने इस स्थल पर अपनी जाति और कुटुम्ब वालों का परिचय दिया है, कि वे बनारस के आस-पास ढोर ढोने का पेशा करते पाये जाते हैं। इस पंक्ति से यह सिद्ध नहीं होता कि रैदास भी वहाँ के निवासी थे। लेखक इस तर्क को मान सकता है, किंतु यदि इससे भी अधिक सशक्त कोई दूसरा प्रमाण इस विषय में मिल सके कि जिससे रविदास के विषय में किसी अन्य स्थल के निवासी होने का संकेत मिल सके। उसके अभाव में तो अभी तक उपलब्ध तुलनात्मक रूप से महत्त्वपूर्ण प्रमाणों के आधार पर 'बनारसी आसपासा' ही संत रैदास का स्थान ज्ञात होता है।

संत रैदास के काशी से संबद्ध होने के संबंध में दो अन्य बहिःसाक्ष्य प्रमाणों से भी कुछ सांकेतिक समर्थन मिल सकता है। 'काशी माहात्म्य' नामक ग्रन्थ में प्रसंग आता है कि उस स्थान पर शंकराचार्य ने एक शूद्र से शास्त्रार्थ किया था। वह शूद्र कौन था, इस विषय में वहाँ कोई स्पष्टीकरण नहीं दिया गया है, किन्तु इस प्रसंग को ही जब हम एक

---

१. **काशी ढिंग मांडुर स्थाना, शूद्र वरण करत गुजराना।**
मांडुर नगर लीन अवतारा, रविदास शुभनाम हमारा॥

२. **मेरी जाति कुटबांढला ढोर ढोवंत नितहिं बनारसी आसपासा॥** (पंद ६०).

दूसरे स्थल पर, भविष्यपुराण में उल्लिखित पाते हैं तब इस प्रसंग के स्पष्टीकरण की ओर कुछ संकेत मिल जाता है। भविष्यपुराण के चतुर्थ खण्ड में प्रसंग आता है कि सूर्य के द्वितीय पुत्र पिंगलापति ने मानदास चर्मकार के यहाँ जन्म लिया जिसका नाम रैदास रखा गया। रैदास ने काशी में कबीर से वाद-विवाद किया। उन्हें पराजित करने के बाद वे शंकराचार्य के पास आये। दोनों में एक दिन और एक रात लगातार शास्त्रार्थ होता रहा। अंत में रैदास पराजित हुए, पराजित होकर उन्होंने शंकराचार्य को प्रणाम किया और रामानन्द के पास जाकर उनसे दीक्षा ली। कहने की आवश्यकता नहीं कि हो सकता है कि यह शंकराचार्य आदि शंकराचार्य न होकर उनकी ही किसी गद्दी के तत्कालीन उत्तराधिकारी होंगे, यहाँ लेखक का तात्पर्य केवल इतना है कि रैदास नाम के किसी चर्मकार का शास्त्रार्थ काशी में शंकराचार्य या शंकराचार्य के किसी उत्तराधिकारी से हुआ था और वह चर्मकार पर्याप्त तेजस्वी तथा विद्वान भी माना जाता था, जिसकी विद्वत्ता का समर्थन उस पर सूर्य-पुत्र होने की कल्पना के आरोप से मिल जाता है। अस्तु भविष्यपुराण के इस प्रसंग को साथ रखकर देखते हुए काशी-माहात्म्य में आये प्रसंग के स्पष्ट होने का कुछ संकेत मिल जाता है कि काशी-माहात्म्य में शास्त्रार्थ करने वाले चर्मकार भी संभवतः रैदास ही होंगे। इस निर्णय के विपरीत कोई विशेष प्रमाण अथवा प्रसंग भी नहीं मिलता।

इस प्रकार संत रैदास के विषय में उनके काशी से ही सर्वाधिक संबद्ध होने के पुष्ट प्रमाण मिलते हैं।

अब प्रश्न यह उठता है कि काशी में भी वह कौन-सा स्थल था, संत रैदास जहाँ के निवासी थे। इस विषय में दो विचार सामने आते हैं; प्रथम तो काशी का गोपाल-मन्दिर तथा दूसरा बनारस कैंट के पास ही लगभग दो मील पश्चिम ग्रैण्ड-ट्रंक-रोड पर स्थित ग्राम मण्डूर; जिसका प्राचीन नाम महुआडीह बताया जाता है।

काशी में स्थित गोपाल मन्दिर को बड़े विश्वास के साथ रविदासजी का जन्म-स्थल बताया जाता है। इस मन्दिर के तहखाने में जिसे तुलसी गुफा कहा जाता है, संत रविदास के द्वारा प्रयोग में लाई जाने वाली वस्तुएँ भी सुरक्षित रखी बताई जाती हैं। भक्तों का कथन है कि यह मन्दिर रविदासजी ने स्वयं बनवाया था। संभव है कि यह बात भी सत्य हो और रविदास का आश्रम या स्थान वहाँ रहा हो किंतु रविदास का जन्म मण्डूर ग्राम में होने के पक्ष में पर्याप्त पुष्ट प्रमाण मिलता है। रैदास रामायण की उल्लिखित पंक्तियाँ जिनमें रैदास के काशी के निकट माण्डूर में जन्म लेने का वर्णन मिलता है पर्याप्त प्रामाणिक ज्ञात होती हैं। माण्डूर में प्राचीनकाल में चर्मकारों की बहुत बड़ी बस्ती भी रही थी।

महुआडीह के पक्ष में एक तर्क और उपस्थित होता है। भविष्यपुराण में जो शंकराचार्य तथा रविदास के शास्त्रार्थ का प्रसंग आया है, उस शास्त्रार्थ का स्थान काशी के नगर द्वार के बाहर बताया जाता है। इस 'नगरद्वार के बाहर' शब्द से महुआडीह स्थान की पुष्टि होती है, क्योंकि यह गाँव काशी के लगभग पश्चिमी सीमा पर बाहर ही कहा जा सकता है। काशी-माहात्म्य में भी शंकराचार्य से शूद्र के शास्त्रार्थ का जो प्रसंग आता है,

उस शास्त्रार्थ का स्थल भी महुआडीह ही बताया गया है। इस प्रकार संत रैदास के निवास-स्थान अथवा पारिवारिक स्थान होने के संबंध में, सर्वाधिक सबल प्रमाण महुआडीह के पक्ष में ही मिलते हैं। यह हो सकता है कि प्रसिद्धि के उपरान्त उन्होंने अपना कोई स्थान काशी मुख्य नगर में भी बनवाया हो। वह स्थान गोपाल मंदिर भी माना जा सकता है। वैसे संत रैदास के नाम से तालाब, मन्दिर, छतरी आदि देश में विभिन्न स्थानों पर उपलब्ध होती हैं और प्रत्येक स्थल पर श्रद्धालु भक्त उसी स्थल को संत रैदास का स्थान बताते पाये जाते हैं।

सन्त रैदास की जाति तथा कुटुम्ब—प्रमाणों के आधार पर यह बात पूर्णत: सिद्ध हो चुकी है कि संत रैदास का जन्म चर्मकार परिवार में हुआ था। उन्होंने अपने ही पदों में अनेक स्थानों पर अपने चर्मकार होने की बार-बार घोषणा की है।[१] इस विषय में रविदास की परवर्ती प्रसिद्धि तथा सर्वप्रियता को देखते हुए उनकी जाति से संबंधित अनेक कथानक चल गये हैं।

भक्त माल में रैदास को पूर्वजन्म का ब्राह्मण बताकर कथा इस प्रकार दी गई है—स्वामी रामानन्द का एक शिष्य था जो कि नित्य भीख लाता था और स्वामी रामानन्दजी उसके द्वारा लाई गई भिक्षा से ही भोग लगाया करते थे। कुटी के पास ही एक बनिया रहा करता था। उसने स्वामीजी से अनेक बार भिक्षा लेने के लिये कहा था किंतु स्वामी रामानंद ने कभी स्वयं उसके यहाँ से भिक्षा न ली थी और शिष्यों को भी उसके यहाँ से भिक्षा लेने से मना कर दिया था। एक दिन अधिक वर्षा होने के कारण शिष्य भिक्षा लेने के लिये कहीं बाहर नहीं जा सका और कुटी के पास रहने वाले उसी बनिये के यहाँ से भीख ले ली। उसी भिक्षा से तैयार हुई सामग्री से जब रामानन्दजी भोग लगाने बैठे तब उनके ध्यान में भगवान की मूर्ति ही नहीं आई। स्वामीजी ने ज्ञात किया तो इसका कारण उनको स्पष्ट हुआ कि भोग का अन्न उसी बनिये के यहाँ से आया था जिसके यहाँ से वे भिक्षा ग्रहण नहीं करते थे। छानबीन करने पर पता चला कि वह बनिया एक चर्मकार के साथ व्यापार करता था। स्वामीजी को भोग के समय भगवान के ध्यान में न आने का संपूर्ण कारण स्पष्ट हो गया और उन्होंने उस शिष्य को शाप दिया कि जा तू चमार के घर जन्म ले और उस शिष्य ने एक चमार के घर जन्म लिया। ''श्री

---

१. **कह रैदास खलास चमारा, जो उस सहर सो मीत हमारा।** (पद ५).

* * *

राजाराम की सेव न कीन्हीं, कहि रविदास चमारा॥ (पद ८७ का पाठ भेद).

* * *

नागरजनां मेरी जाति बिखिआत चमारं। (पद ६०).

* * *

नीचे से प्रभु ऊँच कियो है कहि रविदास चमारा। (पद ६९).

* * *

हम शरणागति राम राई को, कह रैदास चमारा॥ (पद ८०).

...रमइया रंग मजीठ कर कह रैदास चमारा (पद १०८).

रैदासजी के पूर्वजन्म की वार्ता ऐसी ही है। इसी से आपने चमार के घर जन्म लिया"[१] भक्तमाल के अनुसार आगे चलकर इसी से बालक ने पूर्वजन्म की स्मृति के कारण अपनी माता के स्तन का दूध भी नहीं पान किया था और जब रामानंद ने आकर उपदेश दिया तब इस बालक ने दूध पिया। रैदास के पूर्व-जन्म में ब्राह्मण होने से संबंधित एक कथा और भक्तमाल में ही वर्णित की गई है। भक्तमाल के अनुसार झालीरानी ने रैदास को ससम्मान बुलाया था और उसके सम्मान में एक भोज दिया था। कर्मकाण्डी ब्राह्मणों ने रैदास के सम्मान में दिये जाने के कारण इस भण्डारे में से भोजन ग्रहण करने से इंकार कर दिया था इसलिये झाली रानी ने उनको अलग से सीदा दिया। जिस समय ब्राह्मणवर्ग अपने हाथ से बनाया भोजन खाने अलग बैठा उस समय उन्होंने हर ब्राह्मण के साथ पंक्ति में दोनों ओर रैदास को बैठे पाया। इस पर ब्राह्मण वर्ग बहुत लज्जित हुआ। उसने रैदास से आकर क्षमा माँगी; तब रैदास ने अपनी त्वचा चीर कर उसके नीचे सोने का जनेऊ दिखा कर पूर्व-जन्म में अपने ब्राह्मण होने का परिचय दिया था।

अनन्तदास ने भी रैदास को पूर्व-जन्म में ब्राह्मण माना है। उनके कथनानुसार रैदास ने पूर्व जन्म में ब्राह्मण होकर भी मांस खाया था इसलिये इस जन्म में उनको चमार के घर जन्म लेना पड़ा।[२]

रैदास-रामायण में भी संत रैदास को 'पिपलग गोत्र अरु सूर्य दासी' कह कर द्विज ही सिद्ध करने की चेष्टा की गई है। भविष्यपुराण में रैदास को पूर्व-जन्म का सूर्यवंशी कहा गया है। उसकी कथा इस प्रकार दी गई है कि एक बार शनि, राहु तथा केतु का कोप शान्त करने के लिये सूर्य ने अपने दो पुत्रों को इस पृथ्वी पर जन्म लेने के लिये भेजा। एक पुत्र इड़ापति कसाई के घर जन्मा जिसका नाम बाद को सधना हुआ और दूसरा पुत्र मानदास चमार के घर जन्मा[३] जो बाद में रैदास हुआ।

पूर्व-जन्म में रैदास को ब्राह्मण या द्विज सिद्ध करने के लिये कही गई इन विभिन्न कथाओं तथा जनश्रुतियों में कितनी वैज्ञानिकता है यह तो प्रश्न ही पृथक् है। लेखक की दृष्टि से तो इन सम्पूर्ण मनगढंत रचनाओं के पीछे एकमात्र यही मनोवृत्ति कार्य करती दिखाई देती है कि उच्चतम भक्त बनने का अधिकार मात्र ब्राह्मण या द्विज को ही है। जब रैदास नाम का एक चर्मकार किसी भी प्रकार इतना सम्मानित भक्त बन गया तो उस मनोवृत्ति ने इन कथाओं को जन्म दे डाला जिससे यह सिद्ध हो सके कि रैदास पूर्व-जन्म में ब्राह्मण थे तभी वे इतने ऊँचे भक्त हो सके। विचारणीय विषय है कि जिस

---

१. भक्तमाल : नाभादास, टीका-प्रियादास, नवलकिशोर, प्रेस, लखनऊ, पृ० ४७२.

२. ...जहाँ रैदास लियो अवतारू।
साकति के घर जन्म्या आई। जाति चमार पिता अरु माई॥ २॥
पूरब जनम बामण सो होता। मांस न खायो हरिजन सोता॥
तो अपराधनी चधरि दीना। पहला जनम बीन कर लीना॥ ३॥

३. चर्मकार गृहे जातो, द्वितीयः पिंगलापतिः।
मानदासस्य तनयो रैदास इति विश्रुतः॥ ५३॥ —भविष्यपुराण, खण्ड ४, १७, १८.

पुरोहितवाद, थोथे कर्मकाण्ड तथा वर्ण-व्यवस्था के नाम पर सामाजिक अन्याय के विरुद्ध, उसमें सुधार लाने के लिये, सम्पूर्ण संत विचारधारा खड़ी हुई थी; जिस संत विचारधारा में व्यक्ति-लिंग-भेद से स्वतंत्र अनेक भक्त केवल अपनी भक्ति तथा साधना मात्र के बल पर महान सिद्ध पुरुष माने गये, उसी संत परम्परा के महान् भक्त संत रैदास की सफलता के कारण उनके पूर्व-जन्म के ब्राह्मण होने में खोजने की चेष्टा सम्पूर्ण आंदोलन की आत्मा को समाप्त करने का प्रयास तथा सामाजिक अन्याय को जीवित रखने का षड़यंत्र ही कहा जा सकता है। स्मरणीय है कि संत कबीर के लिये भी एक विधवा ब्राह्मणी के गर्भ से उत्पन्न होने की बात कही गयी है। अस्तु संत रैदास वस्तुतः एक चमार परिवार में ही जन्मे और पले-पुसे। विद्वानों ने भी उन्हें चमार मानकर, चमारों की एक उपजाति 'चमकटैया' में उत्पन्न हुआ बताया है।[१] चमार जाति की यह उपशाखा आज भी उत्तर प्रदेश में पाई जाती है।

सन्त रैदास के माता-पिता तथा परिवार—सन्त रैदास के माता-पिता के नाम के विषय में जानकारी प्राप्त करने के लिए कोई प्रामाणिक सामग्री उपलब्ध नहीं है, फिर भी जनश्रुतियों तथा साम्प्रदायिक सूचनाओं के आधार पर उनके माता-पिता के विषय में कुछ प्रकाश पड़ता है।

भविष्यपुराण में रविदास के पिता का नाम मानदास[२] बताया गया है। गुजराती साहित्य में भी कहीं-कहीं रैदास के गुरु का नाम माणदास[३] बताया गया है। रैदास-पुराण में रैदास का जन्म अमैथुनी रूप में, माता के हाथ के फफोले से माना गया है। रैदास-पुराण में उनकी माता का नाम भगवती कहा गया है। रैदास रामायण में सन्त रैदास के पूर्वजों का दो पीढ़ी तक का परिचय दिया गया है। रैदास के पिता तथा माता का नाम राहू और कर्मा माना गया है। राहू के पिता का नाम हरिनंद तथा माता का नाम चतरकौर माना गया है। 'श्री रविदास भगबान का सत्य स्वभाव' के लेखक ने रविदास के पिता का नाम श्री सत्यानन्द तथा माता का नाम सन्तकुमारी बताया है।[४]

जहाँ तक रैदास-पुराण में दी गई सूचना का प्रश्न है, यह नितांत अविश्वसनीय-सी लगती है। भविष्यपुराण तथा श्री भगवान रविदास की सत्यकथा का भी महत्त्व एक कल्पना प्रधान पौराणिक ग्रन्थ से अधिक नहीं है। रैदास रामायण में भी बहुधा काल्पनिक बातों का ही वर्णन मिलता है। हम इन पुस्तकों से मिलनेवाले तथ्यों का प्रयोग, किन्हीं प्रामाणिक सूचनाओं के समर्थन के रूप में अवश्य कर सकते हैं।

अखिल भारतीय रविदासी महासभा तथा बहुत-सी रविदासी गद्दियों पर पूछने पर रविदास के पिता का नाम रग्घू बताया गया। रैदास-बानी के सम्पादक ने भी उनके पिता

---

१. ब्रिग्स : दि चमार्स, पृ० २६।

२. मानदासस्य तनयो रैदास इति विश्रुतः। —भविष्यपुराण, खण्ड ४ अ०, १७, १८.

३. शम्भूप्रसाद बहुगुणा, 'रैदास और उनकी वाणी' लेख —राष्ट्रभारती पत्रिका.

४. सुनहु श्री रविदास कर सदानन्द पितु देव।
सत्तकुमारी मातु भल करंय पती कर सेव॥ १॥ पृ० ३।

का नाम यही बताया है। अतः हम किसी अधिक प्रामाणिक सामग्री के अभाव में रविदास के पिता का नाम रग्घू ही मानकर चल सकते हैं। यदि रविदास रामायण में दिये गये पिता के नाम 'राहू' को इसी 'रग्घू' का ही कोई परिवर्तित रूप मान लिया जाय तब पिता के विषय में हमें रग्घू नाम की और अधिक पुष्टि मिलती है।

रविदास महासभा के अधिकांश लोगों ने रविदासजी की माता का नाम 'धुरबनिया' तथा कुछ लोगों ने उनका नाम 'करमा' बताया है। यही स्थिति रविदासी मठों की गद्दियों की भी है। कुछ गद्दियों पर यह नाम 'धुरबनिया' तथा कुछ गद्दियों' पर 'करमा' बताया जाता है। 'रैदास-बानी' के सम्पादक ने माता का नाम 'धुरबनिया' ही बताया है। अतः अधिकांश लोगों के मतानुसार रैदासजी की माता का नाम 'धुरबनिया' ही स्थिर किया जा सकता है।

सन्त रविदास की पत्नी का नाम 'लौणा' या 'लोना' बताया जाता है। ब्रिग्स ने भी रैदास की पत्नी का नाम 'लोना' ही बताया है।[१] रैदास-रामायण में भी रैदास की पत्नी का नाम 'लोणा' होने की ही पुष्टि मिलती है। लोना चमारों की चमकटैया उपजाति में उत्पन्न हुई थी। रैदास स्वयं भी चमार जाति की चमकटैया उपजाति में उत्पन्न हुए थे, इस तथ्य से भी इस बात को पुष्टि मिलती है कि रैदास की पत्नी का नाम लोणा या लोना ही था। चमार जाति में लोना देवी एक देवी मानी जाती है। स्त्रियाँ आज भी अपने बालकों की सुरक्षा की लोना से याचना करती हैं, बीमारी के समय उसके नाम की पूजा होती है तथा जादू-टोने, झाड़-फूँक आदि में उसके नाम के मंत्र मिलते हैं। चमार जाति में कदाचित् लोक-जीवन में लोणा का स्थान इतना पूज्य इसीलिए बन गया होगा कि वह रैदास जैसे महापुरुष की पत्नी थी। अस्तु, लोना के नाम पर इतनी पूजा-भावना रैदास से उनके सम्बद्ध होने के पक्ष में जाती है।

रैदास के कोई पुत्र था या नहीं इस विषय में कोई आधिकारिक सूचना नहीं मिलती। कुछ लोगों के मतानुसार रैदास के एक पुत्र था जिसका नाम विजयदास था।

रविदास का बाल्यकाल और शिक्षा-दीक्षा—जहाँ तक प्रमाण मिलता है, रविदास की प्रवृत्ति बालकपन से ही सन्तों-भक्तों जैसी थी। कहा जाता है कि बालक रविदास ने १२ वर्ष की ही अवस्था में सीताराम की मिट्टी की मूर्ति बनाकर उसको पूजना आरम्भ कर दिया था।[२]

शिक्षा-दीक्षा के क्षेत्र में तो सन्तों में अपवाद स्वरूप ही कदाचित् किसी की कोई लौकिक शिक्षा हुई हो अन्यथा सभी ने गुरु-कृपा, सत्संग, पर्यटन तथा वातावरण एवं अन्तःज्ञान से ही सीखा था। संत रविदास की भी कोई विशेष शिक्षा नहीं हुई थी। उन्होंने स्वयं भी अपने मन को केवल हरि की ही पाठशाला में पढ़ने का संकेत दिया है।[३]

---

१. **ब्रिग्स : दि चमार्स, पृ० २६।**

२. **ब्रिग्स : दि चमार्स।**

३. **चलि मन हरि चटसाल पढ़ाऊँ॥** **(पद ३०).**

कुछ लोगों के विश्वास के अनुसार सन्त रविदास के दीक्षा-गुरु स्वामी रामानन्द थे, किन्तु जैसा उल्लेख किया जा चुका है, इस विषय में कोई पुष्ट प्रमाण उपलब्ध नहीं होता।

रैदास का प्रारम्भिक जीवन—सन्त रविदास के प्रारम्भिक जीवन के सम्बन्ध में कोई प्रामाणिक तथ्य नहीं मिलते। फिर भी भक्तमाल, भगवान रविदास की सत्यकथा, रविदास रामायण, रविदासजी का सत्य स्वभाव, रैदास-पुराण और रैदास की परचयी तथा मठों पर चलने वाली जनश्रुतियों के आधार पर सम्भावनाओं का सूत्र पिरोया जा सकता है। मध्यकालीन भारतीय समाज में जैसी परम्परा थी, लोग अपने जीवन यापन के लिए सामान्यतः पैतृक पेशा ही करने लगते थे। सन्त रविदास भी अपना पैतृक व्यवसाय चर्मकारी करने लगे। रविदासी सम्प्रदाय में भी यह विश्वास किया जाता है कि उन्होंने जीवन-यापन के लिए चर्मकारी का व्यवसाय किया था। रविदास के अपने पदों में भी उनके द्वारा चर्मकारी के व्यवसाय किये जाने का स्पष्ट संकेत मिलता है।[१] किन्तु वहीं यह बात भी प्रमाणित-सी होती है कि रविदास को अपने व्यवसाय में न कोई विशेष रुचि रही होगी और न दक्षता। अस्तु, ऐसा कहा जाता है कि प्रारम्भ में पिता ने इनको अपने व्यवसाय तथा दूकान पर बिठला दिया था, किन्तु बाद को निरन्तर रैदास की बढ़ती हुई निस्पृहता तथा साधु-सेवा में अधिक समय और धन व्यय करने के कारण पिता ने इनको अलग कर दिया और सन्त रैदास मकान के पीछे छप्पर या झोपड़ी डालकर रहने लगे।[२] अब रैदास और भी स्वतंत्र होकर ईश्वर भजन में लीन रहने लगे।

कहा जाता है कि रविदास किसी भी पशु को मारकर जूता नहीं बनाते थे वरन् मरे हुए जानवर का चमड़ा मोल लेकर तब उसका जूता बनाते थे। यह भी प्रसिद्ध है कि वे किसी भी साधु पुरुष को किसी भी कीमत को लिये बिना जूता पहिना देते थे।[३]

रैदास का परवर्ती जीवन और ख्याति—सन्त रविदास के सात्विक एवं सदाचारपूर्ण जीवन तथा भक्ति भावना को देखकर निश्चित ही उनसे कुछ लोग प्रभावित हुए होंगे और उनकी ख्याति धीरे-धीरे बढ़ने लगी होगी। तत्कालीन युग में काशी, कर्मकाण्डी ब्राह्मणों का केन्द्र था। सन्त रैदास की ख्याति से कुण्ठित होकर कतिपय धर्मगुरुओं ने उनका विरोध भी किया था; किन्तु उनके विरोध करने पर भी रैदास की ख्याति निरन्तर बढ़ती ही गयी और अपने ही जीवन में उनको पर्याप्त सम्मान मिला; जिसका स्पष्ट संकेत पदों में भी मिलता है।[४] ऐसा विश्वास किया जाता है कि रविदास की ख्याति तथा साधना से प्रभावित होकर चित्तौड़ की झालीरानी उनकी शिष्या बनी

---

१. चमरठा गांठि न जनई, लोग गठावैं पनही॥ (पद ३१).

२. भक्तमाल, पृ० ४७३।

३. वही।

४. अब बिप्र परधान तेहि करहिं दंडऊति तेरे नाम सरणाइ रविदासा॥ (पद ६०).

× × ×

...ऐसी लाल तुझ बिन कौन करे,
गरीब निवाजु गुसइयाँ मेरे माथे छत्र धरे। (पद १६).

थीं।[१] कुछ विद्वान इस झालीरानी को ही मीरा मानते हैं। जबकि कतिपय विद्वान उसको राणासांगा की पत्नी मानते हैं। प्रसंग आ चुका है कि मीरा के पदों से ही सिद्ध होता है कि मीरा ने भी रैदास का शिष्यत्व स्वीकार किया था। जीवन के अन्तिम भाग की ओर झालीरानी 'या मीरा' के निमंत्रण पर रैदास चित्तौड़ यात्रा पर भी गये थे जहाँ उनको पर्याप्त सम्मान मिला। कहा जाता है कि चित्तौड़ में उनके शुभागमन के सम्मान में श्री कुम्भनश्यामजी का मन्दिर तथा तालाब भी बनवाया था। उस स्थान पर रैदास की छतरी बनी हुई है और उसमें रैदास के चरण चिह्न भी अंकित हैं। वहाँ वालों का विश्वास है कि चित्तौड़ में ही रैदास का स्वर्गवास हुआ था, यद्यपि यह अलग से एक विचारणीय प्रश्न है।

अपने जीवनकाल में सन्त रैदास ने तीर्थाटन और भक्तों के निमंत्रण पर अनेक यात्राएँ की थीं। कुम्भ मेले पर प्रयाग की यात्रा, मथुरा वृन्दावन की यात्रा तो अनेक प्रसंगों में मिलती है। कुछ विद्वानों ने तो उनका सुदूर दक्षिण तिरुपति एवं उत्तर में मुल्तान तक जाना माना है।[२] रैदास का सुदूर दक्षिण या उत्तर में मुल्तान तक जाना न भी माना जाय किन्तु इतना निश्चित है कि मध्यकालीन सभी संत भ्रमण-प्रिय थे और उन्होंने विस्तृत यात्राएँ कीं, तीर्थ भ्रमण किये। रविदास का तीर्थ-भ्रमण हेतु प्रयाग तथा हरिद्वार की ओर जाना स्वभावत: अपेक्षित है।

रैदास के जीवन से अनेक चमत्कारपूर्ण घटनाओं का सम्बन्ध बताया जाता है। इन घटनाओं का कोई प्रामाणिक आधार न होने के कारण उन्हें यहाँ नहीं लिया जा रहा है; किन्तु यहाँ पर लेखक इतना कह देना आवश्यक समझता है कि मात्र वैज्ञानिक आधार पर सिद्ध न होने के कारण उनमें से सम्पूर्ण घटनाएँ विश्वसनीय न भी हों फिर भी इनसे तत्कालीन युग में रैदास के प्रति जनता में आस्था का तो परिचय मिलता ही है; और फिर वस्तुत: इन्हीं जनश्रुतियों और जनता में प्रचलित बहुत-सी बातों का आधार तथा उनसे प्रकाश लेकर मध्यकाल एवं पूर्वकाल के इतिहास में हम कभी-कभी बड़े प्रामाणिक तथ्यों पर भी पहुँचते हैं। सन्त रैदास के जीवन में भी आज वैज्ञानिक समझे जाने वाले बहुत से तथ्यों को हमने इन्हीं जनश्रुतियों से प्राप्त किया है। अस्तु, रैदास के आगे के जीवन के विषय में हमें कोई क्रमबद्ध तथ्य नहीं मिलते। इतना भर स्पष्ट होता है कि अपने परवर्ती जीवन में रैदास भक्तों के द्वारा पर्याप्त सम्मानित हुए थे, उन्होंने विभिन्न क्षेत्रों की यात्राएँ की थीं और स्थान-स्थान पर उनके सम्मान में उनके आश्रम-कुटियाँ, उनके नाम से तालाब तथा मन्दिर आदि बनवाये गये थे।

रैदास का निर्वाण (तिथि तथा स्थल)—रैदास के निर्वाण की तिथि तथा स्थल के विषय में कोई प्रामाणिक सूचना नहीं मिलती। चित्तौड़ के रविदासी भक्तों का कथन है कि चित्तौड़ में कुम्भनश्याम के मन्दिर के निकट जो रविदास की छतरी बनी हुई है, वही स्थल उनके निर्वाण का स्थल है। उस छतरी में रैदासजी के निर्वाण की स्मृति स्वरूप रैदासजी के चरण-चिह्न भी बने हुए हैं। रैदास-रामायण के रचयिता ने लिखा है कि

---

१. भक्तमाल तथा रैदासजी की परिचयी।

२. भगवान रविदास की सत्य कथा।

रैदास गंगा तट पर तपस्या करते हुए जीवन-मुक्त हुए। दोनों ही विचार-धारा वाले लोग रैदास का 'सदेह गुप्त' होना मानते हैं। श्रद्धालु भक्त बहुधा महापुरुषों का सदेह गुप्त होना ही मान सकते हैं किन्तु इस सदेह गुप्त से एक संशय उत्पन्न होता है। वस्तुतः बात यह है कि रैदास के निर्वाण को किसी ने देखा नहीं और इसीलिए उनकी मृत्यु को श्रद्धापूर्वक सन्देह गुप्त अथवा 'सदेह गुप्त' कह दिया गया। वस्तुतः रैदासजी अचानक किसी स्थल पर अनायास स्वर्गवासी हो गये होंगे और भक्तों को ज्ञात नहीं हो सका इसीलिए उनके विषय में श्रद्धापूर्वक सदेह-गुप्त होने की बात चल पड़ी। रैदास के मृत्यु-स्थल का किसी को भी पता नहीं है।

जहाँ तक रैदास की निर्वाण-तिथि का प्रश्न है, रविदासी सम्प्रदाय तथा भक्तों में रैदास की निर्वाण-तिथि चैत बदी चतुर्दशी मानी जाती है। किसी अन्य प्रमाण के अभाव में हम भी इसी तिथि को रैदास की निर्वाण-तिथि मान सकते हैं। जहाँ तक रैदास के निर्वाण के वर्ष का प्रश्न है, कुछ विद्वानों ने रैदास की मृत्यु वर्ष संवत् १५९७ माना है।[१] 'मीरा-स्मृति-ग्रंथ' में उनका मृत्यु वर्ष संवत् १५७६ माना गया है। रैदास की जन्म-तिथि को देखते हुए इनमें से कोई भी वर्ष असंगत ज्ञात नहीं होता। हाँ यह बात अवश्य है कि रैदास के निर्वाण के सम्बन्ध में इन वर्षों को मानने वाले श्रद्धालु भक्तों ने उनकी आयु १३० वर्ष तक मानकर उनको कबीर से भी ज्येष्ठ सिद्ध करने की चेष्टा अवश्य की है। अस्तु हम इन विद्वानों से रैदास की जन्मतिथि के विषय में सहमत हों या न हों किंतु उनके द्वारा प्रस्तावित रैदास के मृत्यु वर्ष को हम अन्य किसी प्रामाणिक तथ्य के अभाव में मान सकते हैं।

■

---

१. भगवान रविदास की सत्य कथा।

द्वितीय खण्ड (पूर्वार्द्ध)

रैदास की विचारधारा

पृष्ठभूमि

सन्त रैदास की उद्भवकालीन परिस्थितियाँ और पृष्ठभूमि—विक्रम की १५वीं व १६वीं शताब्दी भारतवर्ष के लिये बड़े परिवर्तन एवं सांस्कृतिक क्रान्तियों का युग रहा है जिसका बहुत बड़ा कारण तत्कालीन परिस्थितियों एवं पृष्ठभूमि में निहित है।

तत्कालीन युग—सांस्कृतिक पराभव का काल—७वीं शताब्दी के उत्तरार्द्ध से ही सम्पूर्ण देश विभिन्न छोटी-छोटी रियासतों में विभक्त हो गया था। यह छोटी-छोटी रियासतें आपसी दम्भ तथा थोथे शौर्य के प्रदर्शन अथवा किसी राजकुमारी के लिये आपस में लगातार संघर्ष करती रहतीं और जनता का हित निरन्तर उपेक्षित रहा।[1]

इसी काल से विदेशियों के लगातार आक्रमण भी होने शुरू हो गये थे और इन विदेशियों के आक्रमणों को रोकने की शक्ति भारतीय शासकों में नहीं रह गई थी। भारतीय समाज भी प्राचीन व्यवस्था के निकृष्टतम रूप में पारस्परिक विभेद, सामाजिक अन्याय और विभिन्न अन्त:संघर्षों में पिस रहा था। राजाओं के आन्तरिक संघर्ष, विदेशियों की लगातार लूट तथा अत्याचार में सम्पूर्ण समाज की स्थिति दो चक्की के पाटों के बीच जैसी थी।

भारतीय राजनीतिक एवं सामाजिक परम्परा की अन्तिम पराजय के परिणामस्वरूप देश में मुस्लिम सल्तनत की स्थापना हुई और १२वीं शताब्दी में कुतबुद्दीन ने देश में मुस्लिम साम्राज्य की नींव डाली। प्रारम्भिक अवस्था में या तो अपने शासन का आतंक अन्तिम रूप से स्थापित करने के लिये अथवा अपने ही पक्ष को दृढ़ता से संगठित किये रहने के लिए उन सुल्तानों ने भारतवासियों के ऊपर विभिन्न प्रकार से अत्याचार किये। कहने की आवश्यकता नहीं कि भीषण सामूहिक नरसंहार, धन तथा स्त्रियों का अपहरण, देवस्थानों का विध्वंस[2] इन अत्याचारों के विशेष शीर्षक थे।

समाज में अन्त्यज या शूद्र कहा जाने वाला वर्ग इस नवीन परिवर्तनकालीन व्यवस्था में दोहरी कष्टकर अवस्था में पड़ा हुआ था। एक ओर अपने ही देश के द्विजों के द्वारा

---

१. **The land became prey to famine and anarchey and India relapsed to its normal condition as a congries of petty states enagaged in uncedsing in ternecine war.**
—*V. Smith, Imperial Gazettier of India, Voll. II, p. 301.*

२. **सिख रिलीजन, भाग १-२, मैकलिफ (भूमिका), पृ० ४२।**
दिल्ली सल्तनत—आशीर्वादीलाल, १-१८-१९।
मेडीवल इण्डिया अण्डर मोहम्मडन रूल : स्टेनली लेनपूल, पृ० १५५।

उनको अपमान तथा उपेक्षा का सामना करना होता; दूसरी ओर इन आक्रमणकारियों के हाथ भी उनको पिसना पड़ रहा था; उनकी यातना द्विगुणित थी।

पुनर्व्यवस्थापन की आवश्यकता—इस्लाम के आगमन के साथ सामाजिक रूप से नई परिस्थितियाँ उत्पन्न हुई थीं। मूर्तियों के लगातार ध्वंस तथा परम्परागत रूप से ईश्वरीय शक्ति के प्रतीक द्विजों एवं पुरोहितों की सामूहिक रूप से हत्या एवं अपमान ने मूर्ति में देव शक्ति की आस्था तथा ब्राह्मणों की परम्परागत उच्चता पर एक प्रश्नचिह्न लगा दिया था। समाज की शक्ति के भौतिक स्थूल प्रतीक राजनीति के पास अब कोई समाधान नहीं रह गया था; परिणामस्वरूप परम्परागत समाज पुनर्व्यवस्थापन एवं एक सामाजिक क्रान्ति के द्वार पर आकर खड़ा हो गया। निराशा के युग में सामान्य जनता जहाँ एक ओर भूत-प्रेत पूजा, शाप-ताप तथा अन्धविश्वासों की शरण में जा पहुँची[१] वहाँ चिन्तनशील मस्तिष्क सुव्यवस्थित परिवर्तन का मार्ग खोजने की ओर अग्रसर हुआ। इन परिवर्तित परिस्थितियों ने परम्पराप्रिय ब्राह्मणचिन्तन तक को नवीन सन्दर्भों में पुनर्विचार करने हेतु विवश कर दिया। परिणामत: स्वामी रामानन्द तक को धर्म के क्षेत्र में रूढ़िग्रस्त बंधन शिथिल करने पड़े थे।

सन्त विचारधारा का उदय—समाज के अधिक त्रस्त वर्ग ने पुनर्जागरण को अधिक मुखरता दी और सन्तों का एक विशिष्ट आन्दोलन ही उठ खड़ा हुआ। सन्तों को जहाँ प्राचीनता से ग्रहण करने की आवश्यकता थी उन्होंने उसे जैसे के तैसे या परिवर्तित रूप में नये सन्दर्भानुसार ग्रहण किया; जहाँ नई बात कहनी थी वहाँ नई बात कही और जहाँ पूर्ण परिवर्तन की आवश्यकता थी वहाँ विद्रोहात्मक स्वर उठाने में भी नहीं चूके। संक्षेप में इस सन्त विचारधारा को इस्लाम के आगमन से उत्पन्न नवीन परिस्थितियों के प्रकाश में भारतीय जनजीवन के पुनर्व्यवस्थापन तथा पुनर्जागरण का प्रयास कह सकते हैं; जिसमें जहाँ एक ओर भारत में परम्परागत रूप से चली आ रही सम्पूर्ण विचारधाराओं को जनजीवन के लिये ग्राह्य भाषा में रखने का प्रयास किया गया था वहाँ आने वाली नवीन विचारधारा को भी भारतीय रूप में ग्रहण करने की उन्मुक्त चेष्टा विद्यमान थी। उनके स्वर में आवश्यकता अनुसार विद्रोह, समंजन तथा विवेकशील ग्रहण तीनों ही रूप विद्यमान थे। और इन सबको लेकर भी उनकी विचारधारा एक विशिष्ट मौलिकता के साथ उद्भूत हुई थी; जिसका अपना एक स्वतंत्र विशिष्ट प्रकार था।

सन्त रैदास—सन्त विचारधारा की एक महत्त्वपूर्ण कड़ी—सन्त रैदास सन्त परम्परा की एक महत्त्वपूर्ण कड़ी थे जिन्होंने सामान्य जनता की भाषा में सर्वाधिक सरलतापूर्वक धार्मिक एवं सामाजिक क्षेत्र के उस पुनर्व्यवस्थापना को मार्ग दिया। इसका

---

१. मुस्लिम रूल इन इण्डिया : डॉ० ईश्वरीप्रसाद, पृ० २५४।
बाम्बे गजेटियर—२० (१८८४), पृ० ४७०।
मिस्टिक सेण्ट्स एण्ड एसेटिक्स इन इण्डिया : ओमन, पृ० १७०।
हिस्ट्री ऑफ आसाम—गेट—कलकत्ता, १९०६, पृ० ५६।
हिस्ट्री ऑफ इण्डिया एज़ टोल्ड बाइ इट्स ओन हिस्टोरियन्स : इलियट, एच-एस—लन्दन, १८६६, पृ० ७७.

यही प्रमाण है कि जहाँ अन्य सन्तों को अपने जीवनकाल में बहुत कम समर्थन मिल सका, सन्त रैदास को पर्याप्त समर्थन और सम्मान मिला; जो कि विभिन्न अन्त:साक्ष्य और बहि:साक्ष्य प्रमाणों से स्पष्ट हो जाता है। सन्त रैदास के विषय में भक्तमालकार ने बड़ी सम्मानजनक पंक्तियाँ लिखी हैं।[१] इनके ही समसामयिक सन्त कबीर ने भी उनको सम्मानपूर्ण सम्बोधन दिया था।[२] सन्त धन्ना ने तो उनको बड़ा निस्पृह और त्यागी सन्त कहा है[३] और झालीरानी अथवा मीरा ने उन्हें अपना गुरु बनाया था।[४] रैदास के अपने काव्य में भी, उनके परवर्ती काल में उन्हें मिलने वाले सामाजिक सम्मान की स्थान-स्थान पर झलक मिलती है,[५] जबकि अन्य सन्तों की बानियों में उनके प्रति समाज की उपेक्षा और अपमान से उत्पन्न आक्रोश स्पष्ट मुखर हुआ है।

रैदास की वैचारिक प्रेरणायें—सन्तों की विचारधारा में मूलत: तो तत्कालीन तथा परम्परागत रूप से जितनी भी विचारधाराएँ थीं; उन सभी का प्रभाव था, एक विवेकशील ग्रहण ने उनका मार्गदर्श किया था; किन्तु प्रकट रूप में जिन प्रमुख विचार-पद्धतियों का स्पष्ट प्रभाव उनकी विचारधारा पर परिलक्षित होता है, इन प्रभावशील विचारधाराओं को हम भारतीय—अभारतीय दो प्रकार की विचार सरणियों में विभाजित कर सकते हैं।

भारतीय सरणियों में प्राचीनकाल से चली आ रही वेद-उपनिषद् की सर्वाधिक निकट उत्तराधिकारी वेदांत-पद्धति एवं उपनिषद्-ज्ञान, षट्दर्शन में मुख्यत: सांख्य तथा योग, योग की प्रत्यक्ष उत्तराधिकारी पद्धति नाथयोगी तथा सिद्ध परम्परा, बौद्ध विचारधारा, वैष्णव और शैव-भक्ति, शैव और वैष्णव भक्ति की मिश्रित विचारधारा और तत्कालीन प्रचलित लोक-विश्वासों आदि सभी ने प्रत्यक्ष-अप्रत्यक्ष संत विचारधारा को प्रभावित किया था। बाहर से आने वाली विचारधाराओं में इस्लाम की सूफ़ी और असूफ़ी दोनों ही प्रकार की विचारधाराओं ने संत विचारधारा को प्रेरणा दी थी। वह सम्पूर्ण

---

१. **सन्देह ग्रन्थि खडन निपुन, बानी विमल रैदास की।**
सदाचार श्रुती शास्त्रवचन अविरुद्ध उचार्‌यो।
नीर खीर विवरन परम हंसनि उर धार्‌यो।
भगवत कृपा प्रसाद परम गती इति तन पाई।
राज सिंहासन बैठि ज्ञाति परतीती दिखाई।
वर्णाश्रम अभिमान तजि, पद रज बन्दसि जासु की।
सन्देह ग्रन्थि खण्डन निपुन, बानी विमल रैदास की।
—भक्तमाल सटीक, पृ० ४७०.

२. **'सन्तों में सन्त रैदास'—कबीर (संशय किया जाता है कि यह पंक्ति प्रक्षिप्त है।)**

३. **गुरु ग्रंथ साहब, राग आसा २।**

४. **मीराबाई की पदावली—हिंदी सा० स० (पद २४ तथा १५९).**

५. **अब विप्र परधान तेहि करहिं दण्डउति।**
तेरे नाम सरणाय रविदासु दासा। (पद ६०).
ऐसी लाल तुझ बिन कोउ न करै।
गरीब निवाज गुसइयाँ मेरे माथे छत्र धरै॥ (पद १६).

विचारधाराएँ अनायास ही सन्तों की विचारधारा को प्रभावित कर रही थीं और उन सबसे लेकर भी सन्तों की अपनी मौलिक विचारधारा थी जिसने तत्कालीन परिस्थितियों में एक पुनर्जागरण की चेष्टा की थी।

वेदांत-पद्धति—बौद्ध धर्म के परवर्ती सम्प्रदायों एवं संस्करणों का प्रसार जिस समय भारतीय जीवन और व्यवस्था के अनुरूप नहीं रह गया, उस समय उसका समूलोच्छेदन करने के प्रति शंकराचार्य का प्रादुर्भाव हुआ। बौद्ध दर्शन नागार्जुन जैसे महान् दार्शनिक उत्पन्न कर चुका था अत: उसका विरोध करने के लिये शंकराचार्य के द्वारा दी गई नितांत बौद्धिक पद्धति एवं तर्कप्रधानता की आवश्यकता थी। शंकराचार्य ने अपने बौद्धिक तर्कों को लेकर बौद्धों का खण्डन करके वेदांत दर्शन की प्रतिष्ठा की किन्तु उनका धर्म विशेषत: तर्क-प्रधान एवं बुद्धितत्त्व से मिश्रित होने के कारण सामान्य जनता को आतंकित तो कर सकता था किन्तु सर्वसाधारण के मानस का प्रिय धर्म नहीं बन सकता था। उपनिषद् के रहस्यमय 'नेति' रूप ब्रह्म को शंकराचार्य ने निर्लिप्त-निराकार ब्रह्म का स्वरूप दे दिया और निर्विकार से सविकार सृष्टि तक के लिये माया की कल्पना दी थी; संसार को उन्होंने एक अविद्याजनक अध्यास अथवा विवर्त बताया था। उनके विचारानुसार अविद्याजनित अध्यास के तिरोहण पर जीव स्वयं ब्रह्मरूप है। शंकराचार्य ने मूलत: इन सिद्धान्तों की प्रतिष्ठा की। संक्षेप में अद्वैत की प्रतिष्ठा तथा माया की विस्तृत व्याख्या देने में शंकराचार्य का स्पष्ट योगदान था। सभी सन्तों ने शंकराचार्य के इन सिद्धांतों को अपने-अपने रूप में स्वीकार किया और हम स्थान-स्थान पर कतिपय संतों के काव्य में इन शब्दों तक की सीधी अभिव्यक्ति पाते हैं। सन्त रैदास ने भी इस अद्वैत तथा माया के सिद्धान्त को पूर्ण रूपेण स्वीकार किया था।

वैष्णव भक्ति—उत्तर भारत की सात्वत भक्ति ने दक्षिण के आल्वार संतों को बहुत प्रभावित किया था और इन आल्वार संतों ने भक्ति की तन्मयता में शरणागति तथा अनन्य प्रेम के बड़े सुंदर पद कहे थे। आल्वार सन्तों का सामान्य जनता में सम्मान भी बहुत था, किंतु इस परम्परा को एक संबद्ध रूप सबसे प्रथम यमुनाचार्य ने दिया था। उन्होंने सर्वप्रथम आल्वार सन्तों की रचनाओं का संकलन किया और सिद्धित्रय लिखकर शंकराचार्य ने मायावाद का खण्डन किया तथा भक्ति को सर्वप्रथम एक दार्शनिक समर्थन दिया जिसे आगे चलकर रामानुज ने सबसे अधिक बल प्रदान किया। परवर्ती काल में इसी भक्तिवादी विचारधारा को विभिन्न आचार्यों ने पोषित किया। भक्ति तथा ईश्वर के सम्मुख आत्म समर्पण और पूर्ण शरणागति में इन सभी आचार्यों का विश्वास था, किंतु उस शरणागति और भक्ति के विषय में इनके अपने-अपने विचार थे। इन विचारों को सामने रखकर प्रमुखत: ४ आचार्यों के द्वारा भक्ति के विभिन्न चार सम्प्रदायों की स्थापना हुई।[१]

रामानुजाचार्य—इन्होंने शंकर के मायावाद का खंडन करके जीव को 'चिदचिद्-विशिष्ट' ब्रह्म का अंश बताया और वेदांत का सहारा लेते हुए भक्ति को विशिष्टाद्वैत दर्शन प्रदान किया। इनके उपास्य लक्ष्मी और नारायण थे। इन्होंने श्री सम्प्रदाय की स्थापना की।

---

१. **डॉ० सुदर्शन सिंह : सन्त साहित्य, पृ० ६०।**

भक्ति आन्दोलन में दक्षिण के यह सबसे प्रभावशाली आचार्य कहे जा सकते हैं। आगे चलकर रामानन्द इनकी ही शिष्य परम्परा में आते हैं जिन्होंने उत्तर भारत में एक ओर निर्गुण परम्परा को प्रेरणा दी तो दूसरी ओर तुलसी की सगुण भक्ति को भी प्रेरित किया।

मध्वाचार्य—दार्शनिक दृष्टि से यह द्वैतवादी थे।[१] इन्होंने 'ब्राह्म सम्प्रदाय' चलाकर विष्णु-भक्ति का प्रचार किया।[२]

विष्णु स्वामी—विष्णु स्वामी ने 'रुद्र सम्प्रदाय' की स्थापना की। दार्शनिक दृष्टि से यह शुद्धाद्वैतवादी थे।[३] इन्होंने अद्वैतवाद से माया का बहिष्कार कर वात्सल्यभाव की स्थापना की।[४]

निम्बार्काचार्य—यह द्वैताद्वैत दर्शन के पोषक थे। इन्होंने 'सनकादि सम्प्रदाय' की स्थापना करके सख्य-भक्ति को प्रमुखता दी। कृष्ण की भक्ति को निम्बार्काचार्य ने प्रसारित किया तथा कृष्ण के साथ राधा की उपासना को भी स्थान दिया। निम्बार्क के अनुयायी राधा-कृष्ण को ही अपना सर्वस्व मानते[५] हैं तथा उनकी भक्ति में पद गा-गा कर उन्हें रिझाते हैं।

सारांशतः दक्षिण में इन चारों आचार्यों ने किंचित् मतभेद रखते हुए भी अपने-अपने काल में भक्तिपूर्ण आत्मसमर्पण तथा शरणागति को समर्थन दिया, नाम-स्मरण तथा भगवान् के गुणानुवाद की परम्परा को दार्शनिक आधार दिया और शंकर के अद्वैत में भी भक्ति का आरोप करके भक्ति को एक विस्तृत पूर्वपीठिका दी। इस परम्परा के द्वारा प्रभावित किया गया भक्ति-सिद्धांत तथा अद्वैत को भी मानकर उसमें भक्ति का आरोप, सन्त मत की एक मूल्यवान् समन्वयकारी देन है। संत रैदास के काव्य में स्थान-स्थान पर हमको अद्वैत ज्ञान तथा भक्ति की तन्मयता दोनों के सामंजस्य के दर्शन होते हैं। आगे चलकर दक्षिण में पल्लवित यह भक्ति धारा भारत के विभिन्न क्षेत्रों में अनेक रूपों में प्रस्फुटित हुई।

ब्रज में बल्लभाचार्य ने वल्लभ संप्रदाय की स्थापना कर पुष्टि-मार्ग चलाया जिसके अनुगमन पर ही आगे चलकर अष्टछाप की यशस्वी विभूतियाँ उत्पन्न हुईं। बंगाल में जयदेव तथा चैतन्य महाप्रभु की रागानुगा भक्ति का प्रादुर्भाव हुआ। संतों ने जयदेव का नाम बड़े सम्मानपूर्वक लिया है। जयदेव ने आगे चलकर कृष्ण-भक्ति को पर्याप्त प्रभावित किया। काशी, अयोध्या तथा प्रयाग क्षेत्र में रामानन्द का अभ्युदय हुआ। रामानन्द रामानुज की परम्परा में कहे जाते हैं, किंतु वे अपने समय के बड़े प्रभावशील, युगद्रष्टा आचार्य थे। उन्होंने समय की आवश्यकता को पहचानकर सबसे पहले तदनुरूप समाधान दिये,

---

१. क्षितिमोहन सेन् : मैडिवल मिस्टिसिज्म—१९२९, पृ० ४८.
२. डॉ० गोविन्द त्रिगुणायत : हिन्दी की निर्गुण काव्यधारा और उसकी दार्शनिक पृष्ठभूमि, पृ० ३४१।
३. वही।
४. क्षितिमोहन सेन : मैडिवल मिस्टिसिज्म, पृ० ४९.
५. डॉ० गोविन्द त्रिगुणायत, पृ० ३३९।

परम्परागत धर्म में सुधार तथा परिवर्तन प्रस्तुत किये। रामानन्द का सबसे बड़ा योगदान तथा युग-प्रवर्तक चिंतन यह था कि उन्होंने भक्ति-क्षेत्र के लिये केवल भावपूर्ण समर्पण को आवश्यक ठहराते हुए उसके लिये मनुष्यमात्र को अनुमति दे दी। रामानन्द के नाम से भक्ति-क्षेत्र में यह अर्द्धाली पर्याप्त प्रसिद्ध है "जात पांत पूछे नहीं कोई, हरि को भजे सो हरि का होई।" भक्ति का द्वार सबके प्रति उन्मुक्त हो जाने से धर्मक्षेत्र में सन्तों के साम्यवाद को एक दार्शनिक पृष्ठभूमि मिल गई। यह निश्चित है कि संतों को और विशेषत: रैदास को इस समानता के स्थापित करने में बहुत बड़ा प्रयास करना पड़ा था, उनको पग-पग पर कठिनाइयों का सामना भी करना पड़ा, किंतु यह भी सच है कि रामानन्द के द्वारा प्रस्तुत की गई पृष्ठभूमि ने उनको उस क्षेत्र में कुछ सुविधा भी दी। सबसे बड़ी बात यह थी कि दार्शनिक रूप से चिंतन के ढंग में ही एक परिवर्तन देना सर्वाधिक कठिन कार्य था, जो बहुत कुछ अंशों में रामानन्द ने प्रस्तुत कर दिया था या यह कहा जाय कि युग से उद्‌भूत आवश्यकता को रामानन्द ने पहचाना था और उन्होंने भक्ति-क्षेत्र में उसकी प्रतिष्ठा की थी; जिससे उनको अपने काल का अग्रणी चिन्तक कहा जा सकता है। उस समय आराधना के लिये अनेक नाम चल रहे थे। स्वयं रामानंद की गुरु परम्परा में रामानुजाचार्य के द्वारा दिया गया लक्ष्मी-नारायण का नाम, राधाकृष्ण, विष्णु, चक्रधर, माधव आदि प्रमुख थे। रामानन्द ने इन सभी विभेदों से ऊपर उठकर आराधना के लिये कलियुग में एकमात्र 'नाम' का मंत्र दे दिया। बस जैसे सारे विभेदों को छोड़कर समन्वय का एक मंत्र भारतवर्ष को मिल गया और इस नाम-स्मरण को लगभग सभी परवर्ती संतों एवं भक्तों ने स्वीकार कर लिया। सगुण-भक्ति शाखा को प्रेरणा देने वाली एक और बात रामानंद के द्वारा प्रचारित हुई। रामानंद ने विष्णु द्वारा अवतार लेकर दुष्टों के संहार तथा संतों के उद्धार की कल्पना को अत्यधिक प्रसार दिया। परिणामस्वरूप उस पराभव तथा यातनाओं के युग में जैसे सम्पूर्ण भारत इस चिंतन में मानसिक शरण पा गया। परवर्ती भक्त तुलसी इसी विचार से पर्याप्त प्रेरित थे।

कतिपय विद्वानों के अनुसार नाम की महत्ता, भक्ति क्षेत्र में भाव तथा प्रेम की प्रतिष्ठा और जातिगत बंधन को शिथिल करने की प्रेरणा, महाराष्ट्र के संतों एवं विट्ठल-सम्प्रदाय से उत्तर भारत में आई।[१] मूल प्रेरणा जो भी हो किंतु उत्तर भारत में रामानन्द ने इन सिद्धान्तों का पर्याप्त प्रचार और प्रसार किया था और कुछ विद्वानों के मतानुसार सम्पूर्ण संत चिंतन एक अकेले रामानन्द का जितना ऋणी है अन्य किसी एक विचारक का नहीं है।[२]

शैव परम्परा—भारतवर्ष में विष्णु भक्ति के साथ-साथ शैव-दर्शन की पद्धति भी अत्यंत प्राचीन है। यह एक चिंतन का विषय है कि यह शैव विचारधारा कितनी प्राचीन है और आर्य या वैदिक कहे जाने वाले चिंतन से इसका कितना संबंध है, किन्तु इतना निश्चित है कि यह परम्परा पर्याप्त प्राचीन काल से चली आ रही है। प्राचीन भारतीय शैव दर्शन का परवर्ती रूप मध्यकाल में तान्त्रिक तथा शाम्भवी विद्या की ओर झुका था।

---

१. डॉ० रामकुमार वर्मा : हिन्दी साहित्य (सन्त काव्य), पृ० १९३।
२. डॉ० पीताम्बरदत्त बड़थ्वाल : हिन्दी की निर्गुण काव्यधारा, पृ० १९९।

दार्शनिक दृष्टि से यह चिंतन शिव को सृष्टि का आदि कारण तथा चिर आनंद-स्वरूप मानता था। माया को शिव की शक्ति तथा उन्हीं का अंश माना गया था। इसके अनुसार माया के संयोग से संसार की सृष्टि हुई है। जीव या जिसे पशु कहा गया था उसका उद्देश्य साधन तथा योग के द्वारा शिव में लीन होने का प्रयत्न करना माना गया। इनका साधन एक ओर भक्ति तथा दूसरी ओर योग रहा। योग साधना के पक्ष की प्रबलता लेकर शाम्भवी विद्या या तंत्र-मंत्र पनपता रहा जिसमें एक ओर दक्षिण में वीर शैव मत तथा दूसरी ओर उत्तर में कश्मीर में प्रत्यभिज्ञा दर्शन का विकास हुआ। मध्यकाल की तंत्र-साधना में इस सिद्धांत का पर्याप्त महत्त्व रहा और इनकी तंत्र-साधना तथा शाम्भवी विद्या से मध्यकाल की लगभग सभी यौगिक साधनाएँ प्रभावित रहीं। द्रविड़ भक्ति के आंदोलन की प्रबलता से यह भी अछूते न रह सके और उनमें भी भक्ति तत्त्व ने महत्त्व पाया। अब तक तो सिद्धि केवल योग साधना के द्वारा ही प्राप्त की जा सकती थी, उस सिद्धि को शिव के सम्मुख आत्मसमर्पण और पूर्ण भक्ति द्वारा प्राप्त किया जा सकता है। अब शैव विचारधारा में भी इस बात का उदय हुआ। इस विचार को दार्शनिक पूर्वपीठिका प्रत्यभिज्ञा दर्शन ने प्रदान की। शैव-भक्ति को दार्शनिक समर्थन देने का कार्य सबसे पहले कुमारिल ने 'शिवाद्वैत' का दर्शन देकर किया तथा शैव-भक्ति की परम्परा में दक्षिण में आडवार भक्तों की परम्परा चली।[१] कतिपय विद्वानों के मतानुसार दक्षिण में विष्णु भक्ति के लिये जो आल्वार संतों ने किया, शिव-भक्ति के लिये वही अडवार भक्तों ने किया था।[२] शैवों का एक सम्प्रदाय लिंगायतों के नाम से भी चल रहा था। यह शिव के लिंग की पूजा करते थे और वेदादि ग्रन्थ इन्हें अमान्य थे। इन सम्पूर्ण शैव सम्प्रदायों का प्रमुख सिद्धांत शिव की आराधना तथा उस आराधना द्वारा शिव से मिलन में आनन्द की अवस्था को सभी संतों ने अपनी साधना में ग्रहण किया है।

शैव तथा वैष्णव, मिश्रित (महाराष्ट्रीय) विचारधारा—कुछ विद्वानों के मतानुसार भक्ति की धारा दक्षिण से महाराष्ट्र होती हुई उत्तर में आई[३] जहाँ वैष्णव विचारधारा का शैव विचारधारा से समन्वय हो गया। महाराष्ट्र के महान् समन्वयकारी संतों में दो नाम सर्वाधिक प्रमुख हैं—स्वामी ज्ञानदेव तथ स्वामी नामदेव। स्वामी ज्ञानदेव यद्यपि नाथ सम्प्रदाय के अनुयायी थे[४] किंतु, 'ज्ञानेश्वरी गीता' लिखकर इन्होंने कृष्ण को ही महत्त्व दिया। डॉ० रामकुमार वर्मा[५] तथा रानाडे महोदय[६] ने ज्ञानदेव पर शैव प्रभाव माना है किंतु ज्ञानेश्वरी गीता इस प्रवृत्ति की परिचायक अवश्य है कि शैव तथा वैष्णव विभेद की खाई पटने लगी थी और इस समय तक एक नई भक्ति पद्धति का जन्म होने लगा था जिसका परिचय हमको बारकरी सम्प्रदाय की स्थापना से मिलता है।

---

१. डॉ० सुदर्शन सिंह : सन्त साहित्य, पृ० ६४.
२. वही, पृ० ६४।
३. डॉ० रामकुमार वर्मा : हिन्दी साहित्य—सन्त काव्य, पृ० १९०-१९१.
४. वही।
५. वही।
६. वही, पृ० १९१।

स्वामी ज्ञानदेव के ही समकालीन सन्त स्वामी नामदेव हुए जिन्होंने इस समन्वय की भावना को आगे बढ़ाया और विट्ठल सम्प्रदाय की स्थापना हुई। पण्ढ़रपुर के मंदिर में इसी समन्वय के प्रतीक स्वरूप शिव की मूर्ति को विष्णु अपने सिर पर ऊपर उठाये हुए दिखाई गये हैं।

महाराष्ट्र की इस भक्ति शाखा की अपनी कुछ विशेषताएँ थीं। इन्होंने परिवर्तित समय के सन्दर्भ को स्वीकार किया था। इस भक्ति आन्दोलन में क्रमश: कर्मकाण्ड के स्थान पर हृदय की शुद्धता तथा भक्ति भावना पर बल दिया गया था।[१] और भक्ति में भी नाम की श्रेष्ठता को स्वीकार किया गया था।[२] इन महाराष्ट्रीय सन्तों ने रूढ़िवादी पण्डितों तथा पुरोहितों पर कहीं-कहीं बड़े तीखे व्यंग्य किये थे।[३] यद्यपि सन्त रैदास की भावुकता तथा अन्तर्मुखी अनुभूति-प्रवणता ने कभी इस भाषा का प्रयोग नहीं किया, किन्तु वैचारिक दृष्टि से वे उससे सदा सहमत रहे और कबीर तो लगभग उसी व्यंग्यपूर्ण भाषा में कभी-कभी कह उठते थे।

भक्ति के क्षेत्र में हृदय की शुद्धता, भक्ति-भावना और नाम-स्मरण के महत्त्व तथा कर्मकाण्ड एवं रूढ़िगत बन्धनों की उपेक्षा के परिणामस्वरूप विट्ठल सम्प्रदाय में अनेक अछूत तथा अस्पृश्य वर्ग के व्यक्ति भी दीक्षित हुए जो आगे चलकर महान् भक्त और सन्त सिद्ध हुए। इनमें गोरा कुम्हार, सांवता माली, नरहरि सुनार, चोखा भंगी, जनाबाई दासी तथा कान्हो पात्रा वेश्यापुत्री थी।

स्वामी नामदेव के अनेक पद हिन्दी में भी मिलते हैं।[४] उनके ६१ पद गुरुग्रन्थ-साहब में संकलित पाये जाते हैं।[५] कतिपय विद्वानों के मतानुसार ज्ञानदेव तथा स्वामी

---

१. सन्त काव्य : डॉ० सुदर्शन सिंह, पृ० १९२।

२. छांड़ि छांड़ि रे मुगुध नर मन कपट न कीजै।
गोविन्दनारायण नाम मुखां लीजै।
कोटिं जे तीरथ करै, तन जो हिवालै गलै।
पृथ्वी जे सकल परदछिन कीजै। करवट कासी में लीजै।
शिव को जे सीस दीजै, राम नाम सरि तरु न तुलै॥ १॥
—सन्त नाम देव : वानखड़े गुरुजी, प्रकाशन विभाग-सूचना तथा प्रसारण विभाग, पृ० ८१ से उद्धृत.

३. पाण्डे तुम्हारी गायत्री लोधे का खेत खाती थी।
लैकरि ठेगा टगरी तोरी लांगत-लांगत जाती थी।
पांडे तुम्हारा महादेऊ धऊले बदल चाड़िआ आवत देखिआ था।
पांडे तुम्हारा रामचंद्र सो भी आबंतु देखिआ था।
मोदी के घर खाना पाका, वाका लड़का मारिआ था।
रावन सेती सरवर होई घर की जोई गवाई थी।
हिन्दू ऐना, तुरुकू काणा, दोहाँ ते गिआनी सिआना। —वही, पृ० ८६.

४. सन्त नामदेव : वानखड़े गुरुजी, पृष्ठ ७७।

५. वही, पृष्ठ ७८।

नामदेव ने उत्तर भारत की विस्तृत यात्राएँ की थीं और यहाँ की जनता को बहुदेवोपासना, रूढ़िगत बन्धन, वर्ण व्यवस्था की कठोरता और सामाजिक अन्याय के विरुद्ध सजग किया था एवं नाम और भक्ति की श्रेष्ठता का सन्देश प्रसारित किया था[१] तथा इस प्रकार परवर्ती सन्तों रामानन्द, कबीर, रैदास आदि के लिए प्रेरक विचार देकर समुचित पृष्ठभूमि प्रस्तुत की थी।[२] परवर्ती काल के हिन्दी-क्षेत्र के सन्तों और विशेषतः सन्त रैदास ने स्वामी नामदेव का नाम बड़े सम्मान के साथ लिया है।[३]

बौद्ध-सिद्ध तथा नाथ परम्परा—महात्मा बुद्ध ने जिस व्यावहारिक सदाचार और जीवमात्र के प्रति करुणा का प्रसार किया था वह चिन्तन भारत के वातावरण तथा उनके परवर्ती सम्प्रदायों में पूर्णरूपेण प्रभावशील होकर विद्यमान था। संतों ने उस तत्त्व को प्रत्यक्षतः ग्रहण कर लिया। यह कहना तो अनुपयुक्त होगा कि इन विचारों को संतों ने बौद्ध परम्परा तथा उनके परवर्ती रूपान्तरों से ही ग्रहण किया, किन्तु इतना सुनिश्चित रूप से कहा जा सकता है कि इस प्रकार की विचारधारा की दार्शनिक पृष्ठभूमि तथा उनका वैचारिक समर्थन भारतवर्ष में पहले से ही विद्यमान था जिसे संतों ने तुरन्त एक व्यावहारिक भाषा दी। आगे चलकर बौद्धों के परवर्ती सम्प्रदायों, विशेषतः महायान शाखा का समन्वय तंत्रवाद के साथ हुआ और सिद्धों के विभिन्न सम्प्रदाय विकसित हुए। सिद्धों में गतानुगतिकता का प्रबल विरोध किया गया था। वैचारिक दृष्टि से इनका लक्ष्य 'महासुख' की प्राप्ति था तथा यह तंत्र परक साधना में विश्वास करते थे। तंत्र की अंतर्मुखी साधना और महा-सुख की अवर्णनीयता के कारण यह अपनी अभिव्यक्तियों में प्रतीकात्मक थे। संतों को गतानुगतिकता के विरोध की प्रेरणा तथा परम्परा के विरोध का साहस इन सिद्धों से भी प्राप्त हुआ। संतों में सहजयोग तथा सुरति-निरति की भावना भी सिद्धों की ही देन ज्ञात होती है। सिद्धों की रहस्यात्मक अभिव्यक्तियों के प्रयत्न ने भी संतों को प्रभावित किया। यद्यपि संत रैदास ने इतनी अधिक रहस्यात्मकता ग्रहण नहीं की किन्तु बहुधा सभी संत इन रहस्यात्मक उक्तियों से अभिव्यक्ति देते रहे हैं। उलटबाँसी उसी रहस्यात्मक दुरूहता का प्रमाण हैं।

बौद्धों की महायान शाखा के तंत्रवाद तथा शैव पद्धति के साथ समन्वय हो जाने के बाद क्रमशः जो मंत्रयान, वज्रयान तथा वज्रयान से सहजयान का विकास हुआ[४] वह प्रारम्भ में भले अच्छे सिद्धांतों तथा एक निश्चित वैचारिक दर्शन का क्रमिक विकास रहा हो,[५] किंतु बाद में वह अपनी गुह्यता तथा कठिन प्रतीकात्मकता के कारण[६] पर्याप्त ऐसी पद्धतियों को जन्म देने का कारण बना जिसकी प्रतिक्रिया में नाथ-सम्प्रदाय का आविर्भाव

१. सन्त नामदेव : वानखड़े गुरुजी, पृष्ठ ७६।
२. वही, पृष्ठ ७६ तथा ८६।
३. नामदेव कबीर त्रिलोचन सधना सैन तरै। (पद १६).
४. डॉ० रामकुमार वर्मा : हिन्दी साहित्य—सन्त काव्य, पृ० १८९।
५. डॉ० गोविन्द त्रिगुणायत : हिन्दी की निर्गुण काव्यधारा और उसकी दार्शनिक पृष्ठभूमि, पृ० १९४-१९५।
६. वही, पृ० १९५। तथा तन्त्रसार—संपादक, आर० एस० चटर्जी, पृ० ६९१।

हुआ।[1] यद्यपि कतिपय विद्वान इनको पुराने शैवतन्त्रवाद का ही विकसित तथा परिष्कृत रूप मानते हैं[2] किन्तु दूसरा मत इसको सहजयान तथा वज्रयान का ही विकसित रूप मानता है।[3] जो भी हो इनके ९ प्रसिद्ध आदिकालीन आचार्यों में गुरु मत्स्येन्द्रनाथ तथा गुरु गोरखनाथ प्रमुख हुए हैं। मत्स्येन्द्रनाथ ने योग के साथ-साथ मानसिक साधना (उन्मुनि) पर विशेष बल दिया था किन्तु मत्स्येन्द्रनाथ की इस मानसिक साधना में स्वेच्छाचारिता का बहुत बड़ा अवसर था। अत: वह अपर्याप्त रही, किंतु गोरखनाथ ने इस साधना के साथ हठयोग तथा कठोर शारीरिक पवित्रता एवं साधना पर विशेष बल दिया। शारीरिक पवित्रता एवं सदाचार की भावना, संतों के काव्य में आद्योपांत विद्यमान रही है।

इस प्रकार बौद्ध धर्म की महाकरुणा, अहिंसा जीवमात्र के प्रति दया और जीवन में व्यावहारिक सदाचार से लेकर दार्शनिक शून्यवाद, सिद्धों की रहस्य भावना, सन्ध्या भाषा तथा उलटबांसी और नाथों के मानसिक योग, कठोर हठयोग की शब्दावली और शारीरिक सदाचार एवं पवित्रता; सभी का प्रभाव संतों पर पड़ा।[4] जहाँ तक परम्परावाद, गतानुगतिकता तथा कर्मकाण्ड के विरोध का प्रश्न है, संतों को इस निर्भीकता की पृष्ठभूमि इस दीर्घकालीन परम्परा से भी मिली थी।[5]

इस्लामी (सूफी असूफी) विचारधारा—आने वाली इस्लामी विचारधारा अपने साथ केवल आक्रमण और अत्याचार ही नहीं लाई थी, उसके साथ स्वयं में एक विशिष्ट सामाजिक व्यवस्था तथा निश्चित् चिंतन-पद्धति एवं दर्शन की प्रणालियाँ थीं जो कि निरन्तर मुस्लिम आक्रमणों से भी पहले से भारतवर्ष के सम्पर्क में आनी प्रारम्भ हो गई थीं।[6] कतिपय विद्वानों के मतानुसार, विशेषत: मुस्लिम दार्शनिक पद्धतियाँ भारतीय चिंतन पद्धतियों से ही अनेकानेक रूपेण प्रभावित रही थीं और भारत में आने से पहले ही वे प्रभाव उन पर पड़ चुके थे।[7] तथ्य जो भी हो किन्तु इतना सत्य है कि इस काल में यह मुस्लिम विचारधारा एक नवीन व्यवस्थित रूप में आ रही थी। भारतीय समाज के पुनर्व्यवस्थापन काल में इन मुस्लिम पद्धतियों का भी प्रभाव पड़ना आवश्यक था। इस मुस्लिम विचारधारा की दो प्रमुख सरिणियाँ थीं। प्रथम, मूल मुस्लिम विचारधारा और दूसरी सूफी विचारधारा। यह आंक सकना तो कठिन है कि इनमें से किस विचारधारा ने भारतीय विचार पर कितना प्रभाव दिया, किन्तु इतना निश्चित है कि इस सूफी

---

१. डॉ० हजारीप्रसाद द्विवेदी : नाथ सम्प्रदाय, पृ० ४-५।

२. वही।

३. राहुल सांकृत्यायन : दर्शन×दिग्दर्शन, पृ० २२२-२२३।

४. डॉ० रामकुमार वर्मा : हिन्दी-साहित्य—सन्तकाव्य, पृ० १८९-१९०।

५. वही, पृष्ठ १८९।

६. अरब और भारत के सम्बन्ध : सुलेमान नदवी। डॉ० रामकुमार वर्मा : हिन्दी साहित्य—संत काव्य, पृ० १९४।
परशुराम चतुर्वेदी : उत्तरी भारत की संत परम्परा, पृ० ७०-७१।

७. डॉ० सुदर्शन सिंह मजीठिया : सन्त काव्य, पृ० ६७-६८।

विचारधारा ने संत-पद्धति को प्रत्यक्षतः बहुत प्रभावित किया था,[१] और संतों का भावनात्मक रहस्यवाद तथा ईश्वरीय प्रेम में मादकता आदि बहुत कुछ अंशों में सूफी विचारधारा से प्रत्यक्षतः प्रभावित थे।[२] संत रैदास की रचनाओं में कहीं-कहीं तो हम इस सूफी प्रभाव को स्पष्ट ही परिलक्षित पाते हैं। कुछ स्थलों पर रैदास की अभिव्यक्तियाँ पूर्णतः सूफी जैसी ही हो गई हैं।[३]

प्राचीन भारतीय परम्परा में घोषित गुरु की महत्ता सूफी सन्दर्भ में भी स्वीकार की गई। सभी संतों ने गुरु की महत्ता को उसी रूप में स्वीकार कर लिया। इसे मात्र सूफी प्रभाव न भी कहा जाय किन्तु एक दूसरी विचारधारा से समर्थन पाकर कोई विचार सशक्त स्वर अवश्य पा जाता है; अतः इसे सूफी विचार द्वारा समर्थित या पोषित तो कहा ही जा सकता है।[४]

कतिपय विद्वानों के मतानुसार मुस्लिम एकेश्वरवाद ने तत्कालीन भारतीय समाज में प्रचलित बहुदेवतावाद, जादू-टोना, भूत-प्रेत पूजा एवं मूर्तिपूजा के विरुद्ध प्राचीन वाङ्मय में प्रतिष्ठित अद्वैत की पुनर्प्रतिष्ठा को उपयुक्त पृष्ठभूमि दी और जब संतों ने विभिन्न विभेदों एवं मूर्तिपूजा से ऊपर उठकर एक विशिष्ट निराकार अरूप तथा अद्वैत की प्रतिष्ठा की तब उनको इस्लाम से भी एक नैतिक समर्थन मिला।

इस्लाम के संगठित भ्रातृत्व तथा सामाजिक समता के दार्शनिक सिद्धांत ने भी भारतवर्ष के प्राचीन 'सर्व खल्विद ब्रह्म' की पुनर्प्रतिष्ठा के प्रति उपयुक्त पृष्ठभूमि दी, या यह भी कहा जा सकता है कि नवीन संदर्भों में उस प्राचीन सिद्धांत की उस पुनर्प्रतिष्ठा की आवश्यकता हुई। कुल मिलाकर परिणामस्वरूप व्यावहारिक रूप में मानवमात्र की समता का सिद्धांत बौद्धिक रूप से प्रतिष्ठित हुआ और धार्मिक अंधविश्वास तथा विभेदों की समाप्ति को इस्लाम के आगमन से सहयोग मिला।

इस प्रकार भक्ति की वह धारा जो प्राचीन पांचरात्र-पद्धति तथा एकांतिक साधना के रूप में दक्षिण में सात्वतों द्वारा प्रचारित की गई, शंकराचार्य के अद्वैतवाद तथा वेदांत और मायावाद के समन्वय से रामानुज की विचारधारा में एक पूर्ण पद्धति बनी और मध्वाचार्य, रुद्रस्वामी, निम्बार्काचार्य आदि के द्वारा आगे बढ़ाई गई। इसी धारा ने उत्तर की ओर अनेकधा होकर ज्ञानदेव की शैव, नाथ तथा योगशैली को प्रभावित कर नामदेव और एकनाथ में वारकरी तथा विट्ठल सम्प्रदाय को प्रेरणा दी और इन महाराष्ट्रीय सन्तों ने उत्तर भारत की यात्राएँ कीं तथा अपनी समन्वयकारी भक्ति का प्रसार किया। यही भक्ति-धारा दूसरी ओर बंगाल में जयदेव, बिहार में विद्यापति तथा उनके परवर्ती रागानुगा भक्ति के प्रचारक चैतन्यमहाप्रभु की प्रेरणा बन गई। उत्तर भारत में कृष्ण भक्ति की माधुर्य भावना

---

१. डॉ० रामकुमार वर्मा : हिन्दी-साहित्य—सन्तकाव्य, पृ० १९५।
२. वही।
× × ×
डॉ० बड़थ्वाल : हिंदी काव्य की निर्गुण धारा, अंग्रेजी, पृ०१९८।
३. पद ५२।
४. पद ५२ की अंतिम पंक्ति।

तथा बल्लभाचार्य और राम के उपासक रामानन्द का प्रादुर्भाव हुआ। इस धारा ने शैवों की भक्ति तथा आनन्दावस्था और सिद्धों तथा नाथों की योग पद्धति को भी अपने में समंजित किया, उस पर आने वाली इस्लामी विचारधारा तथा सूफी विचारधारा के प्रभाव भी क्रियाशील रहे।[१] इन सम्पूर्ण प्रभावों को एक साथ समंजित कर नये सन्दर्भों में प्रस्तुत करने और इस विचारधारा को आगे बढ़ाने का बड़ा श्रेय समाज के उन बहुधा अशिक्षित तथा उपेक्षित लोगों को रहा जो लम्बे समय से समाज की तत्कालीन पीड़ा के प्रतिनिधि बन गये थे और जिन्होंने उसको अभिव्यक्ति दी, युग की आवश्यकता को पहचान कर अपनी वाणी में उसे मुखरता और समाधान देने की चेष्टा की। इन सभी महापुरुषों को हिन्दी साहित्य में सन्त संज्ञा से अभिहित किया जाता है। सन्त रैदास की वाणी इन सन्तों की सहगामी होकर भी उस सम्पूर्ण वाङ्मय में अपना विशेष महत्त्व रखती है।

■

---

१. **Thus we see that to whatever source the characteristic of Nirgun School may be traced it was mostly to Vaishnaawism, that immidiately owed them, except for there that had been derived from Islam and Sufi Sources.**

—Barthwal—Nirgun School of Hindi Poetry, P. 198.

द्वितीय खण्ड (उत्तरार्द्ध)

रैदास की विचारधारा

(क) दार्शनिक विचार

प्रथमतः इस बात के स्पष्टीकरण की आवश्यकता है कि सन्त रैदास कोई विधिवत् दार्शनिक नहीं थे और न ही उन्होंने किसी दार्शनिक ग्रंथ को लिखकर दर्शन की कोई पद्धति चलाने की चेष्टा की है। यह बात लगभग सभी संतों के विषय में कही जा सकती है। अस्तु, सभी संत मूलतः भक्त थे तथा सामने आने वाली समस्याओं के प्रति एक ईमानदार चिंतक की भाँति उन्होंने समस्याओं पर सत्वपूर्ण प्रतिक्रियाएँ दी हैं। संतों का ज्ञान उतना अध्ययन से नहीं जितना सत्संग, पर्यटन तथा परम्परा से प्राप्त था और इसीलिये उनके विचारों में कभी-कभी तारतम्य खोजना पड़ता है। उनकी विचारधारा में एक-सूत्रता है; किन्तु वह उनकी अभिव्यक्ति की बहुलता में कहीं-कहीं संकुल-सी आभासित होने लगती है। विभिन्न दार्शनिक समस्याओं पर रैदास का कोई पृथक् विवेचन-ग्रंथ प्राप्त नहीं होता किंतु उनकी बानी में से हम विभिन्न दार्शनिक समस्याओं एवं उनकी साधना के सम्बन्ध में उनके विचार ज्ञात कर सकते हैं।

ब्रह्मविषयक अनुभूति तथा इष्ट का स्वरूप

ब्रह्मविषयक अनुभूति—किसी अज्ञात सत्ता के प्रति जिज्ञासा, मानव की आदिकालीन प्रवृत्ति रही है। जब से उसने चिंतन आरम्भ किया तभी से बाहर होने वाले प्राकृतिक व्यापार एवं घटनाओं के पीछे किसी अव्यक्त सत्ता का हाथ उसने सदा ही देखा; अब यह बात दूसरी है कि तत्कालीन सामाजिक व्यवस्था के अनुरूप उसने इस अलौकिक सत्ता पर अपनी कल्पनाओं का ही आरोप किया है।[१] इस आरोप के पश्चात् भी चिंतनशील मस्तिष्क को कुछ समय के लिये ही सन्तोष प्राप्त होता है; फिर उसकी जिज्ञासा पुनः चिंतन में लीन हो जाती है और जितना-जितना ही यह चिंतन हुआ है उतना-उतना ही आगे जाते हुए मनीषियों को अपनी असमर्थता की ही घोषणा करनी पड़ती है।[२] प्रत्येक वर्णन अपूर्ण, अधूरा अतः गलत ही रह सका; इसीलिये कहीं हारकर उस सत्ता को उपनिषदों में 'नेति' कहा गया, कहीं उसको इन्द्रिय, मन, बुद्धि, चेतना

---

१. राहुल सांकृत्यायन : दर्शनदिग्दर्शन, पृ० ३८६-३८७।
संस्कृत साहित्य का इतिहास : मैक्डानल (अंग्रेजी), पृ० ६१।

२. न चक्षुषा गृह्यते नाऽपि वाचा —मुण्डकोपनिषद् ३-१-८.

आदि सबसे परे कहकर तद्विषयक चिंतन में असमर्थता की घोषणा की गई;[१] कभी उसको ही सबमें देखा,[२] कभी सबको उसमें देखा और इस अंतर्यामिता तथा अतियामिता की अनुभूति कर लेने के पश्चात् भी फिर भी उसकी परात्परता अपने ही स्थान पर उसी प्रकार अक्षुण्णता रही।[३] कभी इस असमर्थता में वर्णन की अपूर्णता का भान होने के साथ ही साथ उस सत्ता पर पूर्णता का आरोप किया गया,[४] तो कहीं असामर्थ्य जन्य पूर्णता की अनुभूति में अशुद्धि अथवा गलती के आरोप के भय के कारण उस सत्ता के विषय में कुछ न कहकर उसे शांति रूप और अनुभूति का विषय मान लिया गया।[५] अपने प्रयत्न की परम् शिथिलता में चिंतकों ने कहीं-कहीं उस सत्ता के ज्ञान का दायित्व भी उसी सत्ता की कृपा पर छोड़ दिया और यह मान लिया कि उसका रहस्य भी उसी तरह प्रकट हो सकता है जिसे वह स्वयं अपने को प्रकट कर दे।[६]

वस्तुतः यह सभी अभिव्यक्तियाँ कभी-कभी एक दूसरे की विरोधी-सी दिखाई देती हैं; किन्तु वास्तविकता यह है कि ब्रह्म विषयक जिज्ञासा सदा अपने स्थान पर अक्षुण्ण रही है और उसके विषय में अभी तक कोई साधक पूर्ण ज्ञान उपलब्ध करने का दावा नहीं कर सका; अधिक से अधिक उसे अनुभूति मात्र का विषय कहा जा सका है; इसके आगे सब मौन हैं, किन्तु अन्तस् में चिन्तन अथवा अनुभूति का सघन तत्त्व मात्र मौन से संतोष लाभ नहीं करता और अपने वर्णन को गलत या अपूर्ण मानकर भी पुनः-पुनः विभिन्न अभिव्यक्तियाँ देता है।[७] अभिव्यक्तियों के यही भिन्न-भिन्न प्रकार से प्रयत्न

---

१. इन्द्रियाणि पराण्याहुरिन्द्रियेभ्यः परंमनः।
मनसस्तु परा बुद्धिर्यो बुद्धे परतस्तुः सः॥ —भगवद्गीता ३-४२.

आँखों से दीखै नहीं शब्द न पावै ज्ञान।
मन बुद्धि तहं पहुंचै नहीं कौन करै एलान॥ —सन्तसुधासार : दरिया, पृ० १०९.

२. सर्वं खल्विदं ब्रह्म —छान्दोग्योपनिषद् ३-१४-१.

३. एकोदेवः सर्वभूतेषु गूढ़ः सर्वव्यापी सर्वभूतांतरात्मा।
कर्माध्यक्ष. सर्वभूताधिवासः साक्षी चेता केवलो निर्गुणश्च।
—श्वेताश्वतरोपनिषद् ६/११.

राधाकृष्णन : इण्डियन फिलॉस्फी, पृ० २०३।

४. पूर्णमदः पूर्णमिदं पूर्णात्पूर्णमुदच्यते।
पूर्णस्य पूर्णामादाय पूर्णमेवावशिष्यते॥ —वृहदारण्यकोपनिषद् २/५/१९.

५. ब्रह्मसूत्र, शांकर भाष्य : दासगुप्त
—हिस्ट्री ऑफ इण्डियन फिलास्फी—भाग-१, पृ० ४५.

ब्रह्मसूत्र, शांकरभाष्य —सूत्र; १९.

बोलना ना बोलिये रे भाई बोलत बोलत तत्त न साई —क० ग्र० १०७/६७.

६. नायामात्मा प्रवचनेन लभ्यो न मेधया न बहुना श्रुतेन।
यमेवैष वृणुते तेन लभ्यस्तस्यैष आत्मा विवृणुते तनुं स्वाम्॥ —मुण्डक० ३/२/३.

७. बानी के सुख कारने कहिये सृजनहर—नानक, गुरु० ग्र० सा०, पृ० २३६।

वस्तुतः परस्पर विरोधी जैसी दीखने वाली वर्णन शैलियाँ हैं जिन्हें निराकार, साकार, निर्गुण सगुण तथा भक्ति, ज्ञान, मार्ग आदि से अभिहित किया गया है। जब साधक उस परब्रह्म में सम्पूर्ण गुणों का आरोप कर संसार तथा सम्पूर्ण भूत को उसी से उद्भूत मानता है तब वह सगुणवादी होता है; जब इसे सम्पूर्ण ब्रह्म में एक ही सत्ता दृष्टिगोचर होती है तब उस स्थल से साकारवाद का जन्म होता है; जब साधक या चिंतक इस सबको मानकर भी फिर यह कहता है कि वह तो यह भी नहीं है, इससे परे है, यह सब सम्पूर्ण संसार, अनुभूति का क्षेत्र तो निचला स्तर और उससे भिन्न है तब इस परात्पर के साथ निराकारवाद की पूर्वपीठिका प्रस्तुत हो जाती है और जब सब कुछ वह और वही रह जाता है तब अद्वैत की अनुभूति प्रारम्भ होती है। इस प्रकार यह परस्पर विरोधी जैसी दीखने वाली विचारधाराएँ परस्पर विरोधी न होकर ब्रह्मविषयक जिज्ञासा की तुष्टि के अनेकानेक प्रयास हैं जो विविधता में भी एकसूत्र में बँधे हुए हैं और वह सूत्र है उस परम सत्ता के प्रति अनन्त जिज्ञासा, अथक खोज और एक विकल अनुभूति।

संत रैदास के सम्पूर्ण चिंतन में यही एक विकल अनुभूति सर्वस्थल पूर्णरूपेण व्याप्त है अतः उनकी 'बानी' में भी हमको एक विकलता के साथ लगभग यह सभी अनुभूतियाँ दृष्टिगोचर होती हैं। उन्होंने उस परम् सत्ता को पहचानने, उससे सान्निध्य प्राप्त करने, उसको प्राप्त करने के प्रति एक विकलता अनुभव की थी जो एकांगी होकर अधूरी और अपूर्णता अनुभव करती हुई बहुधा प्रवाहमान हुई है। इस विविधता में अंतर्विरोध न होकर एक तारतम्य है।

संत रैदास के द्वारा अभिव्यक्त ब्रह्मविषयक अनुभूतियों को यदि मोटे रूप में श्रेणीबद्ध किया जाय तो उनकी अनुभूतियाँ विधेयात्मक, निषेधात्मक दोनों ही रूपों में अभिव्यक्त हुई हैं और उनकी अभिव्यक्ति इन विधेयात्मक-निषेधात्मक दोनों ही विधियों को असमर्थ पाकर उस सत्ता को परात्पर रूप में नितांत व्यक्तिगत और कभी-कभी अव्यवस्थित विशेषण भी देने लगी हैं; भावना के आवेग में वह सत्ता कभी उनकी भक्ति का पात्र बनी तो चिंतन के क्षणों में वह केवल परम् ज्ञान का विषय रही है।

सन्त रैदास जिन क्षणों में विधेयात्मक विधि से सोचते हैं उस समय वे उस परम सत्ता को विराट् रूप मानते हैं। वे तद्विषयक विराटता की अनुभूति को उसमें सम्पूर्ण ब्रह्माण्ड के समहित होने से प्रकट करते हैं। उनका कथन है कि उस ब्रह्म के चरण पाताल में तथा उसका शीश आकाश है,[१] वह पूर्णरूप है।[२] और वह प्रत्येक पर प्राप्य है,[३] वह अत्यंत सूक्ष्म है किंतु उससे ही इस सम्पूर्ण सृष्टि की अकथनीय प्रक्रिया का विस्तार होता है।[४]

---

१. **चरन पताल सीस असमाना, सो ठाकुर कर न सम्पुट समाना॥** (पद ६).

२. **पूरण ब्रह्म बसै सब ठाहीं।** (पद ६६).

३. **पूरन ब्रह्म बसै सब ठाहीं, कह रैदास मिलै सुख साईं।** (पद ६६).

४. **बटक बीज जैसा औंकार, पसर्‌यो तीन लोक विस्तार॥** (पद ६४).

एकहि एक है, अनेक बिस्थरियो, आन भरि पूर सोऊ॥ (पद १०९).

ब्रह्म की इस पूर्णता तथा सर्वव्यापकता को संत रैदास ने पर्याप्त अनुभव किया था और उसे जीवमात्र तथा सर्वकाल में व्याप्त मानकर[१] विभिन्न बिम्बों के माध्यम से इस अनुभूति को अभिव्यक्ति देने की चेष्टा की है।[२] साथ ही उसको अनेक गुणों से पूर्ण, कर्ता-हर्ता आदि मानकर सम्पूर्ण व्यापार में उसी का नियंत्रण माना है,[३] किन्तु रैदास की ब्रह्म-विषयक अनुभूति की अधिक सघनता अपनी चरमता पर यह अनुभव कर उठी है कि यह सम्पूर्ण विधेयात्मक वर्णन, उस गुणों का आरोप पूरे प्रकार से उनके अनुभूत सत्य की व्याख्या नहीं कर सका, अभिव्यक्ति अनुभूति की उच्चता पर पहुँचकर उसका साथ छोड़ जाती है और तभी वे औपनिषदिक भाषा में कह उठते हैं—

जानत जानत जान रह्यो सब परम कहा निज जैसा।

कहत आन अनुभवत आन रस मिले न बेगर होई॥[४]

तथा

जस हरि कहिये तस हरि नाहीं, है हरि बस कछु ऐसा।[५]

पूर्ववर्ती संत कबीर ने भी 'जैसा है तैसा रहे, कहें कबीर विचार' में अपनी वाणी की असमर्थता घोषित की थी। परवर्ती संत चरणदास भी ब्रह्मविषयक अनुभूति करते समय इसी प्रकार विधेयात्मक एवं निषेधात्मक परिभाषा के बीच असमर्थ-अभिव्यक्ति मूक आकर खड़े हो गये थे।

जैसो मैं आगे कहि आयो, फिर समझो वैसो नहिं पायो।

जो कछु कहिया नाहीं नाहीं, सो सब देखा वांके माहीं।

अकथ कथा कछु कही न जाई, जो भाखौं सो ही मुरखाई॥[६]

संत रैदास ने अनेक स्थलों पर ब्रह्मविषयक अनुभूति की असमर्थता को स्वीकार किया है—

बोलत बोलत बड़े व्याधी बोल अबोलै जाई।[७]

अभिव्यक्ति विषयक यह असमर्थता दो रूपों में अपनी अभिव्यक्ति खोजने की चेष्टा

---

१. **आदि अंत औसान एक रस, एक तार ही भाई,**
थावर जंगम कीट पतंग, पूरि रहयो हरि राई। (पद १०६).

२. **कनक कुण्डल सूत पट जुदा, रज्जु भुजंग भ्रम ऐसा।**
जल तरंग, पाहन प्रतिमा ज्यों...॥ (पद ८३).
है यह एक पै भ्रम सूं दूज्यो, कनक अलंकृत जैसे— (पद ८४).

३. **सर्वेश्वर, सर्वांगी, सबगीत, कर्ता, हर्ता सोई।** (पद १०६).
सब कुछ करत करौं हरि कैसे, गुन विधि बहुत रहत शशि जैसे॥ (पद १०२).

४. पद ८४।

५. वही।

६. चरणदास—भक्ति पदारथ वर्णन। —भक्तिसागर, पृ० १७६.

७. पद ५०।

करती है; प्रथम तो वह निषेधात्मक विधि ग्रहण करती हुई कहने लगती है 'यह नहीं' और द्वितीय में वह परात्पर की ओर बढ़ती है कि 'यह नहीं', 'इससे परे', 'इससे भी परे' है। संत रैदास ने भी इन दोनों ही विधियों में अभिव्यक्तियाँ देने की चेष्टा की है। उन्होंने उस परम सत्ता या ब्रह्म को अतर्क्य ज्ञान—विवर्जित, निर्विकार, निश्चल, निराकार, अगम, अगोचर, अक्षर, निर्गुण, अतीत, अविनाशी आदि सब एक साथ ही कह डाला है।[१] एक साथ ही यह सब कहते चले जाने का तात्पर्य स्पष्ट है कि उस स्थल पर रैदास की अनुभूति इतनी सघन हो उठी है कि उन्होंने एक साथ इतने विशेषणों की झड़ी लगा दी। रैदास के द्वारा ऐसा अनेक स्थलों पर हुआ है।

उल्लेख किया जा चुका है कि विधेयात्मक-निषेधात्मक दोनों ही विधियाँ अंततोगत्वा इसी स्थल पर छोड़ देती हैं कि वह परम् सत्ता तो इन दोनों विधियों द्वारा भी विशेष्य नहीं हो सकी,[२] इस विधि-निषेध के कुछ मध्य की सी स्थिति[३] तथा 'इससे भी परे' की कल्पना जागती है,[४] और तभी अनुभूति अंतर्मुखी होकर उस परम् सत्ता को अपने विशिष्ट रूप में मान लेती है। यहाँ विशिष्ट एवं व्यक्तिगत इष्ट की स्थिति आ जाती है। रैदास कुछ इसी भाषा में कहते हैं कि जिस ईश्वर की संसार में सभी बात करते हैं (या वे स्वयं भी अनेक विधियों, विशेषणों में कहना चाह रहे थे) वह राम वास्तव में राम नहीं है, वह तो उससे भिन्न है; वह किससे जाकर कहें कोई समझता ही नहीं (कि वे स्वयं अपनी अभिव्यक्ति से संतुष्ट नहीं हो सके हैं[५]) और इसीलिये फिर उसे परम्परागत अभिव्यक्तियों से हटकर कभी रैदास 'सत्य[६] रूप' कभी 'ज्योतिरूप'[७] आदि भी कहने की चेष्टा करते हैं।

वास्तव में यह सभी विरोधाभासपूर्ण जैसी दीखने वाली ब्रह्म विषयक विभिन्न अभिव्यक्तियाँ, उनके नाम या परिचय न होकर तद्विषयक अनुभूति को अभिव्यक्ति दे

---

१. निश्चल निराकार अतिअनुपम निरभै गति गोविंदा।
अगम अगोचर अक्षर अतरक, निर्गुण अति आनंदा।
सदा अतीत ज्ञान विवर्जित, निर्विकार अविनाशी॥ (पद ८३).

२. नहीं नहीं कर है है कहै बखानी।
नहीं है के मध्य है सो अनुभव कर जनि॥ —ज्ञानसमुद्र : सुंदरदास, पृ० ४४.

३. है नाहीं कै मध्य है सहजो यो भगवंत॥ —संत बा० संग्रह, प्रथम भाग, पृ० १६५.

४. वाणी मेरे पीउ की न्यारी जो संसार।
निराकार के पार थे, तिन पारहु के पार॥
—नागरी प्रचा० सभा खोज रिपोर्ट, प्रथम भाग—प्रकट बानी.

५. राम कहत सब जगत भुलाना सो यह राम न होई।
* * *
जो रामहिं सब जग जानत भरम भुलैरै भाई।
...आप आप तें कोई न जानै कहैं कौन सों जाई॥ (पद ७५).

६. केवल करता एक सही कर सत्त राम तेहि ठाहीं॥ (पद ७५).

७. तेज सरूपी सकल सिरोमणि, सकल निरंजन राव॥ (पद ६८).

सकने की असामर्थ्य के कारण खोजी गई अनेक विधियाँ ही हैं; उसके नाम न होकर उसके सीमित विशेषण हैं, जिनमें से किसी भी एक में उस सत्ता का पूर्ण परिचय उपलब्ध नहीं हो पाता और इसीलिये तद्विषयक अनुभूति को अभिव्यक्ति देने के लिए लगभग सभी सन्तों एवं भक्तों ने इन सभी विधियों एवं अभिधानों का आरोप करते हुए फिर भी अपने पूर्ण अनुभव को प्रकट करने में असमर्थ पाकर मौन रहकर अनुभव करने की बात कही है और इसीलिये उन्होंने उस परम् सत्ता को व्यक्तिगत रूप में भी अनुभव किया है।

इष्ट का स्वरूप—अपनी अभिव्यक्ति को सरलता देने के लिए संत रैदास ने परम्परा से प्राप्त तथा तत्कालीन वातावरण में प्रचलित लगभग सभी अभिधानों के माध्यम से अपने इष्ट को सम्बोधित करने की चेष्टा की है। यथा—राम,[१] गोविंद,[२] विट्ठल,[३] वासुदेव[४], हरि[५], विष्णु[६] प्रभु,[७] कृष्ण,[८] केशव,[९] कमलापति[१०] (विष्णु), भगवान[११], माधव[१२], गोपाल[१३], महेश,[१४] दामोदर,[१५] निरंजन,[१६] मुरारी,[१७] रघुनाथ[१८], मुकुन्द[१९] आदि कहीं कहीं तो रैदास ने इनमें से बहुत से नामों का एक साथ ही एक स्थल पर प्रयोग कर दिया

---

१. जपो राम गोविन्द बीठल वासुदेव हरि विष्णु बैकुण्ठ मधु कीटभारी।
कृस्न केशौ रखीकेस कवलाकन्त अहो भगवन्त त्रिविधि सन्तापहारी॥ (पद ४४).
जो तुम तोरो राम मैं नहीं तोरों। (पद ४१).
कह रैदास रामभजि भाई, संत साथि दै बहुरि न आऊँ॥ (पद ३०).
२. मेरी प्रीत गोविंद सिव जिन घटै। (पद ३२).
गोविन्द चरनारविन्द सों समाधि लागी। (पद २९).
३. बरजि हो बीठले माया, सब जग खाया। (पद ७१).
४. उल्लिखित (पद ४४).
५. हरि हरि हरि हरि हरि हरि, हरि सुमिरत जग निस्तरे। (पद १११).
६. उल्लिखित (पद ४४).
७. प्रभुजी संगत सरन तुम्हारी। (पद ६९).
८. उपर्युक्त (पद ४४).
९. ज्यों तुम कारन केसवे अन्तर लव लागी। (पद ४२).
१०. तेरे देव कवलापति सरन आया। (पद ४९).
११. उल्लिखित (पद ४४).
१२. माधवे तुम न तोरु तऊ हमु न तौरें। (पद ३९).
१३. जौ तुम गोपलहिं नहिं गह्यो। (पद ३५).
१४. अस महेस विकट भेस अजहू दास दासा। (पद २९).
१५. हरि न दमोदर ध्याइया, तैं लेय न सक्या नाउं रे। (पद ६५).
१६. तेज सरूपी सकल सिरोमणि, सकल निरंजन राय। (पद ६८).
१७. जग जीवनराम मुरारी। (पद ६९).
१८. बन्दत रैदास सुन रघुनाथ बीनती। (पद ३ का पाठान्तर).
१९. मुकुन्द मुकुन्द जपउ संसार। (पद ८८).

है[१] साथ ही उन्होंने इस्लामी संस्कृति से आये नवीन सम्बोधनों के प्रयोग में भी कोई संकोच नहीं किया है। उन्होंने स्पष्ट अल्लाह,[२] खुदा, खालिक,[३] आदि के माध्यम से भी अपनी भावना अभिव्यक्त करने की चेष्टा की है। कहीं-कहीं संत रैदास इन्हीं सभी शैलीबद्ध ईश्वरीय सम्बोधनों में इतनी एकता देखने लगते हैं कि इनके बीच का अंतर उन्हें किंचित् मात्र सहन नहीं रह जाता है।[४] किंतु फिर भी वे इन सभी अभिधानों को एक पारिभाषिक स्तर देकर अंत में अपने ही अंतर्मन के अनुभूत व्यक्तिगत इष्ट के पूजक शेष रह जाते हैं।

> **जो जोइ पूजिय सोइ सोइ कांची, सहज भाव सत होई।**
> **कहै रैदास मैं ताहि को पूजे जाके ठांव नांव नहिं होई॥[५]**

राम के नाम की तुलनात्मक श्रेष्ठता—परम्परा से प्राप्त एवं वातावरण में परिव्याप्त सभी ब्रह्मविषयक नामों को रैदास ने स्वीकार कर लिया, किंतु इन सभी अभिधानों में रैदास ने 'राम' नाम को ही सर्वाधिक महत्ता दी है। जब तक वे चेतन रूप में सोचते हैं, ईश्वर के सभी अभिधान उनके प्रति समान हैं, सब में एकता है, जब वे अपनी अनुभूति की सघनता को अभिव्यक्ति देने की चेष्टा करते हैं तब अनेक विधियों का आश्रय लेते हैं किंतु सहज रूप में उनका आश्रय राम ही है।[६] इनका कारण कोई विशेष आग्रह या ज्ञान का आरोप नहीं[७] वरन् वातावरण में परम्परागत रूप से राम नाम की महत्ता और उसकी

---

१. उल्लिखित, (पद ४४).
२. औवल आखिर अल्लाह आदम (पद २६).
३. खालिक सिकस्ता मैं तेरा।
खालिक दरदमन्द दर आया। (पद १०१).
४. कृष्ण करीम, राम-हरि-राघव, जब लग एक न पेषा।
बेद कसेव कुरान पुरानन, सहज एक नहिं वेषा। (पद ९२).
५. पद ९२।
६. रंकार रहत सब हिन ते अन्तर मेल मिलावेगा। (पद ९४).
* * *
रारा ममा लिखि आंक दिखाउं। (पद ३०).
* * *
कह रैदास राम भजि भाई, संत साखि दै बहुरि न आऊं। (पद ३०).
७. योग क्षेत्र में भी 'राम-नाम' अपने तीन वाणी 'र' 'अ' 'म' के द्वारा प्रणव की ही तरह चर्चित हुआ है। 'र' अग्नि का, 'अ' सूर्य का तथा 'म' चन्द्र का प्रतीक माना गया है। योग में चन्द्र तथा सूर्य प्राण तथा अपान के प्रतीक माने गये हैं। कुछ लोग उनको पूरक तथा रेचक का प्रतीक भी मानते हैं। योग शास्त्र के मतानुसार चन्द्र-सूर्य साधना या प्राणायाम की प्रक्रिया से शरीर में ज्योति स्वरूपी या अग्नि स्वरूप ब्रह्म की उपलब्धि होती है। तुलसीदास ने भी मानस में राम-नाम के साथ इस भाव का संकेत सम्बद्ध किया है।
'बन्दहु राम-नाम रघुबर को, हेतु कृषान भानु हिमकर को॥
—बालकाण्ड, रामचरितमानस, पृ० २८.

प्रतिष्ठा है। महाराष्ट्रीय संतों ने भी रामनाम का पर्याप्त प्रचार किया था,[१] रामानन्द ने भी इसी नाम का प्रचार किया और सब विभेदों से ऊपर उठकर 'राम-नाम' उस युग में एक समन्वय के भाव का प्रतीक बन गया था। लगभग सभी संतों ने[२] इस रामनाम की महत्ता को स्वीकार करके उसका गुणगान किया है। भक्ति काल में राम-नाम जैसे सामान्य जनता के लिए उद्धार का मंत्र बन गया था, किंतु यह बात यहाँ स्मरणीय है कि सभी संतों और रैदास ने इस 'राम' शब्द को परम्परा से व्याप्त सहज अभिव्यक्ति तथा विभिन्न अंतर्भेदों की जटिलता के निराकरण रूप ग्रहण किया था, उनका लक्ष्य अवतार वाले साकार राम से बिल्कुल नहीं था। कबीर की उक्ति "दसरथ सुत तिहुं लोक बखाना, राम नाम का मरम है आना", राम शब्द के प्रति परम्परागत अवतारवादी आस्था का स्पष्ट खण्डन करती है। कबीर एक स्थल पर और भी लिखते हैं कि—'राम-राम' जो सब लोग कहते हैं वह 'राम' उन्हें स्वीकार नहीं,[३] वास्तव में राम के जिस नाम का स्मरण होना चाहिये वह और ही है। और वह 'और ही' उनके संम्पूर्ण लक्ष्यों की सिद्धि कराने वाला, अपनी नितान्त व्यक्तिगत अनुभूति में ब्रह्म, इष्ट, कल्याणकारक, परम तत्त्व का ही प्रतीक है।[४] संत रैदास की भाषा में भी स्पष्टतः राम का परम्परागत रूप व्यर्थ माना गया है। उनके कथनानुसार भी राम विभिन्न अभिधानों से अभिव्यक्त इष्ट विषयक सम्पूर्ण गुणों और कल्पनाओं का प्रतीक होकर सत्य का ही स्वरूप है[५] स्पष्ट है कि वह परम्परा से ग्रहण

---

१. हऊ तो एक रमइआ लहऊ। आनदेव बदलावनि देहऊ—संतनामदेव।
गुरु मति रामनाम गहु मीता। प्रणवै नामा हइऊ कहे गीता॥ पृ० ७९॥
...बनारसी तप करै, पलटि तीरथ फिरै।
काया जे अगिनीमुखी कलेस कीजै, हिरनगर्भ बात दीजै।
अरुमेध यज्ञ कीजै। रामनाम समि तउ न तुलै॥ —वही, पृ० ८१.

२. जीवहु ते प्यारे अधिक, लागै मोही राम—सन्तबानी, संग्रह : मलूकदास, पृ० १००.
राम अकेला रहि गया चीत न आवै और। —वही, दादू, पृ० ७६.
* * *
दादू राम सम्हारि ले जब लगि सुखी शरीर —वही, दादू, पृ० ७८.
सुन्दर भजिये राम को तजिये माया मोह —वही सुंदरदास, पृ० १०८.
अब मैं पायो राजाराम सनेही, जा बिन दुःख पावै मेरी देही।
—कबीर ग्रन्थावली, पृ० १८४.

३. राम-राम सब कोई कहै, नाम न चीन्हें कोय।
—संतबानी संग्रह, भाग १, कबीर, पृ० ४.

४. नाम चीन्हे सतुरु मिले नाम कहावै सोय। —वही, पृ० ४.

५. राम कहत सब जगत भुलाना सो यह राम न होई।
करम अकरम करुणामय केशव, करता नांव सु कोई॥ १॥
जा रामहिं सब जग जानत, भरम भुलैं रे भाई।
आप आप तें कोई न जाने कहैं कौन सु जाई॥
अलख नांव जाको ठोर न कितहुं क्यों न कहो समुझाई।
भनै रैदास उदास ताहि तै मैं करता को है भाई।
केवल करता एक सही कर, सत्त राम तिहिं ठाई॥ (पद ७५).

किये जाकर अपने नाम के साथ सम्बद्ध सम्पूर्ण कल्पनाओं को लेकर विशिष्ट तथा व्यक्तिगत हो गया है।

माया—माया के अस्तित्व को व्यावहारिक रूप में लगभग सभी सन्तों ने स्वीकार किया है। माया को अनिर्वचनीय कहते हुए शंकराचार्य ने भी व्यावहारिक रूप में माया को अस्तित्ववान माना है। रैदास ने अन्य सभी संतों द्वारा प्रतिपादित माया के विधेयात्मक कल्याणकारी रूप की ओर बहुत कम दृष्टिपात किया है। उन्होंने स्पष्टतः तो माया के कल्याणकारी रूप की कहीं चर्चा नहीं की है, हाँ, केवल एक आध स्थल पर व्यावहारिक रूप से माया के ही अंग पाँच-पच्चीस के द्वारा ब्रह्म प्राप्ति का मार्ग दिखाने का सांकेतिक आभार अभिव्यक्त किया है,[१] जो अन्य संतों के भाव जैसा ही है,[२] किंतु फिर भी इतना स्पष्ट कहा जा सकता है कि रैदास ने माया के विधेयात्मक और कल्याणकारी रूप की ओर अधिक दृष्टिपात नहीं किया है। रैदास ने माया के मात्र निषेधात्मक रूप का ही अधिक वर्णन किया हैं। माया की यह निषेध-रूपता दो रूपों में अभिव्यक्त हुई है—प्रथमतः उसके अनस्तित्व विषयक प्रश्न पर और द्वितीय उसके द्वारा जीवन तथा साधना में उत्पन्न होने वाली हानियों के कारण। जहाँ तक माया के अनस्तित्व का प्रश्न है, यह निषेध-स्थिति भी दो रूपों में पाई जाती है—प्रथम तो वैचारिक रूप से ही उसको अनस्तित्ववान माना गया है, द्वितीय रूप यह है कि वह नष्टप्राय है, नश्वर है। यद्यपि दार्शनिक दृष्टि से यह दोनों दृष्टियाँ एक दूसरे से मूलतः कुछ भेदयुक्त हैं; किंतु व्यावहारिक रूप में उनका प्रभाव तथा उनके द्वारा उत्पन्न माया के प्रति प्रतिक्रिया एक ही सी होती है। अस्तु, माया को अनस्तित्ववान मानते हुए संत रैदास कहते हैं कि यह माया पूर्णतः झूठ है,[३] थोथी (मिथ्या) है,[४] अविद्या के परिणामस्वरूप वस्तु ज्ञान 'विवेक' मलिन हो जाने से[५] यह व्यर्थ का आभास अथवा एक विवर्त मानता है। संत रैदास माया के अनस्तित्व को एक सुंदर बिम्ब देकर स्पष्ट करना चाहते हैं।

जनि थोथरा रे पिछौरे रे भाई।
जौर पिछौरे जेहि कण होई।
झूठा रे यह तन झूठी माया॥[६]

जिसमें उन्होंने दाना-विहीन अनाज को फटकने के बाद अनाज को प्राप्त करने की विफल चेष्टा के उदाहरण से इस संसार (या माया) के बीच कुछ प्राप्त करने का निष्फल

---

१. **पाँचों मेरी सखी सहेली तिन विधि दई दिखाई।** (पद १).

२. **माया दोय प्रकार की देखी ठोंकि बजाय,**
एक मिलावै राम पह एक नरक ले जाय॥
—सन्त बानी संग्रह, प्रथम भाग, कबीर, पृष्ठ ५८.

३. **झूठी माया जग डहकाया।** (पद ७३).

४. **यह मया सब थोथरी।** (पद २२).

५. **माधव अविद्या अहित कीन, ताते विवेक दीप मलीन।** (पद ८१).

६. **पद ५०।**

प्रयत्न बताकर माया को झूठा अनस्तित्ववान सिद्ध किया है।

माया की निषेधात्मक स्थिति के द्वितीय बिंदु अर्थात् उसकी नष्टप्रायता पर आने से पहले प्रश्न यह उठता है कि जिस वस्तु का अस्तित्व ही नहीं है, उसका नाश कैसे होता है; वह नष्टप्राय है, यह कैसे कहा जा सकता है। यह प्रश्न दर्शन का ही एक जटिल प्रश्न है और यहाँ कहना पड़ेगा कि माया पूर्णतः अनस्तित्वमय नहीं है। शंकराचार्य ने इसी विचित्र स्थिति का स्पष्टीकरण माया को अनिर्वचनीय कहकर किया था। संत रैदास भी उसी अनिर्वचनीयता की जैसी स्थिति में बोलते हैं—

माधवे का कहिये भ्रम ऐसा, जैसा मानिये होय न तैसा॥[१]

संत कबीर भी माया की इसी अनिर्वचनीयता की व्याख्या एक अद्‌भुत उलटबांसी में करते हैं—

जो काटै तो ढहढही, सींचों तो कुम्हलाय।

इस गुणवन्ती बेल का गुण कछु कहा न जाय।[२]

अस्तु माया तुलनात्मक रूप में अस्तित्व एवं अस्तित्ववान दोनों ही है तथा व्यावहारिक रूप में हम उसे अस्तित्ववान मानकर ही चल सकते हैं किंतु वह भी अत्यंत क्षणिक है, तुरंत लेशमात्र में नाशवान है। रैदास ने माया को तुरन्त नाशवान बताते हुए स्पष्ट कहा है कि हमें जो कुछ भी दिखाई देता है वह तुरन्त नाशवान है।[३]

जहाँ तक माया के हानिकारक होने का प्रश्न है, यह कह देना कुछ आवश्यक-सा है कि भक्त एवं संत साहित्य में माया को कुछ अधिक ही कोसा गया है। यह प्रश्न पृथक् से एक विचारणीय विषय है कि माया की परिकल्पना के साथ यह हानिरूप निषेधात्मक कल्पना कब और कहाँ से जुड़ गई। हो सकता है कि जीवन के संघर्ष से विराग एवं पलायन में इस दृष्टिकोण का उद्‌गम रहा हो।[४] किंतु संतों ने माया के इस रूप की पर्याप्त आलोचना की है।

मीठी मीठी माया तजी नहिं जाई

अज्ञानी को भोलि भोलि खाई॥[५]

* * *

कबीर माया पापणी हरी सूं करे हराम[६]

१. पद ८२।

२. कबीर ग्रन्थावली, पृ० ८६।

३. जो दीसे सो सकल विनास, अनदीसे सो नहिं विश्वास। (पद ६४).

४. राहुल सांकृत्यायन : दर्शन-दिग्दर्शन, पृ० ३८-३९।

५. कबीर ग्रन्थावली, पृ० १६६।

६. वही, पृष्ठ १६६।

माया इस रूप में पर्यास प्रभावशील मानी गई है।[१] संतों ने उसको इतना आकर्षक अथवा प्रभावशील माना है कि उसके दुष्प्रभाव से कोई भी नहीं बच सका है।[२] संत रैदास ने भी माया के इस अनिष्टकारी रूप को पर्यास प्रभावशील माना है। उनके कथनानुसार सम्पूर्ण जगत् ही माया के वश में आ जाता है। उसके प्रभाव से बालक, वृद्ध, युवक, स्त्री-पुरुष, योगी-साधु, संन्यासी और यहाँ तक कि देवता भी नहीं बच पाते हैं।[३]

माया के इस हानिकारक प्रभावशील रूप के दो पक्ष कहे जा सकते हैं। एक स्थूल माया दूसरी सूक्ष्म माया। संतों ने माया के दोनों ही रूपों से बचने का उपदेश दिया है। स्थूल माया में सम्पूर्ण बाह्य आकर्षण आते हैं जिनमें सामान्यतः जीवन के बाहरी सभी आकर्षण यथा परिवार, धन-सम्पत्ति, घर-द्वार, आदि सब गिने जा सकते हैं किंतु इन दोनों में कनक और कामिनी दो आकर्षण संतों के द्वारा सर्वाधिक प्रभावशील और हानिकर माने गये हैं।[४] सूक्ष्म माया में मनुष्य के आंतरिक मनोविकार, माने गये हैं जिनमें प्रमुखतः चंचलमन उसके विकार यथा-काम, क्रोध, लोभ, मोंह, अहंकार और त्रिगुण—सत, रज, तम, आदि प्रमुखतः आते हैं। संतों का मत था कि यह सूक्ष्म माया अति प्रबल होती है और इसके प्रभाव से बचना और भी अधिक कठिन है।[५]

संत रैदास ने स्थूल माया का प्रतीक सम्पूर्ण परिवार तथा सारा ही जगत् माना है[६]

---

१. झूठी माया जग डहकाया (पद ७९).

२. माया के झक जग जरै, कनक कामिनी लागि।
कहैं कबीर कस बाचि है, रुई लपेटी आगि॥
—सन्त बानी संग्रह, भाग १, पृ० ५७.

३. ...माया सब जग खाया।
महा प्रबल सब ही सन, यह सुर मुनि नर भरमाया।
बालक बृद्ध तरुन अति सुन्दर, नाना भेस बनावै।
जोगि जती तपी संन्यासी, पण्डित रहन न पावै।
...जो देखै सो भूलि रहै, वा का चेला मरम न पावै।
खण्डि ब्रह्माण्डि लोक सब जीनै, इहि विधि तेज जनावै॥ (पद ७१).

४. चलौ चलौ सब कोई कहै, पहुंचा बिरला कोय।
एक कनक अरु कामिनी, दुरंगम घाटी दोय॥ —सं० बा० सं० भाग १, पृ० ५८.

× × ×

...एक कनक और कामनी विप्ऊल लिया उपाय।
देखत ही तैं विष चढ़ै चाखत ही मर जाय॥ —वही, पृ० ५९.

५. मोटी माया तजि गये सूषिम लिये जाई। —दादू बानी, भाग १, पृ० १८१.

६. रे मन राम नाम संभारि।
माया के भ्रम कहा भूल्यो जाहिगो कर झारि।

और स्थान-स्थान पर उससे बचने का संकेत भी दिया है, चेतावनी दी है कि, वासना की प्रतीक परस्त्री को मानकर, उसके प्रति आसक्ति के दुष्परिणामों की ओर संकेत किया है;[१] किंतु जैसे रैदास के जीवन की निस्पृहता, विदेहता ने उनको माया के बाह्य अंगों पर तो पूर्ण विजय ही प्राप्त करवा दी थी अतः माया के इस रूप की भर्त्सना उनके स्वरों में, कतिपय अन्य संत कवियों की वाणी की तुलना में उतनी मुखर नहीं हुई है। हाँ सूक्ष्म माया के प्रत्येक गुण-अवगुण-मनोवृत्ति के सूक्ष्मातिसूक्ष्म उपांग पर वे जैसे शासन करने को तत्पर ही बैठे हैं। वास्तव में जब मानव-मन के विकार (सूक्ष्म माया के अंग) पूर्णतः अधिकार में हैं, प्रशासित हैं, तब माया के बाह्य या स्थूल अंग, उनका आकर्षण उत्पन्न होने का प्रश्न ही नहीं उठता। रैदास ने सूक्ष्म माया के अंगों के विषय में पर्याप्त विशद् रूप से कहा है। कहीं उसके प्रभाव से मुक्त होने के लिये चेतावनी दी है तो कहीं स्वयं को ही इस सूक्ष्म माया से दुःखी बताकर एक विनयपूर्ण सत्व का परिचय दिया है।[२] हिरन, मछली, भ्रमर, पतंगा तथा हाथी का उदाहरण देकर रैदास कहते हैं कि जब एक ही इंद्रिय के बस में रहने से इनका विनाश होता है तो[३] मनुष्य जिसमें कि पाँचों विकार भरे पड़े हैं, उसका कल्याण तो और भी दुष्कर है। वे पंचेन्द्रियों—पंचविकारों से दुःखी होकर भगवान से प्रार्थना करते हैं कि इन विकारों से मिलकर उनका जीवन, उनकी साधना नष्ट कर दी है और उनको अपनी ओर आकर्षित करके प्रभु से विलग कर दिया है,[४] उनका मन पाँचों इंद्रियों के वश में आकर चंचल हो रहा है, साधना में स्थिर नहीं होता।[५] वे स्थान-स्थान पर त्रिगुणात्मकता को भी बाधक बताते[६] हुए इसको तीनों तापों का पर्याय मानते हैं।[७]

जगत्—संतों की जगत्-विषयक धारणा को हम दो भागों में विभाजित कर सकते

देखि धौ यहाँ कौन तेरो सगा सुत नहिं नारि।
तोहे उतंग सब दूरि करि हैं दैहिंगे तन जारि। (पद २२).

१. जम छः डिगम ढोरि छः कंकण, पर तिरया लागो जान रे।
होय रसलुब्ध रमै यह मूरख मन पूछितावै अजान रे।
...पर तिरया संग भला जै होवै तो राणा राबण देखि रे। (पद ९५).

२. माया मोहिला काना, मैं जन सेवक तेरा।
संसार प्रपंच में व्याकुल, परमानन्दा,
त्राहि त्राहि अनाथ नाथ गोविंदा। (पद ८६).

३. मम मीन भ्रंग पतंग कुंजर एक दोष विनाश।
पंच दोष असाध जामहिं, कौन ताकी आस॥ (पद ८१).

४. इन पंचन मेरो मन जु बिगार्‌यो,
पल पल हरि जूसों अन्तरु पार्‌यो। (पद ६१).

५. नाथ कछु अनजानो, मन माया के हाथ बिकानो।
चंचल मनुआ चहुं दिसि धावै, पाँचों इंद्री फिर न रहावै। (पद ६१).

६. त्रिगुण योनि अचेत सम्भव पाप पुण्य असोच॥ (पद ८१).

७. झूठी माया जग डहकाया...तीन ताप दहै रे॥ (पद ७१).

हैं। प्रथम, सैद्धान्तिक व्यवस्था जिसमें संतों ने जगत् को बहुधा एक निषेधात्मक स्थिति ही ठहराया है; द्वितीय, व्यावहारिक दृष्टि जिसमें बहुधा संतों ने जगत् को विधेयात्मक रूप, एक कर्तव्य क्षेत्र अथवा तैयारी का क्षेत्र आदि माना है। जब संत जगत् की व्याख्या करते हैं तब वे सैद्धान्तिक रूप से उसको मिथ्या, ब्रह्म पर ही अध्यारोपित विवर्त आदि मानते हैं जो कि भ्रम अथवा अविद्या के तिरोहित होने पर बाह्य दृश्य रूप न रहकर एक मात्र ब्रह्म ही रह जाता है। किंतु व्यावहारिक रूप में इसका परिणाम संतों ने कभी भी निष्क्रियता या उदासीनता अथवा उच्छृंखलता नहीं होने दिया। जगत को, उन्होंने विशिष्ट कर्तव्य-क्षेत्र माना और मानव जीवन को उचित कर्तव्य करते रहने का सुअवसर, चाहे इन कर्मों की प्रेरणा तत्कालीन विश्वास के अनुसार परलोक या लोक की मुक्ति से ही रही हो। जगत्-विषयक इस निषेधात्मक एवं विधेयात्मक दृष्टि में ज्ञात होने वाले विरोधाभास, (अस्ति-नास्ति) का प्रश्न प्राचीन भारतीय वाङ्मय में भी उठता रहा है। और शंकराचार्य ने बौद्धों के पूर्ण अभाववाद[१] और गौड़पाद के 'मनो दृश्यमिंद द्वैतम'[२] एवं 'चितस्यन्दितमेतत'[३] के विपरीत अपने अद्वैत के साथ जो मायाबाद की प्रतिष्ठा की थी वह तुलनात्मकता का दर्शन तथा स्वप्न जगत् और जागृत जगत् की कल्पना देकर की थी।[४] जगत्-विषयक इस द्वैत रूप का दार्शनिक कारण जो भी रहा हो किंतु व्यावहारिकता के लिये यह अत्यंत आवश्यक था। दार्शनिक विभेद को अधिक महत्ता दिये बिना भारतवर्ष में यह विरोधी-जैसे दीखने वाले जगत्-विषयक दोनों विचार एक साथ चलते रहे हैं। एक ओर जगत् निषेध रूप, स्वप्नवत्, भ्रमपूर्ण और नश्वर है; दूसरी ओर उचित कर्तव्यों का क्षेत्र और परलोक की तैयारी का भी क्षेत्र है। सैद्धांतिक रूप से संत रैदास के द्वारा भी जगत् को माया का ही बाह्य प्रकाशित रूप मानकर उसे एक निषेधात्मक दृष्टि से देखा गया है। उनके अनुसार जगत् स्वयं में अस्तित्ववान न होकर ब्रह्म का ही स्वरूप है।[५] और भ्रमवशात् ही हमको द्वैत का आभास अथवा ज्ञाति होती है।[६] इस द्वैतता के भाव को स्पष्ट करने के लिये रैदास ने अनेक परंपरागत उदाहरण लिये हैं। कतिपय उदाहरणों में पर्याप्त स्पष्टता आ गई है। एक स्थल पर वे लिखते हैं कि जैसे अलंकार तथा मूल स्वर्ण दोनों में एक ही सोना है किंतु देखने में वे दो लगते हैं;[७] अथवा सूत और वस्त्र, जल तथा तरंग और पाषाण एवं उससे निर्मित प्रतिमा इन सभी की मूल वस्तु एक होकर भी वे

---

१. कबीर की विचारधारा, डॉ० गोविंद त्रिगुणायत, पृ० २५०।

२. माण्डूक्य कारिका, गौड़ पाद, ३/४१।

३. वही, गौड़ पाद, ४/७२।

४. वही, शंकराचार्य , २/८।

५. एकहि एक है अनेक बिस्थरियो॥ (पद १०९).

...आदि अंत औसान एक है एक तार ही भाई।

थावर जंगम कीट पतंगा परि रह्यो हरि राई॥ (पद १०६).

६. माधौ यह भरम कैसेहु न बिलाय ताते द्वैत भाव दरसाय॥ (पद ८३).

७. है यह एक पै भ्रम सों दूजो, कनक अलंकृत जैसे। (पद ८४).

अलग-अलग लगते हैं उसी प्रकार ब्रह्म तथा जगत् और जीव मूल रूप एक ही हैं।[१] इन सबमें द्वैतता की प्रतीति एक मिथ्याभास है। वस्तुत: यह जगत् एक स्वप्नावस्था जैसा ही है, वस्तु जागृति पर स्वप्नावस्था का सम्पूर्ण भ्रम जैसे विलुप्त हो जाता है उसी प्रकार वस्तुतत्व की उपलब्धि पर या ज्ञान के प्राप्त हो जाने पर यह सब बाह्य आभास अस्तित्वविहीन हो जाता है।[२] द्वैत का आभास ही नहीं रह जाता। रैदास ने वेदांत के 'रजु-सर्प' के उदाहरण को जैसे का तैसा लेकर संसार के मिथ्यात्व का स्पष्टीकरण किया है और वेदांत के अविद्याजनित अध्यास एवं विवर्तमानता के सिद्धांत को[३] भी स्वीकार किया है।

माधव अविद्या अहित कीन, ताते विवेक दी मलीना।[४]

कतिपय स्थलों पर रैदास संसार की उत्पत्ति और उसके विषय में अस्तित्ववानता भी मानते से दिखाई देते हैं। यह संशय विशेषत: ऐसे स्थानों पर उत्पन्न होता है जहाँ वे संसार को कष्टों और दुखों का मूल मानते हैं या उसे नश्वर कहते हैं।[५] प्रश्न यह हो सकता है कि जब यह संसार है ही नहीं तब यह कष्ट या उसके नष्ट होने का प्रश्न ही क्यों उठता है; किंतु यदि उनके विचारों को भली प्रकार समझा जाये तो संसार को भ्रमरूप मानने और दु:खरूप मानने में कोई विपर्यय नहीं मिलेगा। मनुष्य को भ्रमवशात् स्वप्न में भी दु:ख हो सकता है और दु:ख-सुख पूर्ण रूपेण सत्य भी आभासित होता है। निद्रा भंग हो जाने पर हम उस अथवा तदुत्पन्न सुख-दु:ख से मुक्त हो जाते हैं; ठीक उसी प्रकार यह भ्रमरूप संसार भी सुख-दु:खमय है और वस्तुरूप ज्ञान उत्पन्न होने पर, भ्रमविनाश होने पर, मूलावस्था विद्यमान रहती है।[६] इस विषय में रैदास की स्वप्नावस्था वाली उक्ति स्पष्ट है उसे दोहराना कोई पुनरुक्ति न होगी।

नरपति एक सेज सुख सूया, सुपने भया भिखारी।
अछतराज बिछुरत दु:ख पायो, सो गति भई हमारी।

---

१. कनक कुण्डल, सूत पट जुदा, रज्जु भुजंग भ्रम जैसा।
जल तरंग पाहन प्रतिमा ज्यों, ब्रह्म जीव दुति ऐसा॥ (पद ८३).

२. नरपति एक सेज सुख सूया, सुपने भया भिखारी।
अछतराज बिछुरत दु:ख पायो, सो मति भई हमारी॥ (पद ८२).

३. तमेव लक्षणमध्यासं पण्डित अविद्येति मन्यते अध्यास तदेव कथ्यते॥
—शंकराचार्य : केनोपनिषद् भाष्य.

४. पद ८१।

५. यह भौ विदेस कलिकाला, हम आय परे जम जाला। (पद ५१).
जत देखो तब दु:ख की रासी, अजौ न पतियाय निगत भये साखी। (पद ६१).
जौ दीठै सो सकल विनास अनदीठै सो नहिं विस्वास। (पद ६४).

६. जहाँ का उपजा तहाँ बिलाय सहज सून्य में रहो लुकाय॥ (पद ६४).

जिस समय रैदास व्यावहारिक रूप में जगत् की बात करते हैं, उसको एक दु:ख का आगार, कष्ट का कारण तथा भ्रमरूप मानते हुए भी स्पष्टत: एक सत्कर्म-क्षेत्र भी मानते हैं; विभिन्न सामाजिक गुणों को जीवन में ग्रहण करने का उपदेश देते हैं। और कर्म की पवित्रता का आग्रह करते हैं; कर्म की पवित्रता के लिये सर्वाधिक महत्त्वपूर्ण प्रेरणा, मोक्ष एवं दुष्कर्म के विरुद्ध दण्ड की अवस्था, कर्म और पुनर्जन्म का ज्ञान देते हैं। उनका कथन है कि मानव-जीवन इस रूप में एक दुर्लभ उपलब्धि है।[१] और इसी मानवशरीर से हम सत्कर्म करते हुए अपने को पुनर्जन्म से मुक्त करा सकते हैं। वे मनुष्य शरीर को कच्चे घड़े के समान नष्टप्राय बताते हुए[२] यह चेतावनी देते हैं कि इस जन्म को वृथा न खोकर[३] उसका सदुपयोग किया जाना चाहिए। अनेक स्थलों पर तो वे पूरे मानव जीवन को विभिन्न (चार) खण्डों में बाँटते हुए प्रत्येक जीवनांश या आयु का उपयोग हरि-स्मरण में कर दुष्कर्मों से बचे रहने का उपदेश देते हैं[४] और कहते हैं कि अबकी बार तो यह अवसर (मानवशरीर) मिला है दुबारा नहीं मिलेगा अत: इसका सदुपयोग सत्कर्म (हरि-स्मरण) में ही होना चाहिये;[५] यदि वह न होगा तो मृत्यु के उपरांत प्रभु (साहब) के सम्मुख संपूर्ण जीवन का लेखा-जोखा देना होगा[६] और उस समय यम के हाथ दण्डित होने के अतिरिक्त कोई उपाय न रह जायेगा।[७] मानव जीवन को रैदास ने एक हीरे की भाँति माना है, किंतु उसका यदि सदुपयोग भौतिक सुखों के अर्जित करने में किया जाये तो रैदास के अनुसार यह जीवन को नष्ट करना ही होगा।[८]

मानव जीवन के सदुपयोग के साथ-साथ रैदास का पौराणिक रूप से परलोक तथा पुनर्जन्म और विभिन्न योनियों में जन्म लेने में भी विश्वास था। अनेक स्थलों पर उन्होंने हरि-भक्ति तथा कर्मों की पवित्रता की प्रेरणा देते हुए यह भय दिखाया है कि पवित्र जीवन विधि को ग्रहण करके न चलने वाले को यमपुर जाना होगा।[९] एक स्थल पर वे चेतावनी देते हुए कहते हैं कि मृत्यु के उपरांत तुझसे कर्मों का हिसाब लिया

---

१. मानुषावतार दुर्लभ, तिहुं संगति पोच। (पद ८१).

२. कांचो कुम्भ भर्यो जल जैसे, दिन दिन घटता जाय रे॥ (पद ९५).

३. दुर्लभ जनम पुनि फल पाइयो, बिरथा जान अविवेके॥ (पद ५५).

४. पद ६५।

५. अब की बेर सुकृत करीजा, बहुरि न यह गढ़ पाय बे॥ (पद ६५).

६. साहब लेखा मांगिया बनजारे, तुव छांड़ि पुरानी ठेह बे॥ —वही.

७. जम की आये बन्द चलाये, बारी पूरी तोरिया बे। —वही.

८. रैनि गंवाई सोय करि, दिवस गवायो खाय।
हीरा जनम अमोल है कौड़ी बदले जाय॥ (पद १०८).

९. हरि सा हीरा छांड़ि के, करै आन की आस।
ते नर जमपुर जाहिंगे, सत भाषै रैदास।
...अंतर गति राचै नहीं बाहर करै उजास।
ते नर जमपुर जाहिंगे सत भाषै रैदास। —साखी, भाग १-२.

जायेगा।[१] उन्होंने यमपुर या मृत्यु के उपरांत जीवन के पथ को पर्याप्त कठिन बताया है[२] और जीव को सचेत किया है (या स्वयं को) कि वह सत्कर्म करने के लिये अभी से चेत जाये। कई स्थलों पर रैदास ने अपने लिये भी कहा कि उन्हें अब यमपुर नहीं जाना है उन्होंने सारे जंजालों से मुक्ति पा ली है।[३]

अस्तु इस प्रकार दार्शनिक रूप से संसार के विषय में अद्वैतवादी रहकर भी व्यावहारिक रूप से रैदास ने जीवन की इहविधता को पूर्णरूपेण स्वीकार कर संसार को विधेयात्मक रूप में कर्मक्षेत्र माना है और मानव जीवन को कर्तव्य एवं उचित कर्मों हेतु सुविधा प्राप्त अवसर माना है।

आत्मा तथा जीव—संत रैदास के विचारानुसार जीव, ईश्वर से पृथक् न होकर उसी का रूप है। उन्होंने स्पष्ट ही कहा है कि मेरे (जीव) और तेरें (तोही = ईश्वर = ब्रह्म) में कोई अंतर नहीं है, मैं और तू मूलतः ठीक उसी प्रकार एक है जिस प्रकार सोना तथा गहना तथा जल अथवा उससे उत्पन्न होने वाली तरंग मूलतः एक ही है।[४] वह परम तत्त्वं एकरूपता में सब जगह, सबमें विद्यमान है और वस्तुतः द्वैतता का भाव ही नहीं होना चाहिये।[५] किंतु दर्शन में इन दो शब्दों के अस्तित्व से एक सामान्य जिज्ञासा उत्पन्न होती है कि जब यह सब एक ही है तब उनके प्रति पृथक् शब्दों की आवश्यकता क्यों है? इसका सामान्य उत्तर यह है कि मूलतः एक होते हुए भी सबमें व्याप्त परम तत्त्व निर्लिप्त रूप आत्म है और वही लिप्त स्वरूप में जीव है जो कि साक्षी न रहकर दुख-सुख का भोग करता होता है। इस तथ्य को श्वेताश्वतरोपनिषद् के एक वृक्ष पर रहने वाले दो पक्षी जिनमें एक उस वृक्ष के फलों का आनन्द लेता है, दूसरा साक्षी रूप कुछ भोग न करके भी स्वस्थ रहता है।[६] अच्छी प्रकार स्पष्ट किया गया है। इनमें निश्चित ही भोग करने वाला पक्षी जीव तथा कुछ न भोग करने वाला पक्षी उसी जीव का आत्मरूप है। इसी गुत्थी को कठोपनिषद् में छाया आतप के उदाहरण से[७] स्पष्ट करने की चेष्टा की गई है। संत रैदास ने इस प्रश्न को कहीं भी दार्शनिक गुत्थी में या व्याख्या में न उलझा कर उसे व्यावहारिक रूप से ग्रहण कर लिया है। वे एक ओर जीव को ब्रह्म या

---

१. क्या तैं खर्चा क्या तैं खाया, चल दल हाल दिवान बुलाया।
साहब मांगै लेखा लेखी, भीड़ पड़ै तू भर भर देखी। (पद २१).

२. आगे पंथ खरा है झीना, खांडे धार जस है वह पैना॥ —वही.

३. मोहिं जम डंड न लागइ तजीले सरब जंजाल। (पद १०८ का पाठभेद).

४. तोहि मोहि, मोहि तोहि अंतरु कैसा।
कनक कटिक जल तरंग जैसा। (पद ५१).

५. सब में हरि हैं हरि में सब हैं, हरि अपने जिन जाना।
अपनी आप साखि नहीं दूसरे जानैं जानन हारा॥ (पद १३).

६. द्वा सुपर्णा सयुजा सखाया समानं वृक्षं परिषस्वजाते।
तयोरन्यः पिप्पलं स्वादत्त्यनश्नन्नन्यो अभिचाकशीति॥ —श्वेता० ४/६.

७. ऋतं पिवन्तौ सुकृतस्य लोके गुहां प्रविष्टौ परमे परार्धे।
छाया-तपौ ब्रह्मविदो वदन्ति पंचाग्नयो ये च त्रिणाचिकेताः।। —कठोप० १/३/१.

आत्मरूप भी मान लेते हैं और दूसरी ओर उसको पाप-पुण्य का भोग करने वाला भी मानते हैं।[१] इस विरोधाभास जैसी दीखने वाली बात कहते समय निश्चित ही रैदास के मस्तिष्क में यह लिप्त-अलिप्त जीव-आत्मा रूप की बात स्पष्ट रही है और उनके मतानुसार यह पृथकता भी मैं-तू (या माया-अविद्या) जनित है जिसके तिरोहित होते ही जीव, आत्म-ब्रह्म रूप है।[२]

■

---

१. नाउ न लीया औगुन कीया, जस जोबन दे तान बे।
अपनी पराई गिनी न कोई, मंदे करम कबान बे।
साहिब लेखा तू परदेसा, भीड़ परै तुझ ताहं बे॥ (पद ६५).

* * *

जाई जोई करूँ उलटि मोहे बाँधे। (पद १).

२. मैं तै ममिता देख सकल जग, मैं सैं मूल गंवाई।
जब मन ममता एक एक मन, तबहिं एक है भाई॥ (पद ९२).

रैदास की विचारधारा

(क्रमागत)

(ख) संत रैदास की साधना

साधना का स्वरूप—संत विचारधारा तत्कालीन परिस्थितियों का समाधान एवं तत्कालीन अवस्था में भारतीय समाज के पुनर्व्यवस्थापन का प्रयत्न थी। परिणामत: उसमें परम्परा से हटकर कुछ नवीन विशेषताएँ एवं विशिष्ट प्रवृत्तियाँ थीं। मूलत: यह विचारधारा जन-जीवन में ही जन-जीवन के लिये उत्पन्न हुई और इसके अग्रणी भी बहुधा जनता के निम्नवर्ग के ही दु:खी समाज के प्रतिनिधि थे। अत: यह विचारधारा सामान्य जनता के प्रति ग्राह्य स्वरूप को ही लेकर चली। परम्परागत धर्म के कर्मकाण्ड, बाह्याडम्बर अथवा साम्प्रदायिक असहिष्णुता का इसने एकदम बहिष्कार किया, नवीन परिस्थितियों के अनुरूप उपर्युक्त बात जहाँ भी मिली उसको ग्रहण किया और अपनी साधना का मार्ग प्रत्येक मनुष्य के प्रति उन्मुक्त कर दिया। कठिन दार्शनिक विवेचना अथवा साधना के कठिन स्वरूप भी उनको स्वीकार नहीं थे, वरन् इन्होंने साधना का सहज या मध्यम मार्ग अपनाया। इस सरलीकृत रूप में विधि-विधानों अथवा वैधी स्वरूपों का स्वत: ही बहिष्कार हो गया, इसीलिये संतों ने अपनी साधना में भक्ति को विशेष प्रश्रय दिया और भक्ति के भी सरलतम रूप नाम-स्मरण को संतों ने पर्याप्त महत्ता दी।

संत स्वयं बहुत कुछ पढ़े-लिखे नहीं थे। उन्होंने जन-जीवन के अनुभव भ्रमण तथा साधु-संतों के सत्संग से अधिक सीखा था। इनमें से बहुतों के कोई दीक्षा-गुरु न भी रहे हों किंतु उन्होंने जिसकी शिक्षा को भी अपना पथप्रदर्शक माना उसके प्रति वे पर्याप्त आदरमय और कृतज्ञ थे। संतों की वाणी में सत्संग तथा गुरु को पर्याप्त महत्त्व दिया गया है।

व्यक्तिगत जीवन में पवित्रता तो जैसे संतों की साधना का मूलमंत्र थी। उचित रहनी, ईश्वराभिमुख गुणों का विकास तथा अवगुणों का परित्याग ही जैसे उनकी साधना के दो चक्र थे।

संत रैदास की साधना भी इन सामान्य प्रवृत्तियों के साथ चली है। व्यक्तिभेद के साथ उनकी साधना में इनमें से किसी पक्ष पर अधिक बल हो गया है और किसी पर कम; उनकी बानी किसी बात को अधिक बल देकर कह सकी और किसी बात की ओर संकेत करके ही आगे बढ़ गई। सन्त रैदास की वाणी के विषय में इतना निश्चित कहना होगा कि वह आत्म-साधना में अधिक लीन थी, भावना में अधिक सराबोर थी, दूसरों की आलोचना तथा खण्डन-मण्डन में उन्होंने अधिक रुचि नहीं दिखाई है जितनी अपने

चिन्तन-भजन तथा भक्ति भावना में दिखाई है। कतिपय अन्य संतों की तुलना में रैदास का दैन्य और विनय अवश्य ही विशेष रूप भावनामय रहा है।

साधना में अभ्यान्तरिकता—संत रैदास की साधना में अभ्यान्तरिक साधना, चिंतन, भक्ति की आंतरिक भावुकता पर अधिक बल दिया गया है। वे केवल बाह्य साधना जिसमें अंतर-मन की भक्ति सम्मिलित न हो उसकी एकदम भर्त्सना कर देते हैं।[१] संत रैदास ने कर्मकाण्ड[२] बाहरी वेश भूषा,[३] तीर्थयात्रा[४] आदि, अर्चना की विभिन्न बाह्य-विधियाँ,[५] सभी को निम्न कोटि का साधन मानकर यह कहा गया है कि—यदि वे मानसिक भाव से संयुक्त नही हैं तो निश्चित ही व्यर्थ है। रैदास के मतानुसार तितिक्षाप्रधान धर्म तथा शरीर को कष्ट देने वाली साधनाएँ जिनसे केवल जनता पर प्रभाव उत्पन्न किया जाता है केवल दिखावा है।[६] रैदास के तत्कालीन युग में चले आ रहे परम्परागत रूप से प्रचलित धर्म के रूढ़ स्वरूप की स्पष्ट किंतु शालीन शब्दों में आलोचना भी की है—

> **जग में वेद वैद मानी**
> **इनमें और अगत कछु औरै कहा कौन पर कीजै**
> **भौजल व्याधि असाध प्रबल अति परम् पंथ न गहीजै॥**[७]

यहाँ यह स्पष्ट कर देना आवश्यक है कि तत्कालीन युग में 'वेद' शब्द सामान्य जनता में कर्मकाण्डी पण्डितों के 'वेद' शब्द का दुरुपयोग करने के कारण परम्परावाद तथा व्यर्थ के कर्मकाण्ड का पर्याय-सा बनने लगा था। अस्तु, रैदास ने तीर्थ-यात्रा यज्ञ आदि कर्मकाण्ड[८] और तथाकथित पण्डितों द्वारा

---

१. **अन्तरगति रांचै नहीं, बाहर करै उजास।**
ते नर जमपुर जाहिंगे भाषै संत रैदास॥ —साखी २.

२. **षटकर्म कुल संयुक्त हैं हरि भक्ति हृदय नाहिं रे।**
चरणारविन्द न कथा भाषै, सुपच तुल्याहिं ताहि रे। (पद ९६).

* * *

भरम षटकर्म सकल सहिता, भरम ग्रह बन जान।
भरम कर कर कर्म कीये, भरम की यह बान। (पद ७४).

३. **भेष लिया पर भेद न जान्यो, अमृत लेइ विषय सूं सान्यो।**
तिलक दियो पै तपन न जाई, माला पहिरि घणेरी लाई॥ (पद ७८).

४. **कहा भयो जे मण्ड मुंडाये, बहु तीरथ व्रत कीन्हे॥** (पद ७८).

५. **कहा भयो नाचे अरु गाये, कहा भयो तप कीन्हे॥** (पद ७८).
...भरम नाचन, भरम गायन, भरम जप तप दान॥ (पद ७८).

६. **भरम इन्द्री निग्रह कीया, भरम गुफा में बास।**
भरम तोलों जानिये, शून्य की करै आस॥ (पद ७४).

७. पद ३३।

८. **यजन याजन, जाप रटन, तीरथ दान, ओषधरसिक गदमूल देत्ता॥** (पद १७).

प्रचारित[१] धर्म पर एक प्रश्नवाचक चिह्न लगाया है और फिर धर्म के उस बाहरी स्वरूप की स्पष्ट भर्त्सना की है।

पांडे कैसी पूज रची रे।

* * *

अंही भरोसे सब जग बूढ़ा सुन पण्डित की बात रे।[२]

वास्तव में धर्मानुष्ठान तथा बाह्याडम्बर की अधिकता के विरुद्ध सदा ही एक विद्रोह पनपता रहा है। महात्मा-बुद्ध ने भी इसका तीव्र विरोध किया था। उपनिषदों में भी यज्ञानुष्ठान और कर्मकाण्ड को छोटा डोंगा बताकर यह कहा गया है कि इनके आधार पर मुक्ति लाभ नहीं हो सकता यह मार्ग में ही डुबा देने वाले हैं।[३]

संत रैदास ने परम्परागत मूर्ति-पूजा का भी विरोध किया था। उनका कथन था कि जो ईश्वर सारे संसार का कर्ता, सर्वव्यापी है, संसार के पंचतत्व में जो पूर्णरूप सदा विद्यमान है, उसकी प्रतिनिधि यह प्रस्तर-मूर्ति नहीं हो सकती। इस मूर्ति में यदि मनुष्य को तारने की शक्ति होती तो वह स्वयं ही तिर 'मुक्त हो' जाती। आगे रैदास कहते हैं कि यही सब सोचकर उन्होंने मूर्ति 'पूजा' का परित्याग कर दिया है।[४] एक अन्य स्थल पर तो वे मूर्ति की शक्ति के परीक्षण हेतु जैसे शर्त-सी रख देते हैं कि यदि मूर्ति में प्रभु का निवास होगा तो वह कम से कम पानी में तो तैर ही सकती है किंतु यह तो स्वयं डूब जाती है।[५]

---

१. **थोथा पण्डित थोथी बानी।** **(पद ५०).**

२. **पद ७०।**

३. **प्लवा ह्येते अदृढा यज्ञरूपा अष्टादशोक्तमवरं येषु कर्म।**
एतच्छ्रेयो येऽभिनन्दन्ति मूढाजरा मृत्युं ते पुनरेवापि यन्ति॥

—मुण्डकोपनिषद् १/२/७.

तथा—मुण्डकोपनिषद् १/२/८ से १० तक।

४. **जो अविनासी सबका कर्ता, व्यापि रह्यो सब ठौर रे।**
पंच तत्त जिन किया पसारा, सो यों ही किछु और रे।
तूं तौ कहत हौ यों ही कर्त्ता, याकूं मानिख करै रे।
तारणि तरणि सकति जे यामैं, तो आपण क्यूँ न तिरै रे।
अही भरोसे सब जग बूढ़ा, सुणि पण्डित की बात रे।
...याकी सेव सूल नहीं भाजै, कटै न संशय फांस रे।
सोचि विचारि देखि या मूरत यूँ छाँड़ी रैदास रे। **(पद ७०).**

५. **पाती तोड़ै पूजि रचावै, तारन तरन कहै रे।**
मूरति माहिं बसै परमेसुर, तो पानी माहिं तिरै रे। **(पद ७३).**

टिप्पणी—कतिपय जनश्रुतियों के अनुसार यह पंक्तियाँ रैदास ने उस समय कही थीं जब कुंभ के मेले में ब्राह्मणों से उनका शास्त्रार्थ हुआ था और तब निर्णायक शर्त के रूप में रैदास ने शालिग्राम की मूर्ति को गंगा में बहाया था और रैदास पर शालिग्राम के विशेष अनुग्रह के कारण मूर्ति तैरने लगी थी।

अस्तु रैदास ने तत्कालीन युग में प्रचलित तथा परम्परा में व्याप्त धर्म के बाह्य आडम्बर, मूर्तिपूंजा तथा अंधविश्वासों का बड़े तार्किक-मार्मिक ढंग से विरोध किया है; किंतु यहाँ यह स्पष्ट कर देना आवश्यक है कि रैदास को परम्परा के इस ढोंग या प्रदर्शन तथा व्यर्थ के कर्मकाण्ड के बाह्य स्वरूप से ही विरोध है, कतिपय अन्य संतों की भाँति उन्होंने परम्परा को पूर्णता में अस्वीकार नहीं किया है, वरन् परम्परा से मिलने वाले प्रकाश को साभार स्वीकार भी किया है। वेद-पुराण-भागवत परम्परा से जो भक्ति की धारा उनको मिली उसके प्रति वे कृतज्ञ हैं[१] पौराणिक कथाओं में आये अनेक भक्तों के उदाहरण उनके पथ की प्रेरणा रहे हैं।[२] वास्तविकता यह है कि रैदास पूर्ण रूपेण एक भावनाप्रवण किंतु विवेकशील साधक एवं भक्त थे, कोई पूर्वाग्रह या प्रताड़ना उनको प्रतिक्रिया प्रेरित नहीं बना सकी; उन्होंने सदा ही विवेक के आधार पर ग्रहण तथा परित्याग को प्राथमिकता दी है।[३] अस्तु, रैदास धर्म के बाह्य आडम्बरपूर्ण कर्मकाण्ड, मूर्तिपूजा व दिखावटी रूप पर अविश्वास प्रकट करते हुए धर्म के मौलिक स्वरूप, आभ्यान्तरिक साधना और जीवन की पवित्रता पर पर्याप्त बल देते हैं। रैदास ने बड़े स्पष्ट शब्दों में कहा है कि जिस व्यक्ति के हृदय में 'बाह्य प्रदर्शन के स्थान पर' सदा ही भगवान का ध्यान रहता है उस व्यक्ति को काम-क्रोधादि कभी नहीं सताते तथा वह भक्त स्वयं ईश्वर का स्वरूप हो जाता है।[४] उनके अनुसार धर्म के बाह्य आडम्बर तथा कर्मकाण्ड के स्थान पर धर्म के वास्तविक और सत्यस्वरूप को पहचानना चाहिये।[५] संत रैदास के मतानुसार धर्म का वास्तविक स्वरूप, व्यावहारिक जीवन में धर्म के सिद्धांतों को उतारना है जिसका स्पष्ट तात्पर्य संपूर्ण अवगुणों का परित्याग तथा एक संत के जैसे शुभ लक्षणों एवं गुणों का जीवन में विकास करना है।

संतों अनन भक्ति यह नाहीं।
जब लग सत रज तम पांचों गुन व्यापत हैं या माहीं।
सोई अंतर करि हरि सूं अपमारग कूं आनै।
काम क्रोध मद लोभ मोह की पल पल पूजा ठानै।
सत्य सनेह इष्ट अंग लागै, अस्थल अस्थल खेलै।
जो कछु मिले आन आखत त्यूं सुत दारा नहीं मेलै।

---

१. **रैदास कहै जाके हृदय रहे रैन दिन राम।**
सो भक्ता भगवन्त सम, क्रोध न व्यापै काम। (साखी ३).
२. **भाई रे भरम भगति सुजान जो लों सांच सूं नहिं पहचान।** (पद ७४).
३. **कह रैदास विवेक तत्त बिन सब मिलि नरक परीजै।** (पद ३३).
४. **रैदास कहै जाके हृदय रहै, रैन दिन राम।**
सो भगता भगवन्त सम क्रोध न व्यापै काम॥ (साखी ३).
५. **भाई रे भरम भगति सुजान लों सांच सूं नहिं पहचान।** (पद ७४).

हरिजन हरि बिन और न जानै तजै आन तन त्यागी।

कह रैदास सोई जन निर्मल निसि दिन निज अनुरागी।[१]

संत रैदास के मतानुसार यदि कोई व्यक्ति धर्म के सम्पूर्ण बाह्याचरण करता भी है और उसमें सामान्यत: मानवीय गुणों का आभ्यान्तरिक विकास नहीं हुआ है तो उसका वह सम्पूर्ण धर्माचरण व्यर्थ हो जाता है।[२]

साधना क्षेत्र में भी रैदास पूर्णत: आभ्यान्तरिक साधना-भक्ति के प्रतिपादक हैं। उनका कथन है कि साधक को बाह्य धर्म सम्बन्धी वाद-विवाद छोड़कर रात-दिन भगवान का स्मरण करना चाहिये।[३] साधना या भक्ति के क्षेत्र में जहाँ भी रैदास के विचार अभिव्यक्त हुए हैं उन्होंने सदा ही आभ्यांतरिक भक्ति-साधना के भाव प्रकट किये हैं और इस प्रकार के विचार रैदास की बानी में अनेक स्थलों पर मिलते हैं[४] विभिन्न स्थलों पर तो रैदास अपनी आभ्यांतरिक भक्ति को वाणी पर लाने में भी संकोच करते हैं, प्रकट ही नहीं करना चाहते।[५] रैदास के द्वारा दी गई आरती का सुंदर रूपक जहाँ साहित्य के क्षेत्र में एक सुंदर उक्ति है वहाँ उनकी साधना के आभ्यांतरिक स्वरूप का भी एक सुंदर उदाहरण है जिसमें उन्होंने आरती के सम्पूर्ण उपदान अपनी मानसिक भावना-श्रद्धा अर्चना के ही रखे हैं।[६] एक स्थल पर तो रैदास ने भक्ति 'साधना के वास्तविक स्वरूप' की व्याख्या करते हुए बाह्याडम्बर, वेशधारण, व्यर्थ की योगिक क्रियाएँ; शारीरिक रूप से कठोर नियंत्रण, इंद्रीतितिक्षा, उपवास आदि सभी को एक साथ अस्वीकार करते हुए इष्ट के मार्ग में अपने को पूर्ण रूपेण भुला देने 'आत्मंनिवेदन' इच्छाओं और आशाओं के परित्याग के मार्ग से अपने को अपने में ही स्थिर करने को भक्ति ' उचित साधना' का स्वरूप माना है।[७]

---

१. पद ९९।

२. ओहू अटिसठि तीरथ न्हावै, जे ओहू दुआदस सिला पुजावै।
जे ओहू कूप तड़ा देवावै, करै निन्द सब बिरथा जावै॥ (पद ३६).

३. रैदास रात न सोइये, दिवस न करिये स्वाद।
अह निसि दिन हरि जी सुमरिये छांड़ि सकल प्रतिवाद॥ (साखी ६).

४. त्यों तुम कारन केसवे अन्तर लव लागी। (पद ४२).
...त्यों तुम कारन केसव, लालच जिव लागा॥ (पद ४५).

५. तेरो जन काहे को बोलै, बोलि बोलि अपनी भगति क्यों खोले॥ (पद ४६).

६. सन्त उतारैं आरती, देव सिरोमणि मानिये।
उर अन्तर तहाँ बसे, बिन रसना के मानिये।
मनसा मन्दिर धूप धुपाइये, प्रेम प्रीत की माल चढ़ाइये।
चहुं दिस दिवला बरि रहे, जगमग ह्वै रह्यो रे।
ज्योति ज्योति सम ज्योति हिलमिल ह्वै रह्यो रे।
तन मन आतम बारि तहाँ हरि गाये रे॥ (पद १०३).

७. भक्ति न रसदान, भक्ति न कथै ज्ञान, भक्तिन बन में सुफा खुदाई।
भक्ति न ऐसी हांसी भक्ति न आसा पासी, भक्ति न कुलकान गाई।

समन्वय और समंजन तथा मौलिकता—वस्तुत: संतों की साधना का अपना एक विशिष्ट ही रूप था। उनकी साधना एवं विचार-पद्धति को किसी एक शीर्षक में बाँध सकना या परम्परागत शैली में विभाजित कर सकना कठिन है। पात्र एवं व्यक्तिभेद के आधार पर भारत की प्राचीन साधना-पद्धतियाँ-ज्ञान, योग, भक्ति तथा कर्म अथवा भक्ति की वैधी, लक्षणा, प्रेमा, परा अथवा सूफियों की भी किसी भी एक धारा में संतों की साधना और भक्ति को पूर्णरूपेण परिभाषित नहीं किया जा सकता। उनकी साधना में अंतर्मन के सत्व के साथ अनुभूति-प्रवणता थी, विवेकशील ग्रहण था और उस ग्रहण तथा अनुभूति-सत्व की अभिव्यक्ति के लिये उन्होंने अनेक शैलियाँ अपनाई हैं; जहाँ भी जो पद्धति अपने पवित्र रूप में लक्ष्य-साधक दिखाई दी वहीं उन्होंने उसे निर्वाद रूप से ग्रहण कर लिया और किसी भी एक पद्धति पर चलते-चलते उसका ही जो भाग उनके मार्ग का अवरोध बना उसको त्याग दिया; उसकी भर्त्सना कर दी; इसीलिये यदि पद्धति-बद्ध होकर हम संतों की साधना का निर्णय करने चलें तो, हमें उसमें अनेक स्थलों पर अंतर्विरोध-सा दृष्टिगोचर होगा; किंतु ऐसे स्थल अंतर्विरोध के परिचायक नहीं हैं; वरन् उनके विवेकशील आत्मसातीकरण के परिचायक हैं और वस्तुत: इन अंतर्विरोधों के बीच भी हमको संतों की साधना तथा विचारों में एकसूत्रता मिलेगी। यह एकसूत्रता अनुभूति की सघनता, अभिव्यक्ति की निर्भीकता और विवेकशील आत्मसातीकरण से एक साथ सम्बद्ध है। संत रैदास भी हमको कहीं पारिभाषिक रूप से ज्ञान-साधना जैसी बात करते हुए[१] एक जीव मुक्ति की चर्चा करते दिखाई देते हैं[२] तो कहीं कर्म की पवित्रता पर बल देते हुए कर्मवादी 'किंतु कर्मकाण्डवादी नहीं' दृष्टिगोचर होते हैं; अनेक शुभ गुणों को अपने में विकसित करने का उपदेश देते हैं; दूसरों के प्रति उपकारक होना भक्त होने की एक शर्त बना देते हैं;[३] कभी रैदास योग की आभ्यान्तरिक साधना एवं अभ्यास से

भक्ति न इन्द्री बांधा, भक्ति न जोग साधा, भक्ति न आहार घटाई।
भक्ति न निद्रा साधै, भक्ति न बैराग बाँधे, भक्ति न सब बेद बड़ाई।
भक्ति न मूड़ मुड़ाई, भक्ति न माल दिखाई, भक्ति न चरन धुवाये।
आपो गयो तो भक्ति पाई, ऐसी भक्ति है भाई।
राम मिल्यो आपो गुन खायो रिधि-सिधि सबै गंवाई।
कहैं रैदास की छूटी आस तब हरि ताहि के पास।
आत्मा थिर भई जबै, तब सबही निधि पाई॥ **(पद १२).**

१. **ज्ञानिही कारन कर्म कराय, उपजै ज्ञान तो कर्म नसाय।** **(पद ६४).**

* * *

...मैं तैं ममता देखि सकल जग, मैं से मूल गंवाई।
जब मन ममता एक एक मन, तबहिं एक है भाई। **(पद ९२).**

२. **पूरण ब्रह्म बसै सब ठाहीं, कहै रैदास मिलै सुख सांई॥** **(पद ६६).**

* * *

...घृत कारन दधि मथहि सुआन, जीवन्मुक्त सदा निरवान॥ **(पद ६४).**

३. **सब सुख पावैं जासु तैं सो हरि जू के दास।**
कोऊ दु:ख पावै जासु तैं सो न दास हरिदास॥ **(साखी ७).**

मुक्ति प्राप्त करने की चेष्टा करते हुए दृष्टिगोचर होते हैं[१] तो कहीं भक्ति के विभिन्न चरणों के बिना ही परिभाषा किये हुए एक साथ सभी चरणों में एक तीव्र आत्मानुभूति,[२] समर्पण तथा आत्मनिवेदन अनुभव करते हुए मिलते हैं[३] और इस पूर्ण प्रेम, समर्पण तथा आत्मनिवेदन में भावानुभूति के उस स्तर पर पहुँच जाते हैं जहाँ पर अभिव्यक्ति अनुभूति का साथ छोड़ जाती है और अभिव्यक्तियों के संकेत रहस्यमय साधना का संकेत देने लगते हैं।[४] वस्तुत: रैदास की साधना में लगभग सभी साधना पद्धतियाँ समन्वित थीं, जिसने सबसे ग्रहण किया, अपने मार्ग में प्रत्येक पद्धति के उद्देश्य-साधक भाग को स्वीकार किया और उस सम्बन्धित पद्धति को अपने रूप में ढाल भी दिया; किंतु वहीं यह बात भी सत्य है कि रैदास की भावप्रवणता, अनुभूति की सघनता, आत्मसमर्पण एवं प्रभु के चरणों में विकल आत्म-निवेदन मूलत: उनको एक श्रेष्ठ भक्त की कोटि में लाकर रख देते हैं। संक्षेपत: रैदास की भावप्रवण साधना गंगा की वह पवित्र पयस्विनी है जिसने मार्गवर्ती सम्पूर्ण जलों को अपने में ग्रहण करके उसे गंगाजल का ही स्वरूप प्रदान किया है और जिसकी मौलिक पवित्रता आद्योपांत इन्हें समाहित करने में ही अक्षुण्ण रही है।

सुरसरि जल कृत वारुनी रे संत जन नहीं करत पानम्।
सुरा अपवित्र गंग जल आनिये, सुरसरि मिल होय न भानं॥[५]

* * *

---

१. **ऐसा ध्यान धरो बनवारी, मन पवन दृढ़ सुषमन नारी।**
...उलटी गंग जमुन में लाऊँ, बिनहीं जल मज्जन ह्वै पाऊँ।
लोचन भरि भरि बिम्ब निहारूँ, जोति विचारि न और विचारूँ।
...सुन्न मण्डल में मेरा बास, ताते जीव में रहूँ उदास।

* * *

कहै रैदास निरंजन ध्याऊँ, जिस पर जाय बहुरि नहीं आऊँ॥ (पद १४).

२. **चित्त सिमरन करो नैन अवलोकनो, स्त्रवन वानी, सुजस पूरि राखिओ।**
मन सुमधुरु कर, चरन हिरदै धरउ, रसन अमृत राम नाम भाखऊं। (पद ३२).

३. **मेरी प्रीति गोपाल सिउ जिनि घटै, मैं तो मोल गहंगे लई जिव सटै।** (पद ३२).

* * *

....प्रभुजी तुम चन्दन हम पानी, जाकी अंग अंग बास समानी।
प्रभुजी तुम घन बन हम मोरा, जैसे चितवत चन्द चकोरा।
प्रभुजी तुम दीपक हम बाती जाकी जोति बरै दिन राती
प्रभुजी तुम मोती हम धागा, जैसे सोने मिलत सुहागा।
प्रभुजी तुम स्वामी हम दासा, ऐसी भक्ति करै रैदासा। (पद ७).

४. **तेरो जन काहे को बोले, बोलि बोलि अपनी भगति क्यों खोले** (पद ४६).

* * *

...कहै कलाली प्याला देऊँ, पीवन हारे का सिर लेऊँ। (पद ५२).

* * *

...जो मन बिन्दे सोई बिन्द, अमावस में ज्यों दीसे चन्द। (पद ६४).

५. पद ६०।

गली गली को जल बहि आयो, सुरसरि जाय समायो।
सुरसरि के परताप महातम नाम गंगोदक पायो ॥[१]

रैदास की भक्ति भावना—वस्तुतः सभी संत मूलतः भक्त ही थे। उन्होंने अन्य विभिन्न साधनाओं को जटिल कहते हुए भक्ति को सरलतम मार्ग के रूप में स्वीकार किया था।[२] सरलता, सहज-साध्यता एवं सर्वसुलभता के कारण मार्गरूप में इसकी प्रतिष्ठा प्राचीन भारत में भी रही है। कठिन मार्गों के अन्वेषण में अंततोगत्वा थकित मस्तिष्क, इष्ट की प्राप्ति का भी दायित्व स्वयं इष्ट पर ही सौंप कर अपने को चिंतामुक्त करने की सोचता रहा है।[३] सामान्य व्यक्तियों के प्रति तो भक्ति के अतिरिक्त कोई साधन ही नहीं रहा है। अतः भक्ति सदा ही एक प्रतिष्ठित मार्ग रहा। निरंतर के संघर्ष, निराशा अवसाद और पराभव[४] में जब भारतीय समाज ने अपना पुनर्व्यवस्थापन किया तब शीघ्र नियोजन के लिए सर्वसुलभ एवं सुगम रूप में भक्ति के अतिरिक्त कोई मार्ग ही शेष नहीं था अतः यह भक्ति आंदोलन जैसे सम्पूर्ण भारतीय समाज के संगठन का मेरुदण्ड बन गया। यह बात पृथक् थी कि यह भक्तिधारा, भारतवर्ष में परम्परागत रूप से चली आ रही भारतीय प्राचीन पांचरात्र पद्धति, भागवंत परम्परा या सात्वत भक्ति से कुछ भिन्न थी। इस भक्तिधारा में भारतवर्ष की अब तक की सम्पूर्ण सांस्कृतिक उपलब्धियाँ एकसाथ समंजित थीं;[५] इसीलिए इसमें कभी यौगिक अभिव्यक्तियाँ तो कहीं सूफ़ी खुमार, कहीं वेदांतिक अद्वैतवाद तो कहीं मूर्ति की भी आस्था मिल जाती है। इस प्रकार यह भक्तिधारा तत्कालीन परिस्थितियों में पुनर्व्यवस्थापन के प्रयत्नस्वरूप एक सुगम एवं सर्वसुलभ मार्ग के रूप में पूर्ण भारत में प्रतिष्ठित हुई। सन्तों ने उसको अपने ही रूप में स्वीकार किया। सन्तों की भक्ति में शास्त्रीयता से अधिक अंतर्भावना, कथन से अधिक अनुभूति, आग्रह से अधिक समंजन था, उनकी वाणी में जैसे सम्पूर्ण समाज की पीड़ा समाविष्ट होकर मुखरता का मार्ग खोज रही थी। रैदास की भक्ति में भी यह समंजन हमको एक सीमा तक उपलब्ध होता है। रैदास ने भक्ति को सब साधनों में श्रेष्ठ,[६] त्राण का सरलतम उपाय[७]

---

१. भक्ति में है जुगल मारग विहंग और पपीलनम्।
पपीलमध्ये सिद्ध कहिये, विहंग संत कहावनम्॥ —पल्टूदास की बानी, पृ० ६८.

२. नायमात्मा प्रवचनेन लभ्यो, न मेधया न बहुना श्रुतेन।
यमेवैष वृणुते तेन लभ्यंस्तस्यैष आत्मा विवृणुते तनुं स्वाम्॥
—मुण्डकोपनिषद् ३/२/७.

३. पद ६९।

४. राहुल सांकृत्यायन : दर्शन-दिग्दर्शन, पृ० ३८-३९।

५. डॉ० सत्येन्द्र : मध्ययुगीन हिन्दी साहित्य का लोकतात्विक अध्ययन—पृ० ९७.
तथा—डॉ० रामकुमार वर्मा : हिन्दी साहित्य-सन्त काव्य—पृ० २०४.

६. राम बिन जो कछु कहिये सो सब भरम कहाई। (पद १२).

७. कह रैदास भक्ति एक उपजी सहजै होय सहाई। (पद ८२).

माना है; स्थान-स्थान पर भक्ति[१] तथा भक्तों[२] का अभिनन्दन किया है। उनका कथन है कि जिस कुल में भी एक वैष्णव भक्त उत्पन्न हो जायेगा वह वर्ण-विचार से ऊपर उठ कर ईश्वर का प्रिय हो जायेगा।[३] इस कथन से जहाँ रैदास के द्वारा भक्ति की भावुक रूप प्रतिष्ठा होती है वहाँ प्रकारान्तर से वर्ण व्यवस्था से ऊपर उठकर सामाजिक न्याय का दृष्टिकोण भी सामने आता है। रैदास ने भक्ति के माध्यम से अनेक पापियों के उद्धार हो जाने का संकेत[४] देकर जैसे सम्पूर्ण समाज अथवा दीन-दु:खी एवं पतितों को इस बात की प्रेरणा दी है कि वे भी अपनी साधना के द्वारा उच्च बन सकते हैं। भक्ति मार्ग जैसे दीन-हीन-शोषितों की सामाजिक रूप में दीनता-ग्रंथि खोलने की एक कुंजी बन गया था।[५] रैदास ने स्वयं अपनी बानी में अनेक स्थलों पर अपने लिए नीच जाति का होते हुए भी भक्ति के माध्यम से पूज्य हो जाने का संकेत दिया है।[६] इस प्रकार रैदास की वाणी ने भक्ति का समन्वित सरलतम मार्ग देकर तत्कालीन समाज को हीनता और दैन्य से निकाल कर आत्म विश्वास का एक मार्ग दिया, सामाजिक समता का मूल-मन्त्र दिया और संघर्ष के स्थान पर सामाजिक न्याय की पृष्ठभूमि प्रस्तुत करने में एक अभूतपूर्व सांस्कृतिक सहयोग दिया। अस्तु, रैदास ने इस सर्वसुलभ एवं सुगम मार्ग (भक्ति) की तन्मयता में पूर्णरूप से अवगाहन किया है और उनकी भक्ति-भावना सम्पूर्ण तत्त्वों को समन्वित करती हुई भी अपनी विशिष्ट भाव प्रवणता, दैन्य तथा रति की विकलता में अनुपम है। उनकी समर्पण की भावनां वस्तुत: 'मूक आस्वादनवत्', अप्रकाश्य ही है।

रैदास की भक्ति भावना के विभिन्न रूप—कतिपय समालोचकों ने रैदास की भक्ति को शास्त्रीय परिभाषा में बाँधकर उनकी वाणी में भक्ति के शास्त्रीय तत्त्व तथा श्रेणी विभाग एवं चरण देखने की चेष्टा की है किन्तु यहाँ इतना स्पष्ट कर देना आवश्यक है कि रैदास की भक्ति को शास्त्रीय भक्ति अवलंबियों की दृष्टि से देखना, उस कसौटी पर

---

१. **धन्य हरिभक्ति त्रैलोक यश पावनी।** (पद ५७).

२. **विष्णु भक्ति जिते, चित्त धरि तिते, मन वच कर्म करि विश्वासा।**
सन्त धरणिधरि कीरति जग विस्तरि प्रणत जन चरण रैदासा॥ (पद ५७).

३. **जिहि कुल साधु वैष्णो होय।**
वरन अवरन रंकु नहीं ईसुर, विमल जासु जानिअै जग सोई॥ (पद ३७).

४. **रे चित चेत अचेत, काहे न बाल्मीकहीं देख रे।**
किस जाति तें, किह पदहिं अमर्‌यो राम भक्ति विशेष रे।
...अजामील गज गणिका तारी, काटी कुंजर फाँस रे॥ (पद १६).
...गणिका थी किस कर्मा जोग, पर पुरसनसों करती भोग।
* * *
निसि वासर दुष्कर्म कमाय, राम कहत बैकुण्ठै जाय।
नामदेव किहि जाति के ओछ, जाको जस गावै तीन लोक॥ (पद १५).

५. **राम बिन संसै गाँठि न छूटै।** (पद १०४).

६. **मेरी जाति कुटबांडला ढोर ढोवन्त नितहिं बनारसी आसपासा।**
अब बिप्र परधान तेहि [illegible]हिं डंडौति, तेरे नाम सरनाहिं रविदास दासा॥ (पद ६०).

कसना अनुपयुक्त होगा। वैसे तो शास्त्रीय-परिभाषाकारों ने भी भावना की अतल गहराई में उतरकर ही अपने अनुभव-चिन्तन को श्रेणी-चरणबद्ध करके ये विभाग-विभाजन स्थापित किये हैं और उस रूप में रैदास की भक्ति-भावना की अतलता यदि विभिन्न तलों पर उन स्तरों से आवश्यक साम्य में आ जाये[१] तो एक भिन्न बात है।

अब तक विभिन्न शास्त्रीय पद्धतियों के आधार पर भक्ति की जो प्रमुख परिभाषाएँ[२] की गई हैं, उनमें से अधिकांश का तात्पर्य यही निकलता है कि सम्पूर्ण आकर्षणों का परित्याग करते हुए आराध्य के प्रति तीव्रतम एकांतिक रति को भक्ति कहा जा सकता है और इसी तीव्रतम रति को केन्द्र-बिन्दु मानते हुए एक ओर उसकी अनुभूति की विकलता तथा दूसरी ओर उसकी अभिव्यक्ति के बाह्य प्रसाधनों एवं पात्रता के आधार पर भक्ति के वर्गीकरण भी किये गये हैं। जहाँ बाह्य प्रकाशन के स्थान पर अनुभूति की विकलता को प्रमुखता मिली है वे भक्तियाँ परा अथवा प्रेम या प्रेम-लक्षणा, निर्गुण आदि कही गई हैं और यह सब भक्तियाँ मूकआस्वादनवत्, अविवेच्य आदि मानी गई हैं।[३] दूसरी ओर जहाँ विविध बाह्य प्रकाशनों या अभिव्यक्ति-माध्यम को भी लक्ष्य कर दिया गया वहाँ, वे भक्तियाँ गौड़ी या वैधी मान ली गई हैं, जिनमें भागवत की नवधा,[४]

---

१. जे पहुंचे ते कह गये, तिनकी एकै बाति।
सबै सयाने एकमत तिनकी एकै जाति॥

२. सा परानुरक्तिरीश्वरे—शाण्डिल्य सूत्र १/२।
ॐ सा कस्मै परम प्रेमारूपा—नारदीय भक्तिसूत्र— १/२.
या प्रीतिर्विवेकानाम् विषयेष्वनपायिनी।
तामनुस्मरतः सा मे हृदयनानपसर्पतु...॥ —विष्णुपुराण १/२०/१९.
अथाध्यात्मं यदेतद्गच्छतीव च मनोऽनेन चैतदुपस्मरत्यभीक्ष्ण ॐ संकल्पः॥
—केनोपनिषद् ४/५.
माहात्म्यज्ञान पूर्वस्तु सुदृढ़ः सर्वतोधिकः। —श्री मन्महाभारत.
स्नेहो भक्तिरिति प्रोक्तः तया मुक्तिर्नचान्यथा
—निर्णयः मध्वाचार्यः कल्याणयोगांक, पृ० १८६.
सब तजि हरि भजि—स्वामी रामानन्द।
सब तजि तुमहिं रहे मन लाई तब रह भक्ति भक्त उर छाई—तुलसीदास।

*　　*　　*

मच्चिता मद्गतप्राणा बोधयन्तः परस्परम्।
कथयन्तश्च मां नित्यं तुष्यन्ति च रमन्ति च॥
—श्रीमद्भगवतगीता १०/९। श्रीमद्भागवत ११/१९/२०, २१, २२, २३, २४.

*　　*　　*

....'कपट छोड़कर ईश्वर का ज्ञान' भक्ति है—स्वामी विवेकानन्द।
विवेकानन्द, प्रथम भाग, प्र० सं०, पृ० १.

३. अनिर्वचनीयं प्रेमस्वरूपम्॥ ५१॥ मूकास्वादनवत्॥ ५२॥
प्रकाश्यते क्वपिपात्रे॥ ५३॥ गुणरहित कामनारहित प्रतिक्षणं
वर्धमानमविच्छिन्नं सूक्ष्मतरमनुभवरूपम्॥ ५४॥ —नारदीय भक्तिसूत्र.

४. श्रवणं कीर्तनं विष्णोः स्मरणं पादसेवनम्।

पांचरात्र-पद्धति की षट्-प्रपत्ति,[१] गीता,[२] और भागवत[३] की त्रिगुणात्मक, नारदीय भक्ति की त्रिधा[४] (सत, रज, तम अथवा पात्रभेद से आर्त, जिज्ञासु, अर्थार्थी के अनुसार[५]) तथा एकादश आसक्तियाँ[६] मानी गई हैं। यदि खोजकर निकालने की चेष्टा की जाय तो रैदास की भक्तिपूर्ण अभिव्यक्तियों में निश्चित् ही यह सभी अनुभूतियाँ मुखर दृष्टिगोचर होंगी; किन्तु उनकी भक्तिभावना में दैन्य अथवा प्रपत्ति की भावना, शरणागति, प्रभु के ध्यान में तन्मयता और आत्मनिवेदन तथा भक्ति-भावना के माध्यम से तादात्म्य की अनुभूति ही प्रमुख मिलेगी। इस तादात्म्य की अनुभूति में उनकी अभिव्यक्ति भी 'मूक आस्वादनवत्', और कहीं-कहीं 'अप्रकाश्य' अथवा अविवेच्य हो गई है। अपने प्रभु के चरणों में अपना सब कुछ आत्मसमर्पण तथा जीवन के सम्पूर्ण व्यापार अर्पित करने की एकांतिकता ही कदाचित् रैदास की भक्ति का वैधी स्वरूप कहा जा सकता है। वैसे सामान्यतः उन्होंने अपनी भावनाओं को भक्ति की परिभाषा में बाँधने के लिए नहीं वरन् तीव्र विकल अनुभूति एवं रति को प्रकाशन देने के माध्यम ही चुने थे, वही रति की तीव्र सघनता अनेकधा मुखर हुई है जिसे हम वर्गीकृत भक्तियों के दृष्टिकोण से यदि देखना चाहें तो अनेक स्थल तद्प्रकार प्रकाशनों से मुक्त मिलेंगे। शास्त्रीय और वैधी भक्तियों को दृष्टि में रखते हुए भी रैदास की वाणी में कतिपय स्थल प्रशंसनीय हैं

वैधी-गौणी भक्तियाँ

नवधा भक्ति—

श्रवण : **श्रवण बानी सुजस पूरि राखिओ।**[७]

अर्चनं वन्दनं दास्यं सख्यमात्मनिवेदनम्॥ —श्रीमद्भागवत ७/५/२३.
भागवत की इस नवधा भक्ति को परवर्ती सम्प्रदायों में पर्याप्त महत्ता मिली है और कतिपय भक्तों ने इसी के अनुरूप कुछ बदलकर भी नवधा भक्तियाँ कही हैं-- देखिये—तुलसीदास—रामचरितमानस—अरण्यकाण्ड—३४/१-२-३-४। शबरी तथा राम प्रसंग; सुंदरदास : ज्ञानसमुद्र, द्वितीयोल्लास-१८/६ और सन्त चरणदास : भक्तिपदारथ वर्णन, भक्तिसागर, पृ० १८० आदि।

१. अनुकूलस्य संकल्पः प्रतिकूलस्य वर्जनम् रक्षिष्यतीति विश्वासः गोपमृत्व वरणम्, आत्मनिक्षेपः कार्पण्यम्॥

२. त्रिविधा भवति श्रद्धा देहिनां सा स्वभावजा।
सात्विकी राजसी चैव तामसी चेति तां शृणु॥ —गीता १७/२.

३. श्रीमद्भागवत ३/२९/८-९-१०-११-१२-१३।

४. गौणी त्रिधागुणभेदादार्तादिभेदाद्वा —नारदीय भक्तिसूत्र ५६.

५. नारदीय भक्तिदर्शन : श्री अखण्डानन्द सरस्वती, पृ० ३१५।

६. गुणमहात्म्यासक्तिरूपासक्तिपूजासक्तिस्मरणासक्तिदास्यासक्तिसख्यासक्ति कान्तासक्तिवात्सल्यासक्त्यात्मनिवेदनासक्तितन्मयतासक्तिपरमविरहासक्तिरूपा एकधाप्येकादशधा भवति॥ —नारदीय भक्तिसूत्र ८२.

७. पद ३२.

कीर्तन : हरिजन बैठे हरिजस गावन।[१]

* * *

कहि मन राम नाम संभारि।[२]

* * *

मुकुन्द मुकुन्द जपहु संसार।[३]

स्मरण : ऐसा ध्यान धरो बनवारी।[४]

* * *

चित्त सिमरन करों।[५]

पादसेवन : करौं डण्डौत चरन पखारों।[६]

अर्चन : पूजा अर्चा आहि न तोरी, कह रैदास कवन गति मोरी।[७]

मनसा मन्दिर धूप धुपाइये, प्रेम प्रीति की माल चढ़ाइये।[८]

* * *

तन मन आतम बारि तहाँ हरि गाये रे।[९]

वन्दन : करि बन्दगी छांड़ि मैं तेरा।[१०]

दास्य : तू न बिसारिये राम जन मैं तोरा।[११]

सख्य : जो हम बांधे मोह फांस, हम प्रेम बन्धनि तुम बांधे।

अपने छूटन को जतन करहु, हम छूटे तुम अराधे।[१२]

आत्मनिवेदन : गोविन्दे चरनारविन्दे सममाधि लागी।[१३]

* * *

---

१. पद ९.
२. पद २२.
३. पद ८८.
४. पद १३.
५. पद ३२.
६. पद ९.
७. पद ५६.
८. पद १०३। इन पंक्तियों में मानसिक अर्चन का रूपक सामान्य अर्चन से श्रेष्ठ है।
९. पद २१ वही.
१०. पद २१.
११. पद २५.
१२. पद ४०.
१३. पद २९.

देवे देव रैदास द्वारे, राम नाम रैदास पुकारे।[१]

षट्प्रपत्ति—

अनुकूलस्य संकल्प

मेरो मन सत्य सरूप विचारम्।[२]

* * *

सत्य सनेह इष्ट अंगलावै, अस्थल अस्थल खेलै।
हरिजन हरि बिन और न जाने, तजै आन तनत्यागी।[३]

रैदास रात न सोइये, दिवस न करिये स्वाद।
अह निसि हरि जी सुमिरिये छांड़ि सकल प्रतिवाद।
सब सुख पावैं जासु ते सो हरि जू के दास।
कोऊ दुःख पावै जास ते सो न दास हरिदास।[४]

प्रतिकूलस्य वर्जनम्—भक्ति मार्ग में बाधक दुर्गुणों को परित्याग करने के लिए रैदास ने विविध प्रकार से उल्लेख-वर्णन किया है। इस पक्ष पर लगभग सभी सन्तों का पर्याप्त बल रहा है और उन्होंने इस विषय पर विभिन्न अंग भी लिखे हैं।

निन्दक सोधि साध वीचारिया,
कहु रैदास पापी नरक सिधारिआ।[५]

* * *

चंचल मनुआ चहुं दिस धावै, पांचों इन्द्री थिर न रहावैं।[६]

* * *

मृग मीन भृंग पतंग कुंजर एक दोष विनास।
पंच दोष असाध जामैं कौन ताकी आस।[७]

* * *

जब लग सत रज तम पांचों गुन, व्यापत हैं या माहीं।
सोई आन अंतर कर हरि सों अपमारग कू आनैं॥[८]

---

१. पद ११२.
२. पद ८४.
३. पद ९९.
४. साखी ६-७.
५. पद ३६.
६. पद ६१.
७. पद ८१.
८. पद ९९.

प्रभु के रक्षक रूप में विश्वास तथा उसमें एकांतिक आस्था और आराध्य के चरणों में दैन्य की अनुभूति करते हुए पूर्ण आत्म-समर्पण तो लगभग सभी संतों-भक्तों की अपनी विशेषता रही है। संत रैदास में भी यह भाव अत्यन्त सघन थे।

अतः प्रपत्ति के शेष चार अंग भी उनकी भक्ति में स्पष्ट साकार हो उठे हैं।

रक्षष्यतीतिविश्वासः : **दीनानाथ सुनहु विनती, क्यौने हेतु विलम्बन।**

रैदास-दास, संत चरणहिं मोहे दीजै अवलम्बन।[१]

* * *

संसार प्रपंच में व्याकुल परमानन्दा
त्राहि त्राहि अनाथ नाथ गोविन्दा।[२]

* * *

तुम च्यंतत मेरी चिंता जाई, तुम चिंतामणि हाहु कि नहीं।[३]

* * *

कहै रैदास राम जपु रसना, काटै जम की फांसी रे।[४]

गोमृत्व वरणम् : **आदि-अंत औसान राम बिनु, कोउ न करै निवारा हो हरि।**

* * *

भव बूढ़त भयभीत जगत जन, कर अवलम्बन दीजै हो हरि।[५]

प्रभु के रक्षकत्व का यह विश्वास रैदास के काव्य में स्थूल रूप में भी, प्रह्लाद लीला में प्रकट हुआ है।[६]

आत्म निक्षेप : **तुम्हारे नांव विसास, छांड़ी है आन की आस।**[७]

कार्पण्यम् : **जाकी छूत जगत् को लागै, तापर तू ही ढरे॥**[८]

* * *

मैं महा विषयी अति आतुर कामना का जाल।[९]

* * *

---

१. पद २८.
२. पद ८६.
३. पद ९१.
४. पद १०७.
५. पद ४.
६. प्रह्लादचरित्र, छंद १६-१७-१८.
७. पद ८.
८. पद १६.
९. पद २०.

हम अपराधी नीच घर जन्म्ये, कुटुम लोक करैं हांसी रे।[१]

*　　　　*　　　　*

मैं बेदिया-नत बेनर, दरमंद बरखुरदार
बेअदब बदवक्त बीरां, बे अकिल बदकार।
मैं गुनहगार गुमराह गाफिल कमदिलां करतार॥[२]

एकादशआसक्ति—

गुणमहात्म्या सक्ति

: चखविहीन करतार चलत हैं नितहिं अंश भुज दीजै॥[३]

*　　　　*　　　　*

पावन जस माधव तोरा, तू दारुण अघ मोचन मोरा।
कीरति तेरी पाप बिनासै, लोक वेद यूँ गावै॥[४]

रूपासक्ति　　प्रभुजी तुम घन-बन हम मोरा, जैसे चितवत चंद चकोरा॥[५]

*　　　　*　　　　*

नैन अवलोकना, श्रवन बानी सुजस पूरि राखो।[६]

रूपासक्ति में सगुण रूपासक्ति तथा निर्गुण रूपासक्ति दो वर्गीकरण किये गये हैं। संत रैदास की वाणी में हमें निर्गुण रूपासक्ति का ही बाहुल्य मिलता है। रूपासक्ति का यदि सूक्ष्म विवेचन किया जाये तो रूप की आसक्ति केवल नेत्र से सम्बन्धित सौंदर्य वर्णन की ही मात्र आसक्ति नहीं होगी वरन् वह पाँचों ज्ञानेन्द्रियों से संबंधित अपने इष्ट की स्मृति भी हो सकती है; पृथक् पृथक् भी हो सकती है और एक साथ भी। [विस्तार के लिए देखिये लेखक का शोध प्रबन्ध ''चरणदास, व्यक्तित्व तथा कृतित्व का विवेचनात्मक अध्ययन, (प्रयाग वि० वि०) रूपासक्ति शीर्षक] बहुधा रूपासक्ति में नेत्र से संबंधित प्रभु के सौंदर्य की आसक्ति का ही वर्णन मिलता है किंतु रैदास के काव्य में प्रभु के रूप (नेत्र से संबंधित) का आकर्षण तो विद्यमान है ही साथ ही विभिन्न प्रकार की ज्ञानेन्द्रियों से संबंधित प्रभु विषयक स्मृतियाँ और आकर्षण उनकी आसक्ति का कारण बनी हैं।

पूजासक्ति　:　भाई गोविंद पूजा कहा लै चरावऊं अबरु फूल न अनुपम पावहुं।[७]

स्मरणासक्ति　:　चित्त सिमरन करूँ।[८]

---

१. पद १०७.
२. पद ९०.
३. पद ३३.
४. पद ६७.
५. पद ७.
६. पद ३२.
७. पद ५६.
८. पद ३२.

दास्यासक्ति : आयो आयो हो देव तुव सरना, जानि कृपा कीजै अपना जना।[१]

* * *

मैं दाना मैं भाई साहिब मेरा, खिदमतगार बंदा मैं तेरा।[२]

सख्यासक्ति : तू मोहिं देखै, मैं तोहे देखूँ प्रीति परस्पर होई।[३]

कांतासक्ति : पीव संग प्रेम कबहुँ नहिं पायो, करनी कबन बिसारी।
चख को ध्यान दधि सुत सो ज्यों है, त्यों तुमसे मैं न्यारी।
मेटि दुहाग सुहागिन कीजै अपने अंग लगाई।[४]

आत्मनिवेदना-सक्ति : जब मन मिल्या रामसागर सूं तब यह मिटी हंकारा।[५]

तन्मयासक्ति : जऊ तुम गिरिवर तऊ हम मोरा,
जो तुम चंद तो हम भये चकोरा।[६]

* * *

त्यों तुम कारन केसवे लालच जिव लागा।[७]

परमविरहासक्ति : कौन भक्ति ते प्यारों पाऊँ।[८]

* * *

एक अभिमानी चात्रिगा विचरत जग माहीं।
यद्यपि जल पूरन मही, कहूं वा रुचि नाहीं।
जैसे कामी देख कामिनी हृदय शूल उपजाई।
कोटि बैद विधी ऊचरे, वाकी बिथा न जाई॥[९]

भक्ति का सूक्ष्मतर स्वरूप

सूक्ष्मतर अथवा भक्तियों में शास्त्रीय रूप से पराभक्ति या निर्गुण भक्ति श्रेष्ठतम कही गई है किन्तु पराभक्ति की अतिशय निर्गुणता ने अपने में ही एक ऐसे सूक्ष्मतर स्तर की कल्पना करवा दी है जिसे प्रेमाभक्ति कहा गया है। प्रेमाभक्ति में प्रेय अथवा रति के क्षेत्र में एक चरम स्थिति होते हुए भी अनुभूति के प्रति द्वैतता की कल्पना रख सकती है। भक्ति हेतु यही द्वैतता की अनुभूति, रत्यानुभूति के आवेग को अधिक प्रबल बनाती है। कहने की आवश्यकता नहीं कि यह पराभक्ति से बिलकुल उस जैसी होते हुए भी उससे कुछ स्थूल है और उसका ही एक स्तर ज्ञात होती है तथा वैधी-गौड़ी भक्तियों से कहीं

---

१. पद ८.
२. पद ८५.
३. पद ५८.
४. पद ६८.
५. पद २८.
६. पद ३९.
७. पद ४५.
८. पद २४.
९. पद ४२.

अधिक सूक्ष्म है। इसे निर्गुण भक्ति में सगुण कल्पना या सगुण भक्ति की निर्गुण सीढ़ी कहा जा सकता है। रत्यानुभूति के अवकाश और प्रेम पात्र की पृथक् स्थिति के कारण भक्ति और रति का आवेग अनुभव कर सकने का आनन्द उठाने के लिए भक्तों ने कहीं-कहीं तो पूर्ण तादात्म्य या मोक्ष को भी अस्वीकार कर दिया है।[१] सन्तों को भी 'परा भक्ति' का यह 'प्रेमा' अथवा 'प्रेम लक्षणा' जिसका मुख्य लक्षण प्रेम ही है' स्तर अत्यन्त प्रिय रहा है।[२] सन्त रैदास ने भी भक्ति के क्रमिक विकास में जैसे प्रेम को ही भक्ति का प्रमुख लक्षण मानकर 'प्रेम लक्षणा' भक्ति ही भक्ति मार्ग की चरम उपलब्धि मानी है।[३] और इस प्रेम लक्षणा भक्ति के आवेग का सौंदर्य रैदास के काव्य में सर्वतोमुखी उपलब्ध होता है...

पीव संग प्रेम कबहुं नहिं पायो, करनी कवन बिसारी।
चक को ध्यान,'दधि सुत सों ज्यों है, त्यों तुम तें मैं न्यारी।
भोर भयो मोह एकटक जोवत, तलफत रजनी जाई।
पीव बिना सेज को कहा सुख, विरह बिथा तन खाई।
मेटि दुहाग सुहागिन कीजै अपने अंग लगाई।
कहैं रैदास स्वामि तें बिछुरे एक पलक जुग जाई।[४]

इस प्रेम तथा रति के आवेग में रैदास कहीं अनेक प्रकार से प्रभु की आराधना, अभ्यर्थना करना चाहते हैं।[५] कहीं अपने को उस आराधना अभ्यर्थना में असमर्थ[६] पाते हैं, कभी उस पूज्य प्रभु की पूजा के उपयुक्त संसार में कोई सामग्री उपलब्ध

---

१. धर्म न अर्थ न काम रुचि गति न चहहुं निर्वान।
जन्म जन्म रति राम पद, यह वरदान न आन॥ —तुलसी.

* * *

...क्या अमरों का लोक मिलेगा तेरी करुणा का उपहार।
तब रहने दो देव अरे यह मेरा मिटने का अधिकार॥ —महादेवी वर्मा.

२. स्वांस उसांस उठै सब रोम, चलै दृग नीर अखंडित धारा।
सुन्दर कौन कहै नवधा विधि, छाकि परयो रस पी मतवारा।
निसिदिन हरिसों चिन्तासक्ति, सदा ठग्यो सो रहिये।
कोउ न जान सकै यह भक्ति सुप्रेम लक्षणा कहिये॥
—ज्ञानसमुद्र-सुंदरदास, पृष्ठ २५.

३. वेद तें पुराण, पुराण तें भागवत, भागवत तें भक्ति प्रकट कीन्ही।
भक्ति तें प्रेम, प्रेम तें लक्षणा, बिनु सत्संग नहीं जात चीन्हीं। (पद ५७).

४. पद ६८।

५. चित्त सिमरन करूं, नैन अवलोकना, स्त्रवन बानी सुजस पूरि राखिओ।
मन सु मधुकर करऊ, चरन हृदय धरऊ, रसन अमृत राम नाम भाखौ॥ (पद ३२).
... ... करौं डंडौत चरन पखारौं, तन मन धन उन ऊपर वारौं।
कथा कहैं अरु अर्थ विचारैं.......। (पद ९).

६. किहि विधि अब सुमिरों रे, अति दुर्लभ दीनदयाल। (पद २०).
...कौन भक्ति ते रहै प्यारो पाऊँ॥ (पद २४).

नहीं पाते[१] हैं तो अपनी भक्ति भावना में ही पूजा-अर्चा के सम्पूर्ण विधि-विधान पूर्ण कर लेते हैं।[२] और कहीं मानसिक रूप ही अभ्यर्थना-आराधना करके स्वयं को ही प्रभु की भेंट चढ़ा देते हैं।[३] चरम समर्पण में एकान्तिक भक्ति के विभिन्न प्रतीकों के माध्यम से अपनी विकलता प्रकट करते हैं,[४] कभी तन्मयता में अपने प्रिय प्रभु को ही अपने सन्निकट आया अनुभव करते हैं[५] तो कभी स्वयं ही उसके निकट या सान्निध्य में पहुँच जाते हैं। इस सान्निध्य में रैदास अपने को सम्पूर्ण लौकिक भय-त्रास, अनुभूतियों, लोक-परलोक-पुनर्जन्म के भय से मुक्त पाते हैं।[६] यही विकलता, भक्ति की तन्मयता एक स्थिति पर जाकर तद्रूपता का अनुभव करने लगती है।[७] शास्त्रीय विधान में यही निर्गुण तथा परा-भक्ति की अभिव्यक्ति है। इस स्थिति को ज्ञान-मार्ग की पूर्ण ज्ञानदशा और योग में समाधि दशा का समकक्ष भी कहा जा सकता है जिसमें ज्ञाता-ज्ञेय, साधना और सिद्धि तथा भक्त और भगवान का अन्तर ही मिट जाता है; भक्त स्वयं में भगवान और भगवान में स्वयं को तथा सब ओर एक उसी प्रभु के दर्शन करने लगता है।[८] रैदास की अभिव्यक्तियों

---

१. दुधू त बछरे थनहु बिटारि ओ फूल भंवर, जल मीन बिदारिओ।
माई गोविन्द पूजा कहा लै चरावहु, अवरु न फूल अनूप न पावहु॥
(पद ५६).

२. नाम तेरो आरती भजन मुरारे।
नाम तेरा आसन, नाम तेरो हुरसा, नाम तेरो केसर ले छिड़का रे।
नाम तेरो अमुला नाम तेरो चंदन, चंदन घसिजपै नाम उचारे।
नाम तेरो दीया, नाम तेरो बाती, नाम तेरो तेल लेय माहिं पसारे।
नाम तेरो धागा नाम फूलमाला भार अठारह सकल जुटारे। (पद ६२).

३. तन मन अरपहुं पूज चरावहुं, गुरु परसादु निरंजन पावहुं। (पद ५६).

४. जऊ तुम गिरिवर तो हम मोरा, जो तुम चन्द तो हम भये चकोरा।
...सांची प्रीत हम तुम संग जोरी, तुम सन जोरि अवर संग तोरी। (पद ३१).
...एक अभिमानी चात्रिगा विचरत जगमाहीं।
यद्यपि जलपूरन मही, कहूँ वा रुचि नाहीं।
जैसे कामी देखि कामिनी हृदय सूल उपजाई।
कोटि वैद विधि ऊचरे वाकी बिथा न जाई।
जो जेहि चाहै सो मिलै आरति गति होई। (पद ४२).
...मीन पकर काट्यो अरु फाट्यो राँधि कियो बहु बानी।
खण्ड खण्ड करि भोजन कीन्हे तऊ न बिसरे पानी। (पद ३८).

५. गाय गाय अब का कह गाऊं, गावन हारे को निकट बताऊँ। (पद २७).

६. अब हम खूबबतन घर पाया, ऊँचा खेर सदा मन भाया।
बेगमपुर सहर का नाऊं, दुःख आंदोह नाहिं ते ठाऊँ।
ना तसवीस खिराजु न मालु, खौफ न खता न तरसु जवालु॥ (पद ५).

७. जब मन मिल्यो राम सागरसूं, तब यह मिट्टी पुकारा। (पद २७).

८. सर्व भतेषु यः पश्येद् भगवद्भावमात्मनः।
भूतानि भगवत्यात्मन्येष भागवतोत्तमः—श्रीमद्भागवत ११/२/४५।

में इस प्रकार की निर्गुण, परा तन्मयता अनेकों स्थलों पर पर्याप्त स्पष्टता के उभर कर आई है।

भावनापूर्ण
तादात्म्य : **जब मन मिल्यो आस नहिं तन की तब को गावनहारा।**
जब लगि नदी न समुद समावै तब लगि बढ़ै हंकारा।
जब मन मिल्यो राम सागर सूं तब यह मिटी पुकारा।[१]

इस दशा में भक्ति का आवेग भी थम जाता है वस्तुतः यह थकता नहीं, वेग का भी अवकाश नहीं रह जाता। अस्तु,

सर्वभूत में आराध्य का दर्शन—

करता, एक अनेकै स्वामी, सब विधी सब घट सांई।
कह रैदास भक्ति एक उपजी, सहजै होय सहाई।[२]
बाहर भीतर सब स्थल एक हरि ही है के अस्तित्व की अनुभूति
सब में हरि है, हरि में सब हैं, हरि अपने जिन जाना।[३]

इस प्रकार रैदास की भक्ति में शास्त्रीय भक्ति के सम्पूर्ण उपादान सांगोपांग तो स्वतः ही विद्यमान थे किन्तु यह रैदास के लिए एक अनायासता थी; रैदास ने उसको शास्त्रीय रूप से व्याख्यायित या उनका समावेश करने की चेष्टा कभी नहीं की थी। उनकी भक्ति में इन शास्त्रीय वर्गीकरणों से भी ऊपर उठकर दैन्य की अनुभूति, एकांतिक समर्पण में आत्मोत्सर्ग की चरम प्रवृत्ति और आभ्यान्तरिक अनुभूति तथा अनुभूति की आत्यांतिक गहराई थी। इस दैन्य, एकांतिक समर्पण में आत्यान्तरिक विकल अनुभूति के अनेक स्थल, रैदास की वाणी में देखे जा सकते हैं। अनुभूति की इसी आत्यन्तिक सफलता ने रैदास की अभिव्यक्तियों को कहीं रहस्यात्मक उक्तियों में अपनी अभिव्यक्तियाँ देने के लिए विवश कर दिया।

रैदास की रहस्यानुभूति—

ब्रह्म, इष्ट अथवा सत्य के प्रति उत्कट जिज्ञासा[४] साधना में चरम रति अथवा आध्यात्मिक प्रेम की समर्पणपूर्ण अनुभूति अपनी सर्वोच्च सघनता में[५] जिस समय अभिव्यक्ति से असम्बद्ध हो जाती है[६] और उसके सूक्ष्मतर स्तरों में जब अनुभूति संवेद्यता

---

१. पद २७.

२. पद ८२.

३. पद १३.

४. Mystic (N. Often contempt) one who believes in spiritual apprehension of truth.
—*Concise Oxford Dictionary—1911*

५. Mysticism is religion in practice. This is the sublimation of the highest in religion. To be mystic is to be God head.
—*Spiritual Philosophy in life. M.K. Spencer 1942 p. 50.*

६. No one realises more clearly than the greatest master of Language how little language can express of the living truths with which his inmost nature is on fire, William Kingland
—*Rational Mysticism, P. 65.*

अविगत अकथ अनुपम देख्या कहता कहया न जाई।
सैन करै मन हीं मन रहसै गूंगे जानि मिठाई। **कबीर ग्रंथावली (पद ६)**

भी अतलता की थाह न पाकर[१] केवल तद्‌विषयक आंशिक अनुभूति की ही संवेद्य ध्वनि में 'स्व' के पूर्ण क्रमिक निलय के साथ शेषता की अनुभूति में बंधी रहती है,[२] रहस्यवाद का तभी जन्म होता है; वहीं उसका विषय, कारण तथा क्रम निवास करता है। यही निलय-दिष्ट समर्पणपूर्ण जिज्ञासा, प्रयास, अपूर्णता एवं इस क्रम में उपलब्ध आनन्द सब मिलकर रहस्यवाद की भूमिका प्रस्तुत करते हैं। अतलता की अनुभूति से अधिकता की कामना उत्पन्न होती है, वहीं भक्ति तथा साधना के लिए चिरन्तन स्रोतदायिनी है, जो जिज्ञासा उत्पन्न होती है वह पिपासा या ज्ञान की कामना है और जो आह्लाद का सुख प्राप्त होता है वही उसकी तृप्ति है तथा इस सबकी अवर्णनीयता ही उसकी सर्वश्रेष्ठ अभिव्यक्ति एवं शैली है। यह अवर्णनीयता में भी आह्लादपूर्ण स्थिति, विभिन्न साधनाओं के अन्तिम बिन्दु पर आ जाती है। ज्ञान में तादात्म्य, योग में समाधि तथा भक्ति में प्रेम-लक्षणा भक्ति की परा एवं निर्गुणावस्था, यही अनाभिव्यक्ति भक्तिपूर्ण आह्लाद की स्थितियाँ हैं। सूफी साधना में तसव्वुफ अथवा मारीफ़त इसी प्रकार की अवस्थाएँ हैं। विद्वानों ने इस रहस्यानुभूति को रहस्यवाद की संज्ञा देते हुए उसके अनेक प्रकार[३] तथा अवस्थायें और सीढ़ियाँ[४] बताई हैं। वस्तुतः वे प्रकार और सभी अवस्थाएँ एक पूर्णानुभूति की खण्डरूप

---

१. Mystic (N. Often contempt) one who believes in spiritual apprehension of truth beyond the understanding. —Concise Oxford Dictionary—Ed. 1911

२. रहस्यवाद जीवात्मा की उस अन्तर्निहित प्रवृत्ति का प्रकाशन है जिसमें वह दिव्य और अलौकिक शक्ति से अपना शान्त और निश्चल सम्बन्ध जोड़ना चाहती है और यह सम्बन्ध यहाँ तक जुड़ जाता है कि दोनों में कुछ भी अंतर नहीं रह जाता।
—डॉ० रामकुमार वर्मा—कबीर का रहस्यवाद—मुख्य पृष्ठ.

३. रहस्यवाद के प्रकारों का वर्गीकरण तीन आधारों पर हुआ है—

(क) साधना-भेद के आधार पर—
आचार्य रामचन्द्र शुक्ल के मतानुसार रहस्यवाद मूलतः दो प्रकार का होता है, साधनात्मक तथा भावनात्मक।
त्रिवैणी—सम्पादक-कृष्णानंद सं० १५, पृ० ६०.

(ख) इष्ट विषयक कल्पना के आधार पर—
निर्गुण रहस्यवाद तथा सगुण रहस्यवाद का वर्गीकरण किया जा सकता है।

(ग) भक्त अथवा साधक की 'स्वं', 'बाह्य' तथा ब्रह्म के सम्बन्ध के आधार को लेकर—अन्तर्मुखी रहस्यवाद तथा बहिर्मुखी रहस्यवाद—दो प्रकार के रहस्यवाद कहे गये हैं। अंतर्मुखी रहस्यवाद के अंतर्गत साधक स्वयं को ब्रह्म रूप मानता है, बहिर्मुखी रहस्यवाद के अंतर्गत सम्पूर्ण जगत ही उसका अर्थात् अपना भी स्वरूप हो जाता है।

४. (क) डॉ० रामकुमार वर्मा के मतानुसार सूफ़ी भावात्मक रहस्यवाद की चार अवस्थायें होती हैं—शरियत, तरीकत, हकीकत, मारीफ़त
सन्त काव्य—हिन्दी साहित्य—डॉ० रामकुमार वर्मा, पृष्ठ १९४.

(ख) राहुल सांकृत्यायन के मतानुसार रहस्यवाद में प्रत्यक्षीकरण तक की छः

व्याख्या करने की चेष्टाएँ हैं और वस्तु तथ्य-सत्य या इष्ट के प्रति एक जिज्ञासापूर्ण तीव्र रति की विकल अनुभूति, फिर अनुभूति अथवा विशिष्ट साधना के माध्यम से उसको प्राप्त करने का प्रयत्न तथा तादात्म्य या तद्‌रूपता की उपलब्धि करना ही है। इसके विभिन्न साधना तथा अनेक अनुभूतियाँ भी हो सकती हैं। इस सम्पूर्ण प्रक्रिया तथा अनुभूति की नितान्त व्यक्तिपरकता ही तो इसको अनाभिव्यक्त बना देती है। अस्तु, साधना के शास्त्रीय पक्ष को देखते हुए, शब्दरूप में कुछ भेद हो सकता है किन्तु रहस्यवाद 'भावात्मक' की सभी अवस्थाएँ भक्ति के चरणों से लगभग साम्य पर ही हैं। हम जागरण की अवस्था को सत्संग या गुरु के द्वारा बोध देने के अन्तर्गत ले सकते हैं। रहस्यवादी साधन में भी जागरण गुरु अथवा सत्संग या स्वानुभूति से ही प्राप्त होता है। भक्ति में भी अवगुणों के परित्याग तथा उचित गुणों के ग्रहण का, जीवन के संतुलित सदाचरण का, एक बड़ा महत्त्व कहा गया है[१] जिसे रहस्यवाद की परिष्करण अवस्था कहा जा सकता है। वैधी अथवा गौड़ी भक्तियों की प्रारम्भिक अवस्था अर्थात् जीव की इष्ट से पृथकता, रहस्यवाद की अंशानुभूति अवस्था में ली जा सकती है। मिलन तथा तादात्म्य, परा एवं निर्गुण भक्तियाँ हैं; हाँ रहस्यवादी साधना में विघ्नावस्था एक निश्चित प्रगति अर्थात् अंशानुभूति

अवस्थाएँ होती हैं—विराग, एकांत चिन्तन, जप मनोजय, ईश्वर में तन्मयता तथा योग प्रत्यक्ष (सूफ़ी साहित्य में इसे मुकासफ़ा कहते हैं)

दर्शन-दिग्दर्शन, पृ० १०४.

(ग) परशुराम चतुर्वेदी के मतानुसार रहस्यवाद के मार्ग से पूर्ण तादात्म्य तक तीन अवस्थाएँ ही मानी गई हैं—जागरण, परिचय (उनके मतानुसार सूफ़ी शब्दों में इसे फ़ना कहा गया है) पूर्ण तादात्म्य या जीवन्मुक्त।

कबीर साहित्य की परख, पृ० ११५-११६.

(घ) जागरण की अवस्था, परिष्करण अवस्था, अंशानुभूति की अवस्था, विघ्नावस्था, मिलन की अवस्था।

इवजिन अण्डरहिल-मिस्टिसिज़्म भाग २.

(ङ) क्षितिमोहन सेन ने अण्डरहिल की अवस्थाओं में एक और अवस्था जोड़ी है—तादात्म्य।

भूमिका-मैडीवल मिस्टिसिज़्म

(च) लेखक के मतानुसार इन अवस्थाओं में चरम मिलन के पश्चात् भी एक अवशेष अवस्था बचती है जो साधना की सतता के लिए आवश्यक और चिरंतन स्रोत है। देखिये—सन्त चरणदास—शोध-प्रबन्ध शीर्षक रहस्यवाद।

१. नारदीय भक्ति सूत्र—
अहिंसा सत्य शौचदयास्तिक्यादिचारित्रयाणि परिपालनीयानि॥ ७८॥
अभिमानदम्भादिकं त्याज्म्॥ ६४॥
काम क्रोध मोह स्मृति भ्रंश बुद्धिनाश सर्वनाश कारणत्वात्॥ ४४॥

* * *

उत्तरकाण्ड—रामचरितमानस—दोहा ४४ से ४६ तक संपूर्ण.

के पश्चात् बताई गई है जबकि भक्ति क्षेत्र में 'मांया' तथ मायाजनित विकार प्रारम्भ से ही बाधक रहते हैं और परिष्करण की अवस्था के पश्चात् उनका भय कम हो जाता है। अस्तु दोनों ही मार्गों में प्रेम तथा प्रेम की तन्मयता और इष्ट के प्रति प्रेम की तीव्र अनुभूति और उस तीव्र अनुभूति की 'मूए आस्वादनवतता' एवं 'अप्रकाश्यता' प्रमुख बिन्दु हैं, जिसकी उपलब्धि के लिए ही दोनों साधनाओं 'और सम्पूर्ण साधनाओं' में प्रयत्न किये जाते हैं। इसीलिए प्रत्येक श्रेष्ठ भक्त एक बिन्दु पर पहुँचकर रहस्यात्मक अभिव्यक्ति दिये बिना नहीं बच सकता और कोई भी रहस्यवादी भक्ति की पारिभाषिक तन्मयता से पृथक् नहीं पाया जा सकता। लगभग सभी साधनाओं में प्रकारान्तर से यह जागरण, परिष्करण, विघ्न, पूर्ण तादात्म्य, लक्ष्य और उस पूर्ण लक्ष्य-प्राप्ति की पृथकता अनुभव करने वाली अवस्थाएँ किसी न किसी रूप में विद्यमान रहती हैं। सन्त रैदास मूलतः एक भक्त थे, किन्तु तत्कालीन भक्ति तथा सन्त विचार पर आंशिक रूप से सूफ़ी तथा नाथ सिद्धों का प्रभाव भी सम्मिश्रित हुआं था। नाथ-सिद्ध परम्परा से प्रभावित साधनात्मक रहस्यवाद और सूफ़ी प्रभाव से मिश्रित भावनात्मक रहस्यवाद की अभिव्यक्तियाँ न्यूनाधिक मात्रा में हमको लगभग सभी सन्तों के काव्य में मिलती है। यहाँ पर यह बात भी विचारणीय है कि सभी सन्तों के काव्य में यौगिक रहस्यवाद का उतना उत्तम रूप निखर कर नहीं आया है जितना तुलनात्मक रूप से भावात्मक रहस्यवाद का उत्तम रूप उभर कर आया है। सन्त रैदास की भक्ति में भी यही प्रभाव न्यूनाधिक मात्रा में स्पष्ट रूप परिलक्षित होते हैं।

यौगिक अथवा साधनात्मक रहस्यवाद—यौगिक अथवा साधनात्मक रहस्यवाद का जहाँ तक प्रश्न है, वह सन्तों के काव्य में बहुधा दो रूपों में सामने आता है।

(क) योग की बातों की अभिव्यक्ति जब भावना और काव्य के माध्यम से की गई है।

(ख) योग के द्वारा प्राप्त अवस्थाओं का सुख अथवा आह्लाद जब अभिव्यक्ति की कठिनाई के कारण रहस्यात्मक अभिव्यक्तियों द्वारा प्रकट हुआ है।

यौगिक शब्दावली यथा सहज, शून्य, षट्कर्म, नाद-बिन्द, शून्यमण्डल, त्रिकुटी, मनपवन, नाड़ियाँ, उल्टीचल आदि का प्रयोग तो रैदास ने स्वतंत्रतापूर्वक तथा भक्ति की अभिव्यक्तियाँ देने तक के लिए किया है।[१] एक स्थल पर वे वास्तविक ज्ञान या मानसिक

---

१. **पहिले ज्ञान का किया चांदना पाछे दिया बुझाई।**
सून्य सहज में दोऊ त्यागे...।
दूरि करे षटकर्म सकल अरु, दुख कीन्हें सेऊ।
ज्ञान ध्यान धूरि दोउ कीन्हे दूरि छांड़ि तेऊ।
* * *
...अब जग फूलि भया जग महिया आप में उलटि समाई। (पद १).
* * *

ज्ञान के प्राप्त कर लेने के पश्चात कृत्रिम या बाहरी ज्ञान के भ्रमों को छोड़ देने और परम्परागत इष्ट के अभिधानों को छोड़कर शून्य रूप का ध्यान धरने की बात करते हैं। इस स्थल पर सम्पूर्ण साधनात्मक क्रियाएँ, षट्कर्म तथा ज्ञान-ध्यान सभी को छोड़ देने और परम्परागत धर्म तथा बाह्य लौकिक क्रियाओं का परित्याग करने की ओर इंगित किया गया है। इस प्रकार संत रैदास कहते हैं कि मैंने आत्मरूप प्राप्त कर लिया है।[१] एक अन्य स्थल पर रैदास यौगिक साधना को भावात्मक भाषा देते हैं, या यह कहा जाए कि भावात्मक तथ्य को यौगिक भाषा में प्रकट कर रहे हैं। अस्तु, उस स्थल पर उनका कथन है कि मैं अपनी साधना में गंगा को उलट कर यमुना में मिला दूँगा, बिना जल के स्नान करूँगा, 'उस जल में मन भर कर (आत्म) ब्रिम्ब देखूँगा और एकमात्र ज्योति का ही ध्यान करूँगा आदि।[२] यह स्पष्ट है कि यमुना को उलटकर गंगा में मिलाने का तात्पर्य इड़ा-पिंगला का सुषम्ना से मेल है और ज्योति का ध्यान रखने का तात्पर्य त्रिकुटि में स्थित भगवान के रूप का ध्यान रखना है, बिना जल के मज्जन जैसी विपर्ययात्मक अभिव्यक्ति का तात्पर्य इस साधना में उपलब्ध आनन्द में ही निमज्जित हो जाना है। भावानुभूति की चरम अवस्था में विपर्ययात्मक भाषा अथवा उलटबांसी में भाव प्रकट करना सन्तों की एक विशिष्ट शैली ही बन गई थी। संत रैदास ने अन्य स्थलों पर भी इसी प्रकार की असम्भावनाओं को एक साथ कल्पना तथा विपर्ययों को एक साथ समंज्जित करके अपने अनुभूति को अभिव्यक्ति देने की चेष्टा की है। एक स्थल उद्धरणीय है।

सो मन कीन्ह जो मन को खाय, बिन दौरे तिरलोक समाय।

*　　　*　　　*

जे मन बिन्दे सोइ बिन्द, अमावस में ज्यों दीसे चन्द॥[३]

यहाँ पर मन को खाने का तात्पर्य सांसारिक स्वरूप में लिप्त मन अथवा इंद्रियों के स्वरूप को नियंत्रण में रखना या उसके उस रूप को समाप्त करके अन्त:साधना में केन्द्रित करना है और बिना दौड़े ही त्रिलोक समाने का तात्पर्य स्वयं ही ब्रह्मरूप हो जाने पर आत्म में ही सम्पूर्ण ब्रह्म का प्रतिरूप बन जाना है। अमावस में चन्द दिखाई देने की बात सामान्यत: एक विरोधाभास-सी लगती है; किंतु वस्तुत: यह भी एक प्रतीकात्मक अभिव्यक्ति है। यहाँ अमावस का तात्पर्य अज्ञानान्धकारग्रस्त आत्मा की स्थिति से है और

गुरु को शब्द अरु सुरति कुदाली। (पद ७३).

*　　　*　　　*

...पाच तत्त को यह रथ साज्यौ अरधे उरध निवासा। (पद १९).

...मन पवन दृढ़ सुसमन नारी॥ (पद १४).

१. उल्लिखित पद संख्या १ की पंक्तियाँ।

२. उल्टी गंग जमुन में ल्याऊँ, बिन ही जल मज्जन कह पाऊँ।
लोचन भरि भरि बिम्ब निहारूँ, ज्योति विचारि न और निहारूँ। (पद १४).

३. पद ६४।

चंद्र दर्शन का तात्पर्य आत्मा में साधना से उद्‌भूत होने वाले ज्ञान के प्रकाश से लिया जा सकता है। अस्तु, रैदास के काव्य में इस प्रकार के अनेक स्थल आते हैं जहाँ उनकी वाणी इसी प्रकार की रहस्योक्तियाँ देती है जिनका सीधा सम्बन्ध तत्कालीन नाथ-सिद्धों तथा योग परम्परा में वर्णित रहस्यात्मक प्रतीकों से लिया जा सकता है; ऐसे स्थल साधनात्मक रहस्यवाद के प्रसंग हैं; किन्तु रैदास के काव्य में ऐसी अनेक भावात्मक तन्मयतापूर्ण उक्तियाँ आई हैं जो भावात्मक रहस्यवाद की कोटि में आती हैं।

भावनात्मक रहस्यवाद—एक स्थल पर रैदास ने लौकिक धर्म या परम्परागत रूढ़ धार्मिक क्रियाओं के विषय में अपनी अज्ञानता, इस विषय में अन्य तथाकथित धार्मिक व्यक्तियों की उनके प्रति उपेक्षा, उनकी असफलता अथवा निम्नस्तरीय सफलता और अपनी सहज साधना तथा भक्ति के 'विहंगम मार्ग' की शीघ्र सफलता की बड़ी सुन्दर प्रतीकात्मक अभिव्यक्ति, अपने चर्मकार के व्यवसाय के साथ दी है। उनका कथन है कि वे जूते गांठना नहीं जानते किन्तु लोग उनसे जूते गँठवाना ही चाहते हैं। वे सूजा या राँपी किसी का भी प्रयोग नहीं करते। अन्य लोग उनसे अच्छे गांठने की आशा करते रहे और वे बिना ही गाँठे पहुँच गये अर्थात् सिद्धि प्राप्त कर ली। वे लिखते हैं कि वे केवल राम-नाम जपना ही जानते हैं और इसी के सहारे यम के फंदे (आवागमन या मृत्यु) से मुक्त हो गये।[१] स्पष्ट है कि जहाँ पर जूते गाँठना, उससे सम्बन्धित वस्तुओं का प्रयोग, लोक प्रतिष्ठित धर्म का स्वरूप माना गया है और जिसकी रैदास उपेक्षा करते रहे हैं। आध्यात्मिक प्रेम उसमें पूर्णसमर्पण तथा अंतर्मग्नता एवं बाह्य उपकरणों या द्वितीय स्तर की साधना की उपेक्षा के विषय में रैदास एक अन्य स्थल पर बहुत सुन्दर रूपक देते हैं जो स्पष्टतः सूफी भाव से प्रभावित है।[२] वे कलाली (मदिरा पीने वाले) से पूर्ण मादकता देने वाला एक प्याला माँगते हैं, फिर उसके द्वारा प्रदत्त मदिरा जब पूर्ण मादकता नहीं दे पाती तब रैदास असन्तुष्ट होकर उससे शिकायत करते हैं कि मदिरा देने वाले ने असल मदिरा न देकर सिरका (साधना या भाव की पूर्णता प्राप्ति नहीं होती, साधना का द्वितीय स्तर) का प्याला दे दिया है। अन्त में मदिरा देने वाला कहता है कि मैं वस्तु मदिरा (प्रेम का वास्तविक स्वरूप) देने के बदले में मदिरा पान करने वाले का सिर ही (सर्वस्व) ले लेता हूँ। स्पष्ट है पूर्णरूपेण सांसारिक व्यक्तित्व की समाप्ति अथवा समर्पण ही इस प्रेम के मार्ग में अपेक्षित है। कबीर ने भी प्रेम के घर में प्रवेश करने वाले से अपने सिर को उतार कर पहले पृथ्वी पर रखकर तब प्रेम के मार्ग में प्रवेश करने की

---

१. **चमरटा गांठि न जनई, लोग गठावैं पनही।**
आर नहीं जिहि तोपउ, नहीं रांवी ठाउं तोपउ।
लोग गांठि गांठि खरा बिगूचा, हउ बिन गांठे जाय पहूंचा।
रविदास जपै रामनामा, मोहि जम सिउ नहिं कामा॥ (पद ३१).

२. **देहु कलाली एक पियाला, ऐसा अवधू है मतवाला।**
अरे कलाली तैं क्या कीया, सिरका सा तैं प्याला दीया।
कहै कलाली प्याला देऊं, पीवन हारे का सिर लेऊं।
सून्य सहज में भाटी सखे, पीवै रैदास गुरमुख दऊं॥ (पद ५२).

शर्त रखी थी।[१]

अनेक स्थलों पर रैदास ने अपनी साधना तथा अनुभूति के अन्तर्मुखी आनन्द विषयक अभिव्यक्ति में अपने को असमर्थ बताया है और सिद्धों जैसी भाषा में उसको गुप्त रखने की बात की है। एक स्थल पर वे कहते हैं कि हे प्रभु तेरा भक्त अपनी भक्ति बाहर प्रकट नहीं करेगा। उनका कथन है कि वाणी से उस परम तत्त्व को प्रकट नहीं किया जा सकता; बोलने से परम तत्त्व नष्ट हो जाता है (अथवा अस्पष्टता और गलत की स्थिति में पहुँच जाता है) वह तो स्वयं ही समझने और अनुभूति का प्रश्न है, उसे अनुभूति की मग्नता ही प्राप्त कर सकती है।[२]

साधना के मार्ग में परमानन्द और फिर परम तत्त्व की प्राप्ति तथा तद्विषयक आह्लाद को सांकेतिक प्रतीकों और रहस्यात्मक उक्तियों से रैदास ने बड़े सुन्दर रूप में प्रकट किया है। एक स्थल पर वे कहते हैं—

गाय गाय अब का कह गाऊं, गावन हारे को निकट बताऊं।

जब लगि है या तन की आस, तब लग करैं पुकारा।

जब मन मिल्यो आस नाहिं तन की, तब को जाननहारा।

जब लग नदी न समुद समावै, तब लगि बढ़े हंकारा।

जब मन मिल्यो राम सागर सों तब यह मिटी पुकारा।[३]

यहाँ पर तादात्म्य के पश्चात् साधक-सिद्ध, प्रेमी और प्रेमपात्र, खुदा और बन्दा के बीच के द्वैत के मिटने की ही अनुभूति का वर्णन है; जब साधना या प्रेम करने का भी अवसर नहीं रह जाता। यह सूफ़ी रहस्यवाद की मारिफत, वेदान्त का 'तत्वमसि' या 'अहं ब्रह्मास्मि' भक्ति क्षेत्र में निर्गुण-भक्ति की पराकाष्ठा तथा रहस्यवाद में तादात्म्य की स्थिति है जहाँ वर्णनातीतता है; जहाँ अनुभूति करने वाले को न वर्णन की आवश्यकता है और न वर्णन का अवकाश रह जाता है।

---

१. सीस उतारै भुंई धरै तब पैठै घर मांहि।
यह तो घर है प्रेम का खाला का घर नाहिं॥ कबीर॥

२. तेरो जन काहे को बोलै, बोलि बोलि अपनी भगति क्यों खोलै।
बोलत-बोलत बढ़ै बियाधी, बोल अबोलै जाई।
बोलै-बोल अबोल कूं पकरै बोलइ बोल कूं खाई।
बोलै ज्ञान मान पर बोलै, बोलै वेद बड़ाई।
उर में धरि धरि जबहि बोलै, तबही मूल गंवाई।
बोलि बोलि औरहिं समुझावै, तब लागे समुझि न भाई।
बोलि बोलि समझी जब बूझी, काल सहित सब खाई।
बोलै गुरु अरु बोलै चेला, बोलै बोल की परतीति आई।
कहै रैदास थकित भयो जब, तबहिं परमनिधि पाई। (पद ४६).

३. पद २७.

दाम्पत्य रूपक—इष्ट से अपने अवर्णनीय प्रेम एवं रति को प्रकाशन देने के लिए जहाँ रैदास ने अन्य शैलियाँ अपनाई हैं, दाम्पत्य रूपक उनमें से सर्वाधिक प्रमुख है। अनाभिव्यक्ति प्रेम का वर्णन करने के लिए रहस्यवादी उक्तियों में लगभग सभी सन्तों ने दाम्पत्य-रूपक का आश्रय लिया है। ईश्वरीय प्रेम की अवर्णनीयता के लिए पति-पत्नी प्रेम के रूपक लगभग सभी देशों और सम्प्रदायों में ग्रहण किये गये हैं। कदाचित् इसकी प्रेरणा सांख्य में वर्णित प्रकृति एवं पुरुष के प्रारम्भिक रूप में रही हो। अस्तु, उपनिषदों में तो स्पष्ट ही ब्रह्म से मिलन के सुख को स्त्री-पुरुष के मिलनावस्था (सम्परिष्वक्तावस्था) के सुख से प्रतीकात्मक रूप से प्रकट किया गया है।[१] बौद्धों के परवर्ती सम्प्रदायों में 'महासुख' की कल्पना को भी इसी प्रतीक की आवश्यकता पड़ी थी। सूफी सम्प्रदाय में भी ईश्वर को माशूक मानकर उसकी प्राप्ति के लिए अथक प्रयत्न बताये गये हैं। दक्षिण की द्रविड़ भक्त अन्दाल प्राचीन काल में विष्णु के साथ अपने विवाह सम्पन्न होने के स्वप्न देखा करती थी।[२] मध्ययुगीन ईसाई योगी भी परमात्मा के साथ प्राप्त किये गये अपने रहस्यात्मक संयोग को आध्यात्मिक विवाह कहकर इसी प्रकार की अभिव्यक्तियाँ दिया करते थे।[३] अंग्रेज़ी कवि सी० पैटमोर ने ईसाई धर्म के सम्बन्ध में उद्धृत करते हुए लिखा है, ईसामसीह के साथ जीवात्मा का उनकी विवाहिता स्त्री का सम्बन्ध ही इस भक्ति भाव की कुंजी है जिससे युक्त होकर उसके प्रति प्रार्थना प्रेम एवं श्रद्धा प्रदर्शित होनी चाहिए।[४] वैष्णवभक्ति तथा माधुर्य सम्प्रदाय में भी इस भाव का पर्याप्त महत्त्व रहा है। भागवत की सभी गोपियाँ प्रेमिका रूप चित्रित हुई हैं। बल्लभ सम्प्रदाय का सिद्धान्त है कि वह पुरुषोत्तम ही एकमात्र पुरुष है और सभी कोई जो उससे प्रेम करते हैं उन्हें अपने को उनकी स्त्री समझना चाहिए।[५] अस्तु सन्तों ने भी प्रेम की अवर्णनीयता को अभिव्यक्ति देने के लिए इस परम्परागत प्रतीक को स्वीकार कर लिया है।[६] और उस

---

१. **तद्यथा प्रियया स्त्रिया संपरिष्वक्तो न बाह्यं किंचन वेद नाऽऽन्तरम्॥**
एवमेवायं पुरुषः प्राज्ञेनात्मना सम्परिष्वक्तो न बाह्यं किंचन वेद नाऽऽन्तरम्॥
तद्वा अस्यैतदाप्तकाममात्मकाममकामम कामः रूपं शोकान्तरम्।
—बृहदारण्यकोपनिषद् ४/३/२१.

२. **तामिल स्टडीज़, पृ ३२४।**
...कारपेण्टर थीज़्म, पृ० ३८१.

३. **हिन्दी काव्य में निर्गुण सम्प्रदाय, पृ० ३५३-३५४ (अंग्रेज़ी संस्करण)**

४. **केवेण्टरी पैटमोर 'मेम्वायर्स १, १४६ (मिस स्पर्जन द्वारा अपनी पुस्तक मिस्टिसिज़्म इन इंगलिश लिटरेचर में उद्धृत) पृ० ४९.**

५. **२५२ वैष्णवों की वार्ता—**

६. **हम सब नारी एक भरतार, सब कोई तन करै सिंगार। बानी—(ज्ञान सागर), पृ० २२२**
वह पुरुषोत्तम मेरा यार, नेह लगा नहिं टूटै तार॥—चरणदास—शब्द वर्णन—भक्तिसागर पृ० ३३४।

अलौकिक प्रियतम के प्रेम में उत्कट मिलन कामना,[१] विरह की सघन अनुभूति[२] तथा मिलन के सुख[३] का बड़े सुन्दर रूप में वर्णन किया है; कभी उससे विवाह रचाया है,[४] कभी उसके साथ आध्यात्मिक रति-क्रीड़ा का वर्णन किया है[५] और कभी उसके लिए

---

१. नैना नीझर, लाइया, रंहट बसै निसि जाम।
पपीहा ज्यों पिव पिव करों, कबरु मिलोगे राम। —कबीर ग्रंथावली, पृ० ७-२४.
हरि मोरा पीव भाई मोरा पीव, हरि बिन रह न सकै मोरा जीव॥ वही—पृ० १२५.
तरसैं मेरे नैन हेली राम मिलन कब होइगो।
पिय दरसन बिन क्यों जिउं री अरि हेली कैसे पाउं चैन।
बाट निहारत ही रहूं, छांड़ि दई कुलकानि।
लगी उमाँहैं ही रहूं, अरि हेली सुधि नहीं लीन्हीं आय।
यह यौवन यों ही चल्यो चालो जनत सिराय।
चरणदास—शब्दवर्णन भक्तिसागर, पृ० ३६८.

२. विरहादल सापै रहें री, अरी हेली छिन छिन में दुख देय।
मन लालन के वश परो भई राखि सी देह।
पिव पिव रटते दिन गयो, रैन गई पिव ध्यान।
विरहिन के सहजै सधै, योग भक्ति अरु ज्ञान। वही—भक्तिपदार्थ वर्णन, पृ० १८३.
इह तन का दीवा करों, बाती मेल्या जीव।
लोहू सीच्यो तेल ज्यों, कब मुख देखों पीव।
कबीर, सन्त बानी सं० भाग १, पृ० १६.
कै बिरहिन को मीच दैं, कै आपा दिखराय।
आठ पहर का दाझना मोपै सहा न जाय। कबीर—वही, पृ० १५.
अखियाँ तौ झांई परी पंथ निहारि निहारि।
जीभड़ियाँ छाला पड़ा नाम पुकारि पुकारि॥ वही, पृ० १५.

३. आशिक माशूक हुई रहा इसक कहावै सोय।
दादू उस माशूक का अल्लहि आसिक होय॥ दादू सन्त सुधासार, पृ० ४६.
बहुत दिनन तें प्रीतम आये, भाग बड़े घर बैठे पाये। कबीर ग्रंथावली, पृ० ९०.

४. अब मोसों करि हरि जुगल सगाई।
ब्रह्मा वेद उचारत निसि दिन, अनुभव तूर बजाई। गुलालबानी, पृ० ३४.
दुलहिन गावउ मंगलचार, हम घर आये हो राजाराम भतार।
...रामदेव मोहे व्याहन आये मैं जोबन मदमाती।
सरीर सरोवर बेदी करिहूं, ब्रह्मा वेद उजार।
रामदेव संग भांवर लेहूं, धनि धनि भाग हमार।
सुर तैंतीस कोटि आये, मुनिवर सहस अठासी।
कहैं कबीर हम ब्याह चले हैं पुरुष एक अविनाशी॥ कबीर ग्र०, पृ० ९०.

५. तन रति करि मैं मन रति करिहौं, पाँच तत्त्व बाराती। वही, पृ० ९०.
अष्ट कमल दल भीतरा तहाँ श्री रंग केलि कराहिं॥ वही, पृ० १८.

परम विकलता की अनुभूति प्रकट की है।

रैदास ने आध्यात्मिक प्रेम की अनुभूतियों को अभिव्यक्ति देने में अनेक प्रकार से इस दाम्पत्य रूपक से सहायता ली है। उन्होंने प्रारम्भ से ही साधना के बाह्य रूप तथा संसार के बाह्य आकर्षण त्याग कर अपने प्रभु के प्रति एक सच्ची समर्पणपूर्ण प्रेमिका बनने का भाव ग्रहण किया है। वे एकांतिक साधनापूर्वक अपने में ही अन्ततोगत्वा अपने प्रिय को खोजने की बात करते हैं।[१] सन्त रैदास अपने आध्यात्मिक प्रियतम की विरह में व्याकुल हैं,[२] अपने दुर्भाग्य को कोसते हैं[३] तो कभी इस विरह वेदना के लिए एक विनयशील पतिव्रता की भाँति इस विरह का उत्तरदायी अपने ही दुष्कर्मों को ठहराते हैं;[४] तो कभी इस विरह के कारण उनको अपना जीवन दुष्कर लगता है,[५] उनकी दशा अत्यन्त दुखद हो जाती है, उनकी भूख-प्यास आदि सभी सांसारिक व्यापार छूट जाते हैं।[६] वे कहते हैं कि प्रियतम के बिना शैया का कोई सुख नहीं; विरह उनका शरीर खा रहा है,[७] उनका एक-एक पल युग के समान बीतता है और रात भर वे उस प्रियतम के विरह में तड़पते रहते हैं।[८] वे अपने प्रियतम के वियोग में ठीक उसी प्रकार दु:खी हैं जैसे चन्द्रमा चकोर के वियोग में दु:खी रहता है[९] और अन्त में वे अपने प्रियतम से प्रार्थना करते हैं कि वह कृपा करके उनको अपने आलिंगन में बाँध ले जिससे उस प्रियतम की कृपा से यह विरहावस्था रूपी दुर्भाग्य नष्ट हो जाए, तभी उनको इस असह्य ताप से शांति मिल सकेगी।[१०] अन्त में रैदास ने प्रिय के मिलन के समय पूर्ण तादात्म्य, अपनत्व के पूर्ण विसर्जन के भाव को भी एक पतिव्रता के आदर्श को ही सामने रखकर अभिव्यक्ति दी है।

सुख की साइ सुहागिन जानै, तजि अभिमान रंगरलिया मानै।
तन मन देइ न अन्तर राखै राम रसायन रसना चाखै।[११]

---

१. तुझहिं सुझन्ता कछु नाहीं पहिरावा देखै उभि जाहीं।
गर्बवती का नहिं ठाउं, तेरी गदन ऊपर लवै काउ।
तू क्यों गर्वहिं बावली जैसे भादों खूब राजु, ते तिस तें हरि उतावली।
जैसे कुरंग नहिं पायो भेदु, तनु सुगंध ढूंढै प्रदेसु॥ पद ४८॥

२. पीव संग प्रेम कबहुं न पायो। (पद ६८).

३. मैं रे दुहागिन अधकर जानी, गया सु जोबन साध न मानी। (पद ८५).

४. करनी कवन बिसारी। (पद ६८).

५. मैं बेदीन कासनि आँखू, हरिबिन जीवन कैसे राखूँ। (पद ८५).

६. विरह तपै तन अधिक जरावै, नींद न आवै भोज न भावै। (पद ८५).

७. पीव बिना सेज को कहा सुख विरह बिथा तन खाई। (पद ६८).

८. कह रैदास स्वामी तें बिछुरे एक पलक जुग जाई।
भोर भयो मोहि इक टक जोवत तलफत रजनी जाई। (पद ६८).

९. चक को ध्यान दधि सुत सों ज्यों हैं त्यों तुम तें मैं न्यारी। (पद ६८).

१०. मेटि दुहाग सुहागिन कीजै अपने अंग लगाइ॥ (पद ६८).

११. (पद ११३)

उस प्रियतम से मिलन के सुख की अवर्णनीयता तो रैदास ने विभिन्न-रूपों में कही है।[1]

भक्ति का सरलतम रूप—नाम स्मरणः—नवीन संदर्भों में सम्पूर्ण समाज के पुनर्व्यवस्थापन हेतु साधना का सर्व-सुलभ एवं सरलीकृत सहज रूप आवश्यक था और उसी रूप में भक्ति का मार्ग एक विहंगम मार्ग के रूप में अधिकांश भारतवर्ष में स्वीकृत हो गया था; किन्तु अन्य मार्गों एवं साधनाओं की तुलना में सरलतम तथा सर्वसुलभ होते हुए भी भक्ति के विधि-विधान में कुछ जटिलता, मानसिक पृष्ठभूमि में उपस्थित रह सकती थी; दूसरी ओर भक्ति की एक अपनी परम्परागत शैली तथा पृष्ठभूमि प्रदत्त सीमाएँ भी थीं; जो कि कितनी ही विस्तृत की जावें, सीमा शब्द स्वयं का उल्लंघन असम्भव ही था; अतः युग-प्रवर्तक विचारधारा ने सर्वाधिक सरल एवं सर्वसुलभ साधना की परम्परा 'भगवत्-नाम' को प्रश्रय दिया। यद्यपि प्राचीन वाङ्मय में भी प्रणव या शब्द की महत्ता पर्याप्त वर्णित की गई है[2] और उसके ही उच्चारण में सम्पूर्ण साधना एवं सिद्धियाँ बताई गई हैं किन्तु वहाँ शब्द अथवा प्रणव अपने में पूर्ण एक दुरूह साधना का प्रतीक बन गया है। भक्ति सम्प्रदाय ने नाम की महत्ता को दूसरे रूप में लिया, उसके अनुसार नाम सम्पूर्ण साधनाओं एवं विधियों का स्थानापन्न एवं नवीन युग में सर्वश्रेष्ठ साधन बताया गया है। भागवत में तो कलिकाल में नाम को ही सर्वश्रेष्ठ साधन मानकर[3] यहाँ तक कहा गया है कि विभिन्न देवता और ऋषि कलिकाल में इसीलिए जन्म लेना चाहते हैं कि इस युग में उनको 'नाम' का साधन करने का सुअवसर मिलेगा।[4] अस्तु मध्यकाल के आरम्भ में ही नवीन परिस्थितियों के उत्पन्न होने से ही सम्पूर्ण समाज को एक स्थल पर समंजित करने के लिए सरलतम साधना का सर्वसुलभ रूप 'नाम' का मंत्र मिला था जिसकी लगभग सभी भक्तों एवं सन्तों ने पर्याप्त महत्ता वर्णित की है।[5] सन्त रैदास ने भी तत्कालीन युग

---

१. जो सुख है इह रस के परसे सो सुख का कहि गावेगा। (पद ४३).

२. सोऽयमात्माध्यक्षरमोंकारोऽधिमात्रं पादा मात्रा मात्राश्च पादा अकारो उकारो मकार इति॥ —माण्डूक्योपनिषद् ८ तथा ९-१०-११-१२ भी।
ओमिति ब्रह्म। ओमितीदंसर्वम्। ओमित्येतदनुकृतिर्हस्म वा अप्यो श्रावयेत्याश्राव-यन्ति। ओमिति सामानि गायन्ति। ओꣳशोमिति। शस्त्राणि शꣳसन्ति। ओमित्यध्वर्युः प्रतिगरं प्रतिगृणाति। ओमिति ब्रह्मा प्रसौति। ओमित्यग्निहोत्रमनुजानाति। ओमिति ब्राह्मणः प्रवक्ष्यन्नाहहब्रह्मोपाप्नवानीति। ब्रह्मैवोपाप्नोति। तैत्तिरीयोपनिषद् १/८.

३. कलिं सभाजयन्त्यार्या गुणाज्ञाः सारभागिनः। यत्रसंकीर्तनेनैव सर्वः स्वार्थोऽभिलभ्यते॥ ३६॥
न ह्यतः परमोलाभो देहिनां भ्राम्यतामिह। यतो विच्छेतपरमां शान्तिं नश्यति संसृतिः॥ ३७॥ श्रीमद्भागवत ११/५/३६ व ३७।

४. वही ११/५/३८।

५. तत्त गहन को नाम है भज लीजै सोइ। सन्त नामदेव
प्रकाशन विभाग भारत सरकार, पृ० ८१.

बनारसी तप करै, पलटि तीरथ फिरै।

की परिस्थितियों को सामने रखते हुए (कदाचित तत्कालीन परिस्थितियों को ही कलियुग कहकर[१]) नाम को एकमात्र आधार माना है।[२] उसी तारतत्य में वे कहते हैं कि संसार के अन्य सभी साधन, वेद-पुराण तथा स्मृतियाँ अपूर्ण साधन हैं। आजकल केवल राम-नाम ही एक मात्र साधन है।[३] वे राम-नाम की महत्ता का उल्लेख करते हुए कहते हैं कि यह स्वयं में सभी सिद्धियों का दाता, एक कामधेनु, एक चिन्तामणि अथवा कल्पवृक्ष है; यह सम्पूर्ण ज्ञान वेद-पुराण आदि के ज्ञान से श्रेष्ठ है।[४] रैदास के विचारानुसार

काया जे अग्निमुख कलेस कीजै
हिरनग्रर्भ दान दीजै, असुमेध यज्ञ कीजै रामनाम समि तऊ न तुलै। वही, पृ० ८१.
कलियुग केवल नाम अधारा, सुमरि सुमरि उतरें भव पारा।
राम एक तापस तिय तारी, नाम कोटि खल कुमति उधारी
कहउं कहां लगि नाम बड़ाई, राम न सकहिं नाम गुन गाई॥ तुलसीदास॥
सन्त नाम जिह्व ओषधी, सतगुरु दई बताय।
ओषधि खायसि पथ रहै तो वसना वैद न जाय। वसना, सारबंगी १७/३७.
कोटि करम पेलै पलक जे रंचकआवै नांव।
अनेक जुग जो पुनि करै, नहिं राम बिन ठांव॥ कबीर ग्रन्थावली पृ० २०.
कबीर कहता जात है सुनता है सब कोय।
राम कहे भला होयगा, नहिं तर भला न होय। वही, पृ० ५.
सुनो भई नाम की महिमा।
मुक्ति चारों सिद्धि आठों बसत है यहि मां।
चरणदास—भक्तिपदार्थवर्णन-भक्तिसागर, पृ० १८६.
जनम मरण जम दण्ड के गर्भ वास की त्रास
नाम रटे सब ही छुटैं, लख चौरासी गांस॥ वही, पृ० १८५.
एक ओर हरि नाम रख एक ओर जग तोल। वही, पृ० १८६.
दादू नीका नांव है सो तू हिरदै राखि।
पाखंड परपंच दूरि करि, सुनि साधु जन की साखि। दादूबानी-भाग १, पृ० १६.

१. अनेक आचार्यों ने तत्कालीन युग का समाधान कलियुग का चित्रण करके और तब दिया है। तत्कालीन युग तथा उसकी बुराइयों का चित्रण भी कलियुग के नाम पर पर्याप्त विस्तार से हुआ है। विभिन्न पुराण, भागवत तथा रामचरितमानस इसके ज्वलंत उदाहरण हैं। —लेखक

२. सतयुग सत त्रेता जगी, द्वापर पूजा चार।
तीनों युग तीनों दृढ़े कलि केवल नाम अधार। (पद ७९).

३. करम अकरम बिदारिये, सुनि स्मृति वेद पुरान।
संसा सदा हिरदै बसै, हरि बिन कौन हरे अभिमान।
बाहर उदक पखारिये, घट भीतर विविध विकार।
सुचि कौन विधि होइये जैसे कुंजर विधि व्यौहर। वही.

४. सुख सागर सुर तरु चिन्तामणि, काम धेनु बस जाके रे।

साधक को सम्पूर्ण बाह्य आकर्षण तथा धार्मिक विभेद छोड़कर दिन-रात भगवान के नाम का स्मरण करना चाहिए।[१] इस प्रकार निरन्तर भगवान् के नाम का स्मरण करने वाला भक्त तुरन्त ही भगवान् को प्राप्त करता है, उसकी अन्तरात्मा प्रभु से मिल जाती है; जैसे पारस के स्पर्श करते ही लोहा कंचन का स्वरूप हो जाता है।[२] इस प्रकार रैदास की वाणी में तत्कालीन युग की सर्वाधिक सरल साधना भक्ति के भी सरलतम रूप नाम स्मरण को सर्वश्रेष्ठ महत्ता दी गई है और यह कहने की आवश्यकता नहीं है कि उस नाम के लिए रैदास भगवद्विषयक प्रचलित सभी अभिधानों को समान स्थान देते हुए भी विभिन्न स्थलों पर लगभग सभी प्रचलित नामों से अपने इष्ट को सम्बोधन करते हुए भी, भक्तिकाल में सर्वाधिक स्वीकृत 'राम' नाम को ही अधिक प्रश्रय देते हैं।[३]

साधना में पथ-प्रदर्शन तथा पवित्र वातावरण (गुरु और सत्संग)—साधना के प्रत्येक मार्ग में उचित पथ-प्रदर्शन की सदा ही तथा प्रत्येक स्तर पर आवश्यकता है; भले यह आवश्यकता सिद्धिकाल में कम या समाप्त हो जाए, किन्तु प्रारम्भिक अवस्था में उसकी आवश्यकता अत्यधिक रहती है, जबकि सामान्य या अज्ञान व्यक्ति को बोध प्राप्त होता है। प्रारम्भिक बोध हो जाने के बाद भी साधना के विभिन्न स्तरों पर कठिनाइयाँ आ सकती हैं, उनका प्रतिचरण समाधान भी साधक को चाहिए, साथ ही साधक के लिए बोध, साधना के क्षेत्र में कठिनाइयों के समाधान के अतिरिक्त एक अनुकूल दैवी वातावरण भी अपेक्षित है। आत्मोदय के अतिरिक्त बोध या ज्ञान तथा साधना के प्रति उचित वातावरण दो रूपों में मिल सकता है—गुरु तथा अपने से उस मार्ग में श्रेष्ठ व्यक्तियों का साथ जिन्हें सन्त या भक्त कहा गया है। ज्ञान-प्राप्ति के इन दोनों ही साधनों की पर्याप्त महत्ता वर्णित की गई है। मुण्डकोपनिषद् में साधक को ज्ञान-प्राप्ति के लिए हाथ में समिधा लेकर श्रोत्रिय ब्राह्मण के पास जाने का आदेश दिया गया है।[४] श्रौत साहित्य में एक दिग्-भ्रमित मनुष्य को विदेश में भटकते हुए नेत्रबद्ध व्यक्ति से तुलना करते हुए, मार्गप्रदर्शक रूपी दयालु गुरु द्वारा नेत्र खोलकर उसको मार्ग पर लगाने का

चारि पदारथ असट महासिधि नवनिधि करतल ताके।
हरि हरि हरि न जपसि रसना, अवर सब छांड़ि बचन रचना।
नाना खिआनि पुरान वेद विधि चौउतीस अक्षर माहीं।
बीआस बीचारि कहीओ परिमारथु, राम नाम सरि नाहीं। (पद १०५).

१. रैदास राति न सोइये, दिवस न करिये स्वाद।
अह निस हरीजी सुमिरिये, छांड़ि सकल प्रतिवाद। साखी ६.

२. रंकार रहत सब हिन ते, अन्तर मेल मिलावेगा।
लोहा सम कर कंचन समकरि, न भेद अभेद समावेगा। (पद ९४).

३. देखिये-प्रस्तुत पुस्तक-रैदास की विचारधारा-इष्ट का स्वरूप 'रामनाम की तुलनात्मक श्रेष्ठता शीर्षक' —लेखक

४. परीक्ष्य लोकान् कर्मचितान् ब्राह्मणो निर्वेदमायान्नास्त्यकृतः कृतेन।
तद्विज्ञानार्थं स गुरुमेवाभिगच्छेत् समित्पाणिः श्रोत्रियं ब्रह्मनिष्ठम्॥
—मुण्डकोपनिषद् १/२/१२.

रूपक देकर बड़े सुन्दर ढंग से गुरु की अनिवार्यता एवं महत्ता पर बल दिया गया है।[१] गुरु की यह अनिवार्यता बढ़ती गई और क्रमशः गुरु ईश्वर या ब्रह्म का समकक्ष ही हो गया।[२] सन्त और भक्ति साहित्य में तो गुरु का रूप ईश्वर के समकक्ष मानते हुए कहीं-कहीं उसे ईश्वर से अधिक मान लिया गया है।[३] स्पष्ट है कि भक्ति क्षेत्र में जहाँ कि साधक को विशेषतः शक्ति, बुद्धि और साधनहीन माना गया है, मार्ग-निदेशक गुरु की पर्याप्त महत्ता होना स्वाभाविक ही है। सन्तों ने उसे परम तत्त्व की खोज करने वाले के लिए तत्त्व का भेद देने वाला भेदी[४] ज्ञान की कुंजी प्रयोग करके अज्ञान का अन्धकार दूर करने वाला,[५] यम की फाँस से मुक्त करने वाला[६] आदि अनेक रूपों मे सम्मान दिया है। परवर्ती सन्त साहित्य में तो गुरु-भक्ति स्वयं में एक भक्ति का विषय बन गई, उसका चित्रण आराध्य के भी रूप में किया गया[७] गुरुभक्ति के भी नियमतः विधि-विधान

---

१. यथा सोम्य। पुरुषं गन्धारेभ्योऽभिनद्धाक्षमानीय तं ततो तिजने विसृंजेत्स यथातत्र प्राङवोदङवाधराङ् वा प्रसङवा प्रध्मायीताभिनद्धाक्ष आनीतोऽभिनद्धाक्षो विसृष्टः॥ १॥
तस्य यथाभिनहन प्रमुच्य प्रबूयादेतां दिशं गन्धारा एतां दिशं ब्रजेति। स ग्रामाद्ग्रामं प्रच्छन् पण्डितो मेधावी गन्धारानेवोपसंपद्येत। एवमेवेहाचार्यवान् पुरुषो वेद। तस्य तावदेव चिरं यावन्न विमोक्ष्येऽथ संपत्स्य इति॥ २॥ छान्दोग्योपनिषद् ६/१४-१/२.

२. तस्य देवे पराभक्तिर्यथा देवे तथा गुरौ।
तस्यैते कथिता ह्यर्थाः प्रकाशन्ते महात्मनः। प्रकाशन्ते महात्मनः॥
श्वेताश्वतरोपनिषद् ६/२३.

३. गुरु राखै जो कोप विधाता, गुरु विरोध नहि कोउ जग त्राता। —तुलसीदास

* * *

गुरु गोविन्द दोनों खड़े काके लागूं पायँ।
बलिहारी गुरु आपने जिन गोविन्द दिया बताय॥ —कबीरदास.

४. वस्तु कहाँ ढूँयै वही किहि विधि आवै हाथ।
कह कबीर तब पाइये जब भेदी लीजै साथ॥ —कबीरबीजक ३२.

५. दादू देव दयाल की सबै लगाई बाट।
ताला कुंजी लाय कर खोलै सबै कपाट॥
—दादूदयाल की बानी—भाग १, पृ० १.

६. गुरु काटै जम फांस, नियति सब अधै नसावै। चरणदास-भक्तिसागर, पृ० ४६६.

७. हो अंखियाँ गुरु दरशन की प्यासी।
इकटक लगी पंथ निहारूँ, तनसं भई उदासी।
राति बिना मोहि चैन नहीं है, चिन्ता अधिक सतावै।
तलफल रहै, कल्पना भारी, निश्चल बुधि नहीं आवै।
तन गया सूक हूक अति लागी, हिरदै पावक बाढ़ी।
खिन में लेटी खिन में बैठी घर अंगना खिन ठाड़ी।
भीतर बाहर संग सहेली बात नहीं समुझावै।
चरणदास सुकदेव विचारै नैनन ना दरसावै॥ चरणदास-भक्तिसागर, पृ० ३२४.

विहित कर दिये गये।[१]

सन्त रैदास ने उतने स्पष्ट शब्दों में गुरुभक्ति का कोई विशेष अंग लिखकर तो नहीं; किन्तु संक्षेप में गुरु के प्रति मूलतः ये सभी भाव पूर्ण श्रद्धापूर्वक अभिव्यक्त किये हैं। वे जहाँ परम्परागत रूढ़ धर्म के स्वरूप को परित्याग करने की बात करते हैं, गुरु को मार्ग निदेशक मानकर अपना मार्ग बनाते हैं।[२] परम्परागत रूप से धर्मपालन और उसमें गुरु की भी परम्परागत शब्दों में अभ्यर्थना कर देना एक अलग बात है; किन्तु नवीन मार्ग निर्माण में अपनी अन्तरात्मा का निर्देशक गुरु को मानकर और तब मार्ग-अन्वेषण का प्रयास, गुरु के शब्द का उचित रूप में अर्थ समझना तथा योग्यतम रूप में उसका पालन गुरुभक्ति कही जा सकती है। इसी प्रकार अन्य स्थलों पर रैदास गुरु की कृपा से समत्व-बुद्धि की प्राप्ति के प्रति गुरु के कृतज्ञ हैं,[३] अनेक स्थलों पर गुरु की कृपा से राम के रंग में रंग जाने के कारण नरक से अपनी मुक्ति की घोषणा करते हैं।[४] एक स्थल पर रैदास जैसे अपने को गुरु की कृपा या गुरु-प्रसाद का पात्र मानकर प्रभु के दरबार में भी उसकी दुहाई देने लगते हैं।[५] गुरु की कृपा या गुरु पर श्रद्धा तथा उसकी शक्ति पर अनन्य विश्वास का यह उदाहरण अवश्य ही असामान्य है। गुरु में अनन्य श्रद्धा, उसके पथ में विश्वास के साथ, सन्त रैदास ने भी गुरु को ईश्वर के ही समकक्ष माना है।[६]

गुरु का वास्तविक स्वरूप और सतगुरु—मध्यकालीन साहित्य में गुरु के विषय में इतनी अनन्य श्रद्धा तथा ईश्वर की समकक्षता प्रदान करने की उक्तियों से सामान्यतः यह भ्रम उत्पन्न हो सकता है कि वह युग कदाचित् अंधविश्वास का था और अंधविश्वास को ही प्रोत्साहन देता होगा, किन्तु यहाँ यह बात स्पष्ट कर लेने की आवश्यकता है कि गुरु के विषय में यह सब श्रद्धापूर्ण उक्तियाँ किसी तथाकथित या ढोंगी साधुवेशधारी गुरु के प्रति नहीं कही गई हैं। सन्तों तथा भक्तों ने स्पष्ट ही गुरु के विषय में सोच समझकर चयन करने की बात कही है और तथाकथित गुरुओं की बिल्कुल स्पष्ट भर्त्सना की है।[७] इस प्रकार के तथाकथित गुरुओं अथवा कनफूकागुरु, गुरु

---

१. चरणदास की बानी—भाग २, पृ० ७५।

२. ज्ञान विचार चरण चित्त राखै हरि की चरण गहै रे।
पाती तौरे पूजिरचावै तारन तरन कहै रे।
त्रिविधि संसार कौन बिधि तिरबो जे डिढ़ नाव गहैं रे।
नाव छांड़ि वे डूंगे पैसे दूना दुःख सहै रे।
गुरु को शब्द और सुरति कुदाली खोदत कोई लहै रे॥ (पद ७३).

३. गुरु परसाद भई अनु भौ मति, बिष अमृत सम ध्यावैगा। (पद ९४).

४. जन रविदास रामरंग राता। गुरु परसाद नरक नहीं जाता। (पद १११).

५. बन्दत रैदास सुनु रघुनाथ बीनती, गुरु प्रसाद करि कृपा करो न देरी। (पद ३२ का पाठभेद).

६. हरि गुरु साध समान चित, चित बिन आगम तत्मूल।
इन बिच अन्तर जिमि परी करवत सह न कबूल॥ साखी ८.

७. गलियारे गुरु फिरत हैं, घर घर कंठी देत।

तथा वास्तविक गुरु या सतगुरु में स्पष्ट अन्तर किया है।[१] सन्तों की दृष्टि में पूज्य अथवा आराध्य गुरु केवल गुरु के पूर्ण लक्षणों से परिपूरित तथा गुरु के सम्पूर्ण कर्तव्यों को पूरा करने वाला सतगुरु ही है।[२] उनके अनुसार सच्चा साधु ही सतगुरु हो सकता है और वही श्रद्धा का पात्र है, इसीलिये लगभग सभी सन्त गुरु की महिमा तथा उसके उपकारों के प्रति कृतज्ञता का वर्णन करते समय बहुधा सतगुरु शब्द का भी प्रयोग करते हैं। सन्तों ने जहाँ भी गुरु शब्द की अभ्यर्थना की है वहाँ उनका तात्पर्य सद्‌गुरु से ही रहा है।

रैदास की भाषा जैसे कटु निन्दा या आलोचना की शैली तो जानती ही न थी। अतः रैदास की वाणी में गुरु के तथाकथित रूप या कनफूँका गुरु आदि की कोई निन्दापूर्ण व्याख्या नहीं की गई है और न उसका प्रसंग ही कुछ विशेष रूप में आया है; हाँ सतगुरु का पारिभाषिक रूप तथा उसके गुण रैदास के मस्तिष्क में अवश्य कार्य करते रहे और इसीलिए कदाचित् रैदास ने अन्त में संसार के सभी व्यक्तियों को छोड़कर निर्दोष प्रभु को ही कहीं-कहीं पूर्ण सतगुरु माना है और जीवन में एक बार ही पवित्र साधना करने के लिए गुरु का चयन करना चाहते हैं जिसके पश्चात् वे अपनी मुक्ति को निश्चित मानते हैं।

इस प्रकार सन्त रैदास अपने मार्गदर्शक के प्रतीक गुरु के प्रति पर्याप्त कृतज्ञ हैं, उन्होंने उस प्रतीक को भी ईश्वर की समकक्षता ही दी है; वे अपनी सम्पूर्ण श्रद्धा सतगुरु के चरणों में सौंप देते हैं। यद्यपि यह बात एक तथ्य है कि गुरु की महिमा या उसके नाम के लिए पृथक से कोई अंग संत रैदास ने नहीं लिखा और अन्य सन्तों की तुलना में गुरु के प्रति लिखी गई पंक्तियाँ कदाचित् रैदास के काव्य में कम ही हैं, किन्तु रैदास के काव्य में कहीं भी गुरु की महत्ता के प्रति कमी या सतगुरु के प्रति कृतज्ञता का कोई अभाव नहीं है।

और काज उनके नहीं द्रव्य कमावन हेत। चरनदास की बानी, भाग १, पृ० ७.
...हरहिं शिष्य धन शोंक न हरहीं, सो गुरु घोर नरक में परहीं। —तुलसीदास.

*　　　*　　　*

गुरु शिष्य अंध बधिर कर लेखा एक न सुनै एक नहिं देखा। वही.

*　　　*　　　*

जाका गुरु भी अन्धला, चेला खरा निरन्ध।
अंधे अन्धा ठेलिया दोन्यों कूप पड़न्त॥ कबीर ग्रन्थावली २.

१. कनफूँका गुरु जगत का राम मिलावन और।
सो सतुगुरु ही जानिये, मुक्ति दिखावन ठोर।
...गुरु मिलैं तो यों कहैं लाय हमैं कछु देव।
सतुगुरु मिलैं तो यों कहैं नाम धनी का लेव॥ चरनदास की बानी, भाग १, पृ० ७.

२. कबीरदास सन्तबानी संग्रह, पृ० ३ व ४ पर गुरु तथा झूठे गुरु का विवेचन तथा चरणदास भक्ति पदार्थ वर्णन—भक्तिसागर, पृ० १६४.

सत्संग

साधना में किसी भी एक सन्त या महात्मा से पथ-प्रदर्शन एवं निर्देशन प्राप्त हो जाने के पश्चात् भी साधनारत रहने के लिए एक पवित्र वातावरण तथा प्रेरणा के पुनर्जीवन की आवश्यकता पड़ती रहती है। यह भी सम्भव है कि किसी साधक को किसी एक व्यक्ति से ज्ञान-लाभ न होकर सन्तों एवं महापुरुषों के सत्संग से ही प्राप्त हुआ हो। यदि यह कहा जाये तो अत्युक्ति न होगी ज्ञान-लाभ में किसी एक ही व्यक्ति का कितना भी सहयोग, पथ-प्रदर्शन क्यों न रहा हो, किन्तु दूसरे सन्तों के साथ से प्रेरणा में निरन्तर दृढ़ता, साधना में निखार तथा ज्ञान में निरंतर विस्तार होता रहता है। सज्जनों से प्राप्त होने वाले इसी लाभ के कारण वाङ्मय में संतों, सज्जनों की अतिशय अभ्यर्थना की गई है तथा उनके सत्संग को अत्यन्त महत्त्वपूर्ण बताया गया है।[१] सत्संग के लाभों को ही ध्यान में रखकर कबीर सत्संग छोड़कर भगवान के बुलाने पर बैकुण्ठ तक जाने में दुःखी हैं।[२] भक्त कवियों ने सन्तों और साधुओं की प्रशंसा करते हुए लिखा है कि वे साक्षात् ही प्रभु के अवतार हैं[३] स्वर्ग में देवता आदि तक उनकी प्रतीक्षा करते रहते हैं,[४] वह स्थान, वह देश[५] तथा वह परिवार धन्य हो जाता है[६] जिसमें किसी भक्त या साधु का जन्म होता है अस्तु, सन्तों का कथन है कि साधु के दर्शन मात्र से ईश्वर का स्मरण होता है,[७] उनके सत्संग से भगवत्-प्रेम उत्पन्न होता है।[८] साधुगण उस नाव की तरह हैं जो संसार-सागर

---

१. एक घड़ी, आधी घड़ी, आधी में पुनि आध।
कबीर संगत साधु की कटै कोटि अपराध। संतबानी संग्रह, भाग १, पृ० ३०.

* * *

तप के बरस हजार हैं, सत्संगति घड़ि एक।
तो भी सरिवर ना करै, शुकदेव दिया विवेक। चरणदास—भक्तिसागर, पृष्ठ १७२.

२. राम बुलाया भेजिया, दिया कबीरा रोय।
जो सुख साधू संग में सो बैकुण्ठ न होय॥ संतबानी संग्रह, पृ० ३०.

३. निराकार का आरसी साधु ही की देह।
लाखा चहो तो अलख को वाही में लखि लेह॥ वही, पृ० २८.

४. जिनकी आशा करत हैं स्वर्ग माहीं सब देव।
कबहु दर्शन पाय हैं चरण-कमल की सेव।
अपने-अपने लोक में सभी करें उत्साह, साधु काया छांड़ि कर करें गमन किस राह। चरणदास—भक्तिसागर, पृ० १७२.

५. धनि नगरी धनि देस है धनि पुर पट्टन गाँव।
जहाँ साधु जन उपजियो ताके बलि बलि जाउँ। वही पृ० १७२.

६. जिहि कुल साधु वैष्णो होय।
वरन अवरन रंकु नहिं ईसुर विमल जासु जानिअै सब कोय॥ (रैदास पद ३७).

७. कबीर संगत साधु की सांई आवै याद, लेखे में सोई घड़ी बाकी के सब बाद।
संतबानी संग्रह, भाग १, पृ० २०.

८. साधु मिलै तब ऊपजै हिरदै हरि का हेत।
दादू संगत साधु की कृपा करें तब देत। वही, पृ० ८७.

में से अनेकों का उद्धार कर ले जाते हैं[१] वे निःस्वार्थ भाव से भक्ति का दान देते हैं।[२] साधु का साथ प्रत्येक दशा में लाभकारी है। जैसे चन्दन के संसर्ग में सबको सुगंधि मिलती है साधु के सत्संग से मात्र कल्याण ही होने की सम्भावना है।[३] जिस प्रकार पुष्प के सम्पर्क से सब अंग समान रूप से सुगन्धित होते हैं,[४] अथवा जैसे पद्म-पत्र पर स्थित जल की बूँद भी मोती की गरिमा प्राप्त करती है,[५] उसी प्रकार प्रत्येक मनुष्य सत्संग से लाभान्वित होता है।

सन्त रैदास ने भी सत्संग को साधना के क्षेत्र में अत्यन्त लाभप्रद बताया है। वे सत्संग से होने वाले लाभ को विभिन्न सुंदर उपमाएँ देकर स्पष्ट करते हैं। उनका कथन है कि जिस प्रकार विभिन्न स्थानों का गंदा पानी गंगा में मिलकर गंगाजल का ही रूप धारण करके गंगाजल ही हो जाता है या स्वाति की एक ही बूँद जल विभिन्न सम्पर्कों में, सर्प के मस्तक पर मणि तथा सीपी में मोती बन जाता है,[६] उसी प्रकार एक साधारण व्यक्ति भी सत्संग के प्रभाव से महान् बन जाता है। सत्संग के लाभ के उदाहरण में स्वाति-बूँद के मोती बन जाने की उक्ति संस्कृत साहित्य में भी मिलती है।[७] रैदास ने अपने उच्च रूप में सम्मानित होने, इतना अधिक प्रतिष्ठित होने का बहुत कुछ दायित्व सत्संग पर ही रखा है।[८] उन्होंने स्थान-स्थान पर सत्संग पर बल देते हुए कहा है कि सत्संग से ही भक्ति की

---

१. साधु जन संसार में भव जल बोहित अंग।
दादू के ते ऊधरे जेते बैठे संग॥ —दादू बानी, भाग १, पृ० ४९.
भव सागर सों पार करि लै जावैं बहु जीव।
साधु केवल राम के पार मिलावै पीव॥ चरणदास—भक्तिसागर, पृ० १७२.

२. पर उपकारी संत सब आवै यहि कलि मांहि।
पिवै पिलावैं रामरस आप सुआरथ नाहिं॥ संत बानी संग्रह, पृ० ८७.

३. दादू चन्दन कदि कह्या अपना प्रेम प्रकाश।
दह दिसि परगट हुइ रहा सीतल गंध सुबास॥ संत बानी संग्रह, भाग १, पृ० ८७.

४. बन्दहु संत समान चित हित अनहित नहिं दोय।
अंजलि गत सुभ सुमन जिमि सम सुगंध कर दोय॥ रामचरितमानस, बाल०, पृ० ७.
क्रन्ज लिस्थानि पुष्पाणि वासयन्ति करद्धयम्।
अहो सुमनसा प्रातिर्वामदक्षिणयोः समा॥ अज्ञात्.

५. महाजनस्य संसर्गः कस्य नोन्नति कारकः
पद्मपत्र स्थितं वारिध्यते मुक्ताफलश्रियं॥ अज्ञात.

६. गली गली को जल बहि आयो, सुरसरि जाय समायो।
संगति के परताप महातम, नाम गंगोदक पायो।
स्वांति बूँद बरसै फणि ऊपर शीश विषय हुइ जाई।
वही बूँद के मोती उपजै संगति की अधिकाई॥ रैदास (पद ६९).

७. स्वांत्यां सागर शुक्तिसम्पुट गतं तज्जायते मौक्तिकं
प्रायेणाधममध्यमोत्तमगुणः संसर्गतो जायते॥ अज्ञात.

८. तुम चंदन हम इरंड बापुरे संग तुम्हारे बासा।
नीच वृत्ति तें ऊँच भये हैं, गंध सुगंध निवासा। (पद ८०).

प्रेरणा उत्पन्न होती है; सत्संग के बिना भक्ति प्राप्त नहीं हो सकती।[१] रैदास के मतानुसार सत्संग में परमगति तक प्राप्त हो जाती है,[२] इसलिए भक्तों को उन्होंने सत्संग करने की सम्मति दी है।[३] विभिन्न स्थलों पर रैदास ने सभी संतों की अभ्यर्थना करते हुए[४] उन्हें भगवान का ही रूप माना है और भगवान से भी संतों का प्रेम अर्थात् सत्संग का वरदान माँगा है।[५]

■

---

१. साधु संगति बिन भाव नहिं ऊपजै, भाव बिन भक्ति नहिं होय तेरी। (पद ३२).

२. मिलत पियारो प्रान नाथ कवन भगति ते, साध संगति पाइयै परमगति। (पद २४).

३. धन्य हरि भक्ति त्रैलोक्य यश पावनी।
करो सत्संग इह विमल यश गावनी।। (पद ५७).

४. विष्णुभक्त जिते चित्त धरित ते, मन वच कर्म करि विश्वास।
सन्त धरणी धरि, कीरति जग विस्तरि प्रणत जन चरण रैदास दासा। (पद ५७).

५. सन्त तुझै सन संगति प्रान, सतगुरु ज्ञान जानै सन्त देवादेव।
सन्त ही संगति, सन्त कथारस, सन्त प्रेम मोहि दीजै। (पद १०४).

द्वितीय खण्ड (उत्तरार्द्ध)

रैदास की विचारधारा

(ग) रैदास और समाज-कल्याण

विद्वानों ने मात्र ऐसी साधना जिसमें केवल अपना कल्याण हो, उसे कभी प्रश्रय नहीं दिया है।[१] भारतीय पुरातन समाज में भी परोपकार का जीवन में आद्योपांत महत्त्व रखते हुए भी जीवन के अन्तिम आश्रम संन्यास में संन्यासी का कर्त्तव्य लोक को अभय देना ही बताया गया था और सन्तों के इस रूप की ही, लोक-पीड़ा को समाहित कर लोक कल्याणकारी रूप की वाङ्मय में भूरि-भूरि प्रशंसा की गई है; इसीलिए सन्तों को प्रभु का स्वरूप, प्रभु का प्रतिनिधि आदि कहकर परम पूज्य बताया गया है।

सन्त रैदास गुफा में बैठकर साधनादि करके केवल अपने मोक्ष का प्रबन्ध करने वाले मात्र एकांगी सन्त न थे, वरन् उनकी साधना की मूलभूत मान्यता ही लोक का कल्याण थी। वे उस व्यक्ति को ही साधु मानने को तत्पर थे जिनके कार्यों के द्वारा लोक का कल्याण हो—

सब सुख पावैं जासु ते, सो हरि जू के दास।
कोऊ दुःखं पावै जासु ते सो न दास हरिदास॥[२]

प्रकारान्तर से समाज-कल्याण की इस मान्यता को लगभग सभी सन्तों ने स्वीकार किया था और अपने जीवन के आदर्शों तथा पथ में इसे उतारा था। कबीर ने भी अपनी वाणी का विस्तार समाज के कल्याण के लिए किया था।[३] परवर्ती सन्त चरणदास ने अपने गुरु के विचारों की श्रोतस्विनी जगत् की प्यास बुझाने के लिए प्रवाहित की थी।[४] अस्तु, रैदास ने तत्कालीन समाज की पीड़ा को समझा था और व्यावहारिक रूप से उसका समाधान निकाल कर अपनी वाणी के माध्यम से उस समाधान को सामान्य जनता में

---

१. **There is no good in ending that unless you hold it also as sacrifice to the whole world. It is right for you that you should save your millions of brothers rather than aggrandise this little self.** *Selections from Swami Vivekanand, Published by Swami Gambhiranand Ed. III, P. 339.*

२. **साखी ७।**

३. **सांई यह विचारिया, साखी कहै कबीर।**
सागर में सब जीव हैं जो कोई पकरै तीर॥

४. **पौ दीन्ही सुकदेव ने हौं जल काढ़न हार।**
प्यास कोई न जाइयो टेरौं बारम्बार॥ **हंसनाद उपनिषद्-भक्तिसागर पृ० १७२.**

प्रसारित किया।

रैदास के समय में परम्परावाद समाज को प्रबल रूप में प्रतिबंधित किये हुए था। यद्यपि पूर्वकालीन समाज सुधारकों एवं सन्तों ने उसके विरुद्ध स्वर उठाये थे, समाधान निकालने की चेष्टा की थी, किन्तु परम्परावाद का जटिल रूप पूर्ववत् चला आ रहा था। रैदास को स्वयं अपने जीवन में अनेक स्थलों पर उसके विस्तृत रूप का सामना करना पड़ रहा था। उसका रैदास ने स्थान-स्थान पर विरोध भी किया था। दूसरी ओर लगातार के विदेशी आक्रमण तथा भारतीय समाज की निरन्तर पराजय ने पराभव की एक हीनप्रवृत्ति भी समाज में भर दी थी। आगन्तुक नवीन संस्कृति के कुछ नवीन शुभ विचारों एवं पराभव की अवस्था में पूर्वाग्रह तथा परम्परा पूर्ववत् चलती नहीं रह सकती थी। यदि तत्कालीन युग में भारतीय समाज को जीवित रहना था तो उसमें पुनर्संयोजन की परम आवश्यकता थी; एक ऐसे पुनर्संयोजन की जो भारतीय समाज को नये युग के अनुरूप विचार दे सके। पूर्ववर्ती भक्त और सन्त यथा नामदेव, ज्ञानदेव, रामानन्द और कबीर आदि इस आवश्यकता की पूर्ति की एक अनिवार्य कड़ी बनकर अवतरित हुए थे, किन्तु ज्ञानदेव, नामदेव, महाराष्ट्रीय सन्त थे; उत्तर भारत की उनकी यात्राओं ने नवीन विचार के उपयुक्त पृष्ठभूमि तथा प्रेरणा तो दे दी किन्तु स्पष्ट ही उत्तर भारत पर उनका कोई स्थायी प्रभाव नहीं रह सका। रामानन्द ने नवीन विचार को पृष्ठभूमि तथा चिन्तन तो दे दिया किन्तु फिर भी उसको व्यावहारिक रूप में उतारने की एक बहुत बड़ी आवश्यकता थी। कबीर ने आवश्यक विचारों को रखा, जीवन के व्यवहार में भी उतारा, किन्तु फिर भी वह समाज को उतने प्रभावकारी रूप में स्वीकृत न हो सके; आंशिक रूप से उनके विचारों की अक्खड़ता तथा प्रचार की अटपटी भाषा भी इसका कारण रही होगी। रैदास वह प्रथम सन्त थे जिन्होंने इस नवीन युग के अनुरूप ग्राह्य विचारधारा को सर्वस्वीकृत रूप में प्रस्तुत किया।

मध्यकाल (विशेषत: भारतवर्ष के लिए) धर्म-प्रवण काल था और उस काल में सामाजिक पुनर्गठन या सुधार का कार्य धर्म की ही भाषा में सर्वश्रेष्ठ रूप में हो सकता था। उस काल के सभी समाज सुधारक या महापुरुष, जिनको जनता ने सम्मान दिया, राजदर्शी नहीं, धर्म प्रवण या धार्मिक महापुरुष ही हुए हैं। रैदारा ने भी इस समाज-सुधार का कार्य धर्म का आधार लेकर उठाया। इसका तात्पर्य यह कदापि नहीं है कि रैदास मूलत: धार्मिक पुरुष या भक्त नहीं थे, वरन् वास्तविकता तो यह है कि मध्यकाल में सामाजिक ढाँचा ही धर्म की भित्ति पर खड़ा था; अत: कोई भी सामाजिक विचार धर्म से स्वतंत्र नहीं चल सकता था। उसे यदि सुधार करना था तो पहले धार्मिक ढाँचे में परिवर्तन करने की आवश्यकता थी; यदि परिवर्तन करना था तो धर्म को सुधारने की आवश्यकता थी। कोई भी परिवर्तन की बात,धर्म में परिवर्तन की बात पहले थी, समाज की बाद को। उस समय का चिन्तन धर्म की ही भाषा जानता था, अस्तु रैदास ने तत्कालीन युग में परम्परा से चले आ रहे सामाजिक अन्याय के परिणामस्वरूप तत्कालीन परिस्थितियों में हो रहे ध्वस्त भारतीय समाज के सामने सामाजिक समता तथा धर्म और भक्ति के क्षेत्र में प्रत्येक व्यक्ति के समान अधिकार की बात कहकर नवयुग की सबसे बड़ी आवश्यकता का उद्घोष किया। जब ईश्वर और भक्ति के दरबार में मूलत:

प्राणिमात्र की समता की प्रतिष्ठा के सामने समाज का घृणा पर आधारित सिद्धांत कितने दिन चल सकता था। इसी सिद्धांत की प्रतिष्ठा के लिए परम्परा, परम्परागत धर्म रूढ़ियाँ और वह मूर्ति जो सबके प्रति पूज्य नहीं थी, रैदास के विरोध का पात्र बनी। जन्मजात उच्चता एवं मूर्ति की आस्था तो उस युग में अपना बहुत बड़ा उपहास देख चुकी थी, अत: रैदास की युगानुरूप बात जनता को शीघ्र ग्राह्य हुई।

धार्मिक क्षेत्र की संकीर्णताएँ तथा परस्पर विभेद भी अब इस नये युग में संघर्ष के विरुद्ध खड़े नहीं रह सकते थे। प्रत्येक सम्प्रदाय तथा उसका उपसम्प्रदाय अपनी स्पर्धात्मक श्रेष्ठता सिद्ध करने के लिए अपने वैधी रूप एवं कर्मकाण्ड की अति में उलझता चला जा रहा था। रैदास ने उनमें से किसी का विरोध न करके उनमें से सबकी अन्तरात्मा को लेकर जो एक दूसरे से बहुत अधिक भिन्न नहीं होती, एक समन्वित विचारधारा दी, जिसमें जहाँ एक ओर साधन के सभी बाह्य जटिल रूपों की आलोचना की गई थी वहाँ धर्म के मूलस्वरूप को पहचानने की चेष्टा भी की गई थी और यह सरल पद्धति तत्कालीन जनमानस की बहु स्वीकृत पद्धति बन गई।

तत्कालीन समाज में चले आ रहे हिन्दू-मुस्लिम सांस्कृतिक संघर्ष को भी रैदास अच्छी दृष्टि से नहीं देखते थे। उन्होंने उन दोनों ही धर्मों, उनके इष्ट में एक मूलभूत समता मानकर पारस्परिक सौहार्द का सन्देश दिया। उन्होंने स्पष्ट कहा—

''कृष्ण करीम राम हरि राघव जब लगि एक न पेषा।
बेद कतेव कुरान पुरानन सहज एक करि भेषा॥[१]

अस्तु वस्तुत: उस सामाजिक तनाव के युग में यह एकता का अभूतपूर्व संदेश था।

इस प्रकार रैदास ने तत्कालीन समाज की परिस्थितियों को आत्मसात किया, उनको समझा और अपनी वाणी में उन समस्याओं का एक व्यावहारिक समाधान उस काल के सर्वश्रेष्ठ साधन धर्म के द्वारा दिया। वे एक आदर्श भक्त एवं विचार के साथ-साथ तत्कालीन समाज के एक बहुत बड़े सुधारक भी थे, जिनकी वाणी ने समाज को तत्कालीन युग में एक समाधानपूर्ण विचारधारा दी थी।

■

१. पद ९२।

तृतीय खण्ड

रैदास का साहित्य

रैदास के काव्य में कलात्मक सौन्दर्य

(एक नवीन दृष्टि की आवश्यकता)

वस्तुतः जिस प्रकार रैदास की वाणी में विचारों का एक ऐसा अद्भुत सामंजस्य है, जिसका आंकलन परम्परागत दृष्टि से नहीं हो सकता, उसी प्रकार उनके साहित्य का कलात्मक मूल्यांकन भी परम्परागत शास्त्रीय दृष्टि से पूरे प्रकार नहीं किया जा सकता। रैदास की विचारधारा में तत्कालीन भारत में प्रचलित सम्पूर्ण मुख्य साधना पद्धतियों की मूल आत्मा सामान्यतः सदैव विद्यमान रहकर भी उसमें कुछ नव्यता है जो उनको परम्परा से पृथक एक मौलिकता प्रदान करती है, यही बात उनके साहित्य के कलात्मक मूल्यांकन के विषय में भी कही जा सकती है। उनके साहित्य में कलात्मक दृष्टि से शास्त्रीय सौंदर्य के सभी मुख्य तत्त्व उपस्थित होते हुए भी, उनकी वाणी के साहित्यिक सौंदर्य का पूर्ण आनन्द उसको परम्परागत शास्त्रीय चौखटे में कसकर नहीं लिया जा सकता; बल्कि यह तथ्य मुख्यतः सभी सन्तों की वाणी के लिए कहा जा सकता है; इसीलिए बहुधा साहित्य का निर्णय मात्र रूढ़िग्रस्त काव्यशास्त्र के आधार पर करने वाले पण्डितों द्वारा आज भी कभी-कभी इस विषय पर प्रश्न उठाया जाता है कि सन्तों की वाणी को साहित्य की कोटि में रखा भी जा सकता है अथवा नहीं।

साहित्य की विभिन्न मुख्य शास्त्रीय परिभाषाओं[१] में अन्तर्विरोध के बाद भी इस

---

१. "रसात्मक अनुभूति की लालित्यपूर्ण मार्मिक अभिव्यंजना काव्य है।"
—भरतमुनि.

'शब्द और अर्थ का सामंजस्य' काव्य है। —आचार्य भामह.

'जिसमें अभीष्ट अर्थ की अभिव्यंजना हो।' —आचार्य दण्डी.

'वक्रोक्ति गर्भित शब्दार्थ का दूसरा नाम काव्य' है —आचार्य कुन्तक.

'दोष रहित गुणवाली और कभी-कभी अनालंकृत भी शब्द और अर्थमयी रचना' काव्य है। —आचार्य भामह.

'रसमय वाक्य ही काव्य है।' —आचार्य विश्वनाथ.

'रमणीय अर्थ का प्रतिपादन ही काव्य है।' —पण्डितराज जगन्नाथ.

'भाषा के माध्यम से प्रकृति का अनुकरण काव्य है।' —अरस्तू.

'स्पष्ट संगीत कविता है।' —डॉ० ड्राइडन.

'छन्दमयी वाणी कविता है।' —डॉ० जान्सन

तथ्य को मानने से कदाचित ही कोई इंकार कर सकता है कि साहित्य में कुछ 'कथ्य' होना चाहिए और इस कथ्य को अभिव्यक्ति दी जा सकती हो। इस अभिव्यक्ति के कौशल अथवा 'कथन' और 'कथ्य' के सम्बन्ध एवं उनके बीच में पारस्परिक यति के प्रश्न पर ही विभिन्न मत एवं सम्प्रदाय विकसित हुए हैं; किन्तु इस विषय में इस तथ्य से भी इंकार नहीं किया जा सकता कि कथ्य अवश्य ही महत्त्वपूर्ण है और कथन को कथ्य से पृथक नहीं किया जा सकता; रही कथन के शिल्प की बात; उस विषय में इस बात से भी कोई इंकार नहीं कर सकता कि यह एक तुलनात्मक तथा सापेक्ष्य तत्त्व है। यदि शास्त्रीय रूप से भी साधारणीकरण के सिद्धांत को लें तो भावक के मन में भाव का स्फुरण भाव की जागृति अथवा बिम्ब का उदय, उसे जो भी संज्ञा दी जाए, इस कथन या शिल्प का लक्ष्य होना चाहिए। अब इस स्फुरण को कर सकने के कौशल में जितना-जितना तीखापन आता गया उस सब की उसके सूक्ष्मतम रूप में व्याख्या करने का प्रयास काव्यशास्त्र का उद्देश्य रहा है; अर्थात् काव्यशास्त्र में हम कथन के उस सम्पूर्ण सौन्दर्य, सामर्थ्य या शक्ति की समीक्षा करते हैं जिसके माध्यम से उनकी संवहनशीलता जीवन्त या शक्तिमंती होती है। इसीलिए प्रत्येक देश के काव्यशास्त्र की रूपरेखा में भी अन्तर हो जाता है; क्योंकि अपने कथन को पूर्णतम अभिव्यक्ति देने के लिए प्रत्येक जाति, संस्कृति तथा भाषा जो प्रयास करती है या कर चुकी होती है वह सब वहाँ की परिस्थितियों से निश्चित ही प्रत्यक्षतः प्रभावित रहते हैं और इसी कथन-कौशल की सांगोपांग व्याख्या का अध्ययन उस देश के काव्यशास्त्र में किया जाता है। काव्यशास्त्र विषयक यह सापेक्षता देश-जाति के साथ-साथ काल-सापेक्ष्य भी है, इसीलिए किसी भी देश जाति अथवा युग के काव्य का आंकलन हमको नितांत निर्वैयक्तिक होकर तत्संबंधित मान्यताओं के आधार पर ही करना चाहिए।

हिन्दी के भक्ति-साहित्य का पूर्ण आंकलन कर सकने के लिए मात्र हमारी परम्परागत शास्त्रीय मान्यताएँ पूर्ण तथा सर्वांगीण नहीं ठहरतीं। भक्ति-साहित्य का आस्वादन करने के लिए हमें परम्परागत दृष्टि में कुछ परिवर्तन की आवश्यकता है। उदाहरणतः भक्ति साहित्य में, भक्ति आद्योपांत एक मूल स्थायी-भाव के रूप में सदा ही उपस्थित रही है। रस-दृष्टि से उसे क्या कहा जाए। कतिपय आचार्यों ने उसके स्थायी

'संगीतपूर्ण विचार काव्य है।' —कारलाइल.

'सत्य तथा काव्य सौंदर्य के सिद्धान्तों द्वारा निर्धारित उपबंधों के अधीन जीवन की समीक्षा का नाम काव्य है।' —मैथ्यू आरनोल्ड.

'सरल, प्रत्यक्ष तथा रागात्मक अभिव्यक्ति काव्य है।' —जान मिल्टन.

'शान्ति के क्षणों में स्मरण किये हुए प्रबल मनोवेगों का सहज उच्छलन कविता है।' —वड्सवर्थ.

'उत्तम शब्दों के उत्तम रचना-विन्यास को कविता कहते हैं।' —कालरेज.

'कविता सुखीतम और सर्वोत्तम मस्तिष्क के सर्वश्रेष्ठ तथा प्रसन्नतम क्षणों का लेख है।' —शैले.

'काव्य सौन्दर्य की लयपूर्ण सृष्टि है।' —एड्गरे एलन को.

भाव रति के आधार पर इसको शृंगार के ही अन्तर्गत माना है; किन्तु भक्ति काव्य में कई ऐसे भी स्थल आते हैं जिनका स्थायी-भाव निर्वेद कहा जा सकता है। निर्वेद और शृंगार का कोई दूर का भी सम्बन्ध नहीं हो सकता। उस स्थल पर जहाँ कि स्थायी भाव निर्वेद रहा है यह काव्य शान्त रस युक्त लगने लगता है; किन्तु है वह वहाँ भी भक्ति-प्रधान ही। अब एक रस के दो स्थायी भाव 'रति और निर्वेद' एक साथ हो नहीं सकते, अतः परम्परागत शास्त्रीय चौखटे में कसकर भक्ति को किसी सांचे में स्थायी रूप से नहीं ढाला जा सकता। यह भी कोई उत्तर नहीं हो सकता कि कभी उसको शृंगार के अन्तर्गत मान लिया जाए और कभी शांत रस के अन्तर्गत माना जाए। इसके विपरीत अगर हम रूढ़ चौखटे से हटकर भक्ति को एक स्वतंत्र रस ही मान लें और हम उसका आस्वाद एक स्वतंत्र रस के रूप में करें तो अधिक उचित रहेगा। इसका स्थायी भाव भी 'भक्ति-भावना' को ही मांन लिया जाए तो कोई अनौचित्य न होगा (कुछ अन्य रसों के स्थायी भाव भी उसी रस के नाम पर हैं यथा-हास्य का हास।) निर्वेद, अथवा रति दोनों में से किसी को भक्ति का स्थायीभाव मान लेने से भक्ति का पूरा क्षेत्र नहीं ढंकता और एक ही रस के दो स्थायी भाव मानना भी असंगत होगा।

'भक्ति-भावना का भाव कम से कम भारतीय भावक के लिए अछूता नहीं है, किन्तु फिर भी यदि उसको शास्त्रीय परिभाषा में बाँधना ही चाहें तो हम यह कह सकते हैं कि अपने आराध्य के प्रति तीव्रतम विकल प्रेम (रति का प्रयोग लेखक यहाँ किसी भ्रम के उत्पन्न हो जाने के कारण नहीं कर रहा है, वैसे रति का प्रयोग भी इस शर्त के साथ किया जा सकता है कि जब इससे व्यंजित होने वाला भाव शृंगार से सम्बन्धित रति से भिन्न माना जाए। शृंगार के साथ स्थायी भाव में रति में कम से कम निर्वेद का कोई स्थान नहीं है, फिर वहाँ लौकिकतां का भी भाव रहता है) में सम्पूर्ण सांसारिक अथवा लौकिक ऐहिकताओं के परित्याग का भाव स्वतः ही सन्निहित है और इसलिए जहाँ एक ओर भक्ति के वर्णनों में हमको प्रेम की विकलता का आस्वादन होता है वहाँ दूसरी ओर वैराग्य, सन्तोष, निर्वेद जैसे भाव भी सामने आते हैं।

भक्ति-काव्य में जितने भी संचारक या सहायक अथवा भाव को पुष्ट करने वाले भाव सामने आते हैं उनमे कुछ भाव ऐसे हैं जिनको परम्परागत ३३ (या ३४) संचारियों की परिधि में नहीं बाँधा जा सकता। उदाहरणतः 'शरणागति' का भाव। अन्य संचारियों की बात न कहकर शरणागति से मिलते-जुलते भावों को सामने रखकर उनसे तुलना करके यह बात स्पष्ट की जा सकती है। 'शरणागति' का भाव मुख्यतः 'दैन्य' अथवा कुछ-कुछ 'अमर्ष' से मिलाया जा सकता है। हो सकता है कि यदि दैन्य अथवा अमर्ष की अनुभूति की परिभाषा के मानसिक बिन्दुओं की कोई रेखा खींची जाए तो शरणागति की ध्वनि-रेखा से कहीं पर वह छू जाए, किन्तु इस भाव को दैन्य-अमर्ष में से किसी के सर्वांगसम नहीं कहा जा सकता। दैन्य में पराजय, असफलता अथवा बाह्य कारण जन्य आत्महीनता; ओज का अभाव एक आवश्यक शर्त है जबकि शरणागति में अपने प्रभु के सम्मुख भक्त कितना ही दीन होकर समर्पण कर दे, किन्तु उसमें आवश्यक नहीं कि यह असफलता-जन्यता अथवा ओज की अभावहीनता का भाव आ ही जाय। इस शरणागति

में एक स्वेच्छा का भाव, आत्मतोष की अनुभूति तथा भक्ति की सम्पूर्णगति-अवस्थाओं जैसा एक हर्ष मिश्रित आह्लाद का भाव सदा विद्यमान रहता है; ठीक उसी प्रकार जैसे सामान्य भाव से पृथक रस की दशा में एक अलौकिक आनन्द का भाव हर दशा में सन्निहित रहता है, और यह अलौकिक आनन्द का भाव करुण तथा वीभत्स आदि रस में भी विद्यमान रहता है।

भक्ति-क्षेत्र में शरणागति का भाव विकसित होकर, प्रपत्ति में निष्पन्न होता हैं। प्रपत्ति की विभिन्न दशायें या प्रकार, प्रपत्ति के भाव में एक साथ सम्मिलित रहते हैं। संचारी या काव्यशास्त्र के क्षेत्र में उनके आंकलन के लिए कोई भी भाव नियत नहीं किया गया है। आत्महीनता या आत्मदैन्य इस प्रपत्ति का एक भाव है जिसे भक्ति में पारिभाषिक रूप से कार्पण्य कहा गया है, किन्तु यह कार्पण्य भी लौकिक दैन्य से भिन्न है। मूलतः दैन्य में आत्महीनता है जबकि कार्पण्य में आत्मसमर्पण तथा सर्वतोमुखी आत्मसमर्पण में प्रभु के ही भरोसे रहकर अपने को पूर्णरूप चेष्टाविहीन कर लेने के भाव की प्रतीकात्मक अभिव्यक्ति दक्षिण के अल्वार सन्तों के दो सम्प्रदायों ने विशेष रूप से दी थी जिनमें से एक सम्प्रदाय में प्रंभु के प्रति ठीक उसी प्रकार समर्पण करने की बात की गई थी जैसे बंदरी का बच्चा अपनी माता से ही चिपका रहता है तथा दूसरे सम्प्रदाय ने यह समर्पण एक बिल्ली के बच्चे की भाँति विहित किया गया था; जैसे बिल्ली का बच्चा प्रारम्भिक अवस्था में अपनी माता के ही पूर्णरूपेण आश्रित रहता है, जहाँ वह उठाकर रख देती है वहीं पड़ा रहता है, भक्त को भी ठीक उसी प्रकार प्रभु के आश्रित रहना चाहिए। शरणागति की इस सीमा को अभिव्यक्त करने के लिए दैन्य नाम का संचारी बिल्कुल अपर्याप्त होगा और न ही परम्परागत काव्यशास्त्र के पास शरणागति के इस भाव को व्यक्त करने के लिए कोई अन्य ही भाव है।

शरणागति का दैन्य से किसी उथले स्तर पर, या कहीं सामान्य रूप में साम्य हो सकता है, शरणागति अपनी चरम अनुभूति में दैन्य से बहुत भिन्न है। वह दैन्य से सघनता या गहराई-उथलाव के प्रश्न पर ही भिन्न नहीं है, वरन् उससे भावों की मूल जाति का ही भेद है। यही बात अमर्ष के विषय में भी कही जा सकती है। अमर्ष से तो प्रारम्भिक अवस्था में ही मूल भावना-गत भेद आरम्भ हो जाता है। अमर्ष में क्षोभ का एक भाव विद्यमान रहता है जबकि शरणागति की आवश्यक उपलब्धि निश्चिन्तता तथा आत्मतोष है।

इसी प्रकार हम भक्त के द्वारा भक्ति में अनुभव की गई विभिन्न दशाओं अथवा स्थितियों एवं समर्पण के विभिन्न रूपों के विषय में भी कह सकते हैं। नवधा-भक्ति की अनेक सीढ़ियाँ या रूप किसी भी संचारीभाव अथवा विप्रलम्भ की (यदि भक्ति को शृंगार से समानता पर लाया ही जाये तो भी) किसी भी दशा के समान नहीं आ सकती है। उदाहरणतः दास्य, सख्य अथवा आत्मनिवेदन, भक्ति की स्पष्ट अनुभव की जाने वाली अनुभूतियाँ तथा दशायें हैं जिनके लिए यदि कोई संचारी ढूँढ़ा ही जाये तो एक नहीं एक साथ अनेक संचारियों का भाव उदित होता है जिसमें उन्माद, धृति, मति, आवेग, दैन्य आदि एक ही साथ आवेंगे और इन सबको एक साथ समेट कर भी दास्य, सख्य तथा

आत्मनिवेदन अपनी अलौकिक अनुभूति में इनसे ऊपर निकल जायेगा। श्रवण, कीर्तन, गुणकथन आदि सभी की अभिव्यक्ति देने के लिए परम्परागत संचारियों में एक ही भाव आ सकता है 'स्मृति' किन्तु स्मृति इस श्रवण-कीर्तन अथवा गुण कथन का कारण हो सकती है, पूर्णरूप वह नहीं है। यह भी हो सकता है कि यह श्रवण, गुणकथन अथवा कीर्तन भक्ति के आवेग का परिणाम हो, स्मृति का उसमें उस समय कोई योगदान न रहा हो।

इसी प्रकार भक्ति साहित्य में वर्णित अन्य आवश्यक भावों के विषय को भी परीक्षण की कसौटी पर रखा जा सकता है और यदि वे परम्परागत संचारियों की सूची में से किसी के समान नहीं हैं तो उन भावों को पृथक से भक्ति का संचारी मान लेने में हमको कोई संकोच नहीं होना चाहिये। यहाँ पर लेखक का उद्देश्य भक्तिकाव्य के आंकलन हेतु एक नवीन काव्यशास्त्र की रचना नहीं है परन्तु उसका लक्ष्य इस ओर संकेत करना अवश्य हैं कि भक्ति-काव्य का आंकलन करते समय यदि हम उसका पूर्ण आस्वादन करना चाहते हैं तो परम्परागत दृष्टि से हटकर निर्वैयक्तिक रूप से सोचने के लिए हमें तत्पर रहना चाहिए। यदि भक्ति-काव्य का कोई तत्त्व परम्परागत शास्त्रीय चौखटे की परिधि में पूरी तरह नहीं बँधता तो न तो हम उसको काट छाँटकर उसी चौखटे में बाँधने की चेष्टा करें और न ही उस चौखटे में भक्ति भावना तथा उसके सहायक तत्त्वों से पूर्णकाव्य को कसते समय चौखटे तथा ढाँचे से बाहर बचे काव्य-सौंदर्य को बिल्कुल छोड़ दें। भक्तिकाव्य में ऐसे बहुत से स्थल मिलेंगे कि जो कदाचित् शास्त्रीय चौखटे में पूरी तरह न कसे जा सकें; उनका सौंदर्य उससे कहीं अधिक विशाल, विस्तृत और गहरा है जितना शास्त्रों में परिभाषित है। इस विषय में एक कठिनाई यह भी आ जाती है कि शास्त्रीय सौंदर्य के ऐसे भी अनेक पक्ष हो सकते हैं जो भक्ति-साहित्य में हमें सामान्यतः उपलब्ध नहीं होते; तब हम उनको बरबस ही लाद-थोपकर खींच-तानकर भक्ति साहित्य में न देखें।

हिन्दी के निर्गुण सन्त कवियों के काव्य का आस्वादन करने के लिए हमको इस निर्वैयक्तिक एवं वैज्ञानिक दृष्टिकोण की सापेक्षता की ओर भी अधिक आवश्यकता है। वे विचार-शैली-अभिव्यक्ति, लगभग सभी में परम्परा के तोड़ने वाले थे; वे भारत के पराभव काल की अनुभूति में तीव्र गति से सांस्कृतिक पुनर्व्यवस्थापन का प्रयास थे। इस पुनर्व्यवस्थापन में बड़ा आवेग था, शीघ्रता थी, परिवर्तनकालीन क्रांति की जैसे पगध्वनि थी; उनके काव्य में परम्परा की कोई भी दृष्टि पूरे प्रकार से खरी उतर जाये यह एक अचानकता हो सकती है, आवश्यक बिल्कुल भी नहीं। सन्तों के काव्य का आंकलन करते समय हमको यह ध्यान में रखना पड़ेगा कि उनके पास कथ्य का अपार भंडार, और आवेग था, कथन की शैली में उनको नवीन युग की भाषा का निर्माण भी स्वयं ही करना था। यदि ऐतिहासिक दृष्टि से देखा जाये तो यह काल राजनीतिक उथल-पुथल, सामाजिक परिवर्तन तथा आस्थाओं में संक्रांति का युग था। नवीन सन्दर्भों में भाषा का पुराना रूप तथा शैलियों में परिवर्तन भी आवश्यक था। लेखक की दृष्टि से प्रारम्भिक सन्तों ने भाषा के एक नये रूप को जन्म दिया और इस प्रकार सम्बन्धित क्षेत्र की भाषा को

नवीन युग के अनुरूप स्वरूप ग्रहण करने में एक सशक्त सहयोग दिया, उसके क्रमिक विकास की दिशा को युगानुरूप आगे बढ़ाया। विचार के बदलते प्रतिमानों में जिस रूप से साहित्य की स्वच्छन्द विचारधारा को उन्होंने जन्म दिया था, यदि उसका पूर्ण प्रकार आंकलन किया जाये तो निश्चित ही उनकी काव्यशास्त्रीय मान्यताओं का, उनके प्रयोगों का एक पृथक् ही काव्यशास्त्र बन सकता है, या कम से कम प्रथित काव्यशास्त्र में अमूल्य परिच्छेद जुड़ सकते हैं।

उल्लिखित दृष्टिकोण को यदि हम सामने रखें तो हम पायेंगे कि रैदास के काव्य में कथ्य तथा कथन दोनों ही दृष्टियों से पर्याप्त सौंदर्य विद्यमान था। उनके काव्य में भक्ति-भावना-आद्योपांत पूर्ण आवेग में विद्यमान रही है जिसके संचारी या सहायक रूप में शरणागति,[१] चेतावनी,[२] पश्चातापं[३] आदि के भाव सदा विद्यमान रहे हैं और पश्चाताप प्रकाशन तथा पूर्ण शरणागति के पश्चात् वे सदा ही प्रार्थना भी करते रहे हैं।[४] इसके अतिरिक्त शास्त्रीय परम्परा में वर्णित संचारी भावों का भी बड़ा सुंदर चित्रण हमें रैदास के काव्य में मिलता है। उनके काव्य में आये कतिपय विशेष संचारी निर्वेद,[५] मति,[६] धृति[७], विंबोध[८] आदि हैं, जिन्होंने स्थान-स्थान पर रैदास की भक्ति भावना को पुष्ट किया है। इन सम्पूर्ण भावों के रहते हुए भी रैदास के काव्य में एक भाव-समर्पण तथा शरणागति बार-बार उभरकर आई है कुछ स्थल अवश्य द्रष्टव्य हैं—

> **मीन पकर काट्यो अरु फाट्यो रांधि कियो बहु खानी।**
> **खण्ड-खण्ड करि भोजन कीन्हें, तऊ न बिसरै बानी।**

* * *

---

१. मेरी जाति कमीनी, पांति कमीनी, ओछा जनमु हमारा।
तुम सरनागत राजारामचन्द, कहि रविदास चमारा। (पद ४०).
...प्रभुजी संगती शरन तिहारी, जगजीवन राम मुरारी। (पद ६९).

२. कहां नर सूते मुग्ध काल के मंझ मुख,
तज अब सत्त राम, चितवत अनेक सुख। (पद १७).

३. अति अहंकार उरमें, सतरज तम तामै रह्यो अरुझाई।
करम न बूझ पर्‌यो नहिं सूझै, स्वामी नाउं भुलाई। (पद २).

४. जनकूं तार रमइया, (पद ३४).
तू न बिसारिये राम जन मैं तोरा। (पद २५).

५. गोविन्दे भव जल व्याधि अपारा, तामैं सूझै वार न पारा। (पद २८).
जब राम नाम कहि गावेना, तब भेद अभेद समावेगा। (पद ४३).

६. गुरु परसादि भई अनुभौ मति, विष अमृत सम ध्यावेगा। (पद ४३).

७. चमरठा गांठि न जनइं, लोग गठावैं पनही।
आर नहिं जिहि तोपऊँ, नहिं रांवीं ठावं रोपऊँ।
लोग गांठि गांठि खरा बिगूचा, हह बिन गांठै जाय पहूंचा।
रविदास जपै रामनामा मोहि जम सिउ नहिं कामा। (पद ३१).

८. अब कछु मरम विचारूँ हो हरि। (पद ४).

माधवे जानत हो जैसी तैसी, कहा करहुगे ऐसी।[१]

*　　　　*　　　　*

जउ तुम गिरिवर तऊ हम मोरा, जऊ तुम चन्द तो हम भये चकोरा।

...जऊ तुम दीवरा तऊ हम बाती, जऊ तुम तीरथ तो हम जाती॥[२]

*　　　　*　　　　*

एक अभिमानी चात्रिगा विचरत जग माहीं।

यद्यपि जल पूरन मही कहूं वा रुचि नाहीं।[३]

रैदास का काव्य आद्योपांत इस भक्ति भावना और शरणागति से ओत-प्रोत है।[४] भावना के क्षेत्र में (अथवा कथ्य के क्षेत्र में) उनके काव्य में एक विशेष रसमय वातावरण उपलब्ध होता है।

'कथन' की दृष्टि से भी यदि रैदास के काव्य का आनन्द लेना चाहें तो हमको इस क्षेत्र में भी निर्वैयक्तिक सापेक्ष्य दृष्टिकोण को अपनाना होगा। उल्लेख किया जा चुका है कि रैदास के काल में युग की आवश्यकतानुसार विचारानुभूति प्रबल वेग धारण कर रही थी। स्पष्ट है कि विचार की गति से उसका माध्यम परिवर्तित नहीं हो पाता है और उस दशा में उसके टकसाली रूप में एक अनियोजित परिवर्तन अवश्य आता है जो तात्कालिक रूप में भले असंस्कृत लगता है, किन्तु परिवर्तन काल का यही तथाकथित असंस्कृत रूप भविष्य में विकसित होकर नवीन भाषा, शैलियों एवं शब्दावली तथा अभिव्यक्तियों की भूमिका बनता है। रैदास की भाषा में उस समय के तथाकथित शिष्टमण्डल की भाषा का प्रयोग न होने का यह कारण देना नितान्त एकांगी होगा कि वे अशिक्षित थे और उनका प्रारम्भिक वातावरण असंस्कृत लोगों का था। वस्तुतः पूर्वप्रसंगति सन्दर्भ में भाषा नया रूप ले रही थी, इसीलिए एक रैदास क्या कबीर आदि सभी तत्कालीन साहित्यकारों की भाषा में हमको रैदास से अधिक अटपटी अभिव्यंजनाएँ तथा भाषागत तीव्र विद्रोह और परिवर्तन का रूप मिलता है। युग की आवश्यकता को पहचानने वाले तुलसीदास को भी इस क्षेत्र में तत्कालीन शास्त्रीय व्यक्तियों की अपेक्षा के विरुद्ध ही जाना पड़ा था। अस्तु रैदास की भाषा अपने समय की पीड़ा, रैदास की प्रबल वेगवती चेतना को अभिव्यक्त करने का माध्यम थी जो विभिन्न स्थलों पर आई उक्तियों एवं उनकी भाव स्पष्टता से सरलतापूर्वक अभिव्यंजित हो जाता है।

रैदास के समय में पुरातनता, परिवर्तन के द्वार पर आकर खड़ी हो गई थी, नवीनता ने आकर द्वार खटखटा दिया था; नवीनता तथा पुरातनता के इस संयोग में देशाटन तथा

---

१. पद ३८.

२. पद ३९.

३. पद ४२.

४. भक्ति की विभिन्न अवस्थाओं, दशाओं एवं रूपों के निर्वाह हेतु देखिये—इसी पुस्तक का शीर्षक—'रैदास की भक्ति भावना'।

भ्रमण से प्राप्त ज्ञान और भाषा तथा शब्दावली स्वतः ही सम्मिलित होने लगी थी। फलतः रैदास की भाषा वंस्तुतः तत्कालीन उत्तर भारत की सामान्य जनता के प्रति ग्राह्य भाषा बनकर राष्ट्रीय एकसूत्रता की भाषा बन गई थी। उनकी भाषा में विभिन्न प्रयोगों की बहुलता के कुछ उदाहरण द्रष्टव्य हैं—

अवधी से प्रभावित प्रयोग—

चमरटा गांठि न जनई, लोग गठावैं पनहीं।[१]

नरहरि प्रकटसि नाहो, प्रकटसि ना हो॥[२]

ब्रज से प्रभावित प्रयोग—**चित्त सिमरन करउं, नैन अवलोकनो**[३]

*　　*　　*

मांटी का पुतरा कैसे नाचतु है, देखै सुनै दोरयो फिरतु है।

जब कछु पावत गर्व करतु है, माया गई तो रोवन लगतु है॥[४]

राजस्थानी से प्रभावित प्रयोग—**धणी का फरमान आया**[५]

*　　*　　*

मैला मैला कपड़ा बैंत्ता रे, एक थोऊं

आवै आवै नींदड़ी रे, कहां लो सोऊं॥[६]

खड़ी बोली से प्रभावित प्रयोग—

जब राम नाम कह गावेगा, तब भेद अभेद समावेगा।[७]

*　　*　　*

अब हम खूब बतन घर पाया ऊँचा खेर सदा मन भाया।[८]

उर्दू फारसी मिश्रित प्रयोग—

ना तसबीस खिराजु न माल, खौफ़ न खता न तरस जवाल।[९]

खालिक सिकस्ता मैं तेरा, दे दीदार, उमेदगार, बेकरार जिउ मेरा।[१०]

---

१. पद ३१.
२. पद ५९.
३. पद ८७.
४. पद ८७.
५. पद ७२.
६. पद २४.
७. पद ४३.
८. पद ५.
९. पद ५.
१०. पद २६.

सभी सन्त जनता के ही कवि थे, जनता से ही निकले थे और अधिकतम रूप में सामान्य जनता में ही रमे तथा सामान्य जनता के कल्याणार्थ ही उन्होंने अपने विचार प्रकट किये। तीव्र वेग से उनको अपने विचारों का प्रसार करना था, अतः जहाँ उनकी भाषा में ग्रहणशील प्रवहमान प्रयोग थे वहाँ उनकी शैली भी प्रसाद गुण सम्पन्न और मुख्यतः अभिधात्मक ही रही है। कहीं-कहीं जहाँ अनुभूति की अत्यन्त गहनता, सरल अभिधात्मक शैली में प्रकट नहीं हो सकी है वहाँ अपने प्रबल भावावेग को प्रकट करने के लिए भले उन्होंने प्रतीकात्मक लाक्षणिक शैली ग्रहण कर ली हो। (या स्वतः ही हो गई है) और ऐसी अनुभूतियाँ प्रकट करने के लिए तो कहीं-कहीं सामान्य रूप से दीखने वाली विपर्ययात्मक शैली या उलटबांसियाँ भी बन गई हैं, किन्तु सामान्यतः उनकी भाषा प्रसाद गुण सम्पन्न अभिधात्मक ही रही है। रैदास की रचनाओं में कहीं-कहीं तो अभिधात्मक शैली भी अपने कसाव के कारण बड़ी सुन्दर लगती है।

अभिधात्मक सौन्दर्य—

हृदय सुमिरन करूँ, नैन अवलोकना, श्रवणो हरिकथा पूरिराखों।
मन सु मधुकर करूँ, चरनन चित धरूँ, राम रसायन रसना चाखूँ॥[१]

*　　　*　　　*

मृग, मीन, भृंग, पतंग, कुंजर, एक दोष विनास।
पंच दोष असाध जामहिं कौन ताकी आस।

*　　　*　　　*

त्रिगुन योनी अचेत सम्भव पाप पुन्य असोच।
मानुषावतार दुर्लभ, तिहुं संगति पोच।[२]

प्रतीकात्मक लाक्षणिक शैली—रैदास के काव्य में भावातिरेक की मात्रा अधिक थी अतः उनकी रचनाओं में उस अतिरेक को प्रकट करने के लिए प्रतीकात्मक लाक्षणिक शैली अनेक स्थलों पर सहायक सिद्ध हुई है और ऐसे स्थलों पर कहीं-कहीं तो भाव को प्रकट करने के लिए रैदास प्रतीकात्मक बिम्बों की लड़ी सी लगा देते हैं—

जउ तुम गिरिवर तउ हम मोरा, जउ तुम चन्द तौ हम भये चकोरा।

*　　　*　　　*

जउ तुम दीवरा तउ हम बाती, जउ तुम तीरथ तउ हम जाती॥[३]

*　　　*　　　*

प्रभुजी तुम चन्दन हम पानी, जाके अंग अंग बास समानी।

*　　　*　　　*

---

१. पद ३२.
२. पद ८१.
३. पद ३९.

प्रभुजी तुम दीपक हम बाती, जाकी जोति बैरे दिन राती।

प्रभुजी तुम मोती हम धागा, जैसे सोने मिलत सुहागा।।[१]

एक स्थल पर ब्रह्म की तुलना में जगत् की अस्थिरता एवं नश्वरता को रैदास ने बड़ी सुंदर प्रतीकात्मक अभिव्यंजना दी है।

जैसा रंग कसूब का तैसा यहु संसार।

रमैये रंग मजीठ का कह रैदास चमार।।[२]

कसूब का हल्का रंग, उसका पीलापन, उसके रंग की जल्द उड़ जाने वाली प्रवृत्ति तथा उसकी तुलना में मजीठ के रंग का गहरापन, स्थायीपन, जगत् तथा ब्रह्म की पारस्परिक सापेक्ष्यता देने के लिए बड़े सुन्दर प्रतीक चुने गये हैं जिनसे उस सापेक्ष्यता का भाव तुरन्त बिम्बायित होता है।

एक स्थल पर रैदास प्रभु से अपने प्रेम-बन्धन की दृढ़ता पर बल देने को एक सुन्दर व्यंजनात्मक उक्ति देते हैं—

जो हम बाँधे मोह फाँस, हम प्रेम बंधनि तुम बाँधे।

अपने छूटन को जतन करो हम छूटे तुम आराधे।।[३]

उपर्युक्त स्थलों में बहुत से अंशों में शैली की दृष्टि से, समास-प्रधान शैली का भी दर्शन हो सकता है, वैसे सामान्यत: रैदास के काव्य की शैली सामान्य जनता के लिए ग्राह्य थी और इसीलिए उसमें व्यास-प्रधानता ही प्रमुखत: पाई जाती है।

जहाँ तक सन्तों की वाणी में सज्जा तथा अलंकरण का प्रश्न है, यह निर्विवाद कहा जा सकता है कि उन्होंने उसको अलंकृत करने की किंचित् मात्र भी चेष्टा नहीं की थी, किन्तु अभिव्यक्ति ने अपने को समर्थ बनाने के हेतु अब तक जितने भी प्रयोग किये हैं, बहुधा काव्यशास्त्र ने उनकी ही सुनियोजित व्याख्या करने की चेष्टा की है। अलंकार भी काव्य पर एक व्यर्थ का लदाव नहीं है, यह बात दूसरी है कि कोई कवि भाव को प्रमुख लक्ष्य न मानकर किसी अन्य उद्देश्य से अलंकार-विधान का ही प्रदर्शन करना चाहे; किन्तु जिस प्रकार एक स्तरीय वेश-भूषा तथा सज्जा से व्यक्तित्व अधिक पैना और प्रभावशाली बन जाता है, अलंकरण से भी काव्य अधिक संवहनशील बनता है; या यह कहा जाये तो अधिक समुचित होगा कि वाणी जिस-जिस रूप में भी अधिक प्रभावशील बन जाती है उन रूपों की शास्त्रीय व्याख्या का एक अंग अलंकार-विधान भी है; इसीलिए उत्तम काव्य में बहुधा अलंकार स्वत: ही आ जाते हैं।[४] अस्तु, रैदास के काव्य में भी भावों की सुन्दर अभिव्यक्ति के साथ कुछ अलंकार स्वयमेव आ गये हैं जिन्होंने

---

१. पद ७.

२. पद १०८.

३. पद ३८.

४. "Not laboriously but luckily."

उनकी वाणी का सौंदर्य और भी बढ़ा दिया है।

अपने सूक्ष्म भावों की अभिव्यक्ति के लिए रैदास ने बड़ी सुन्दर उपमाओं तथा रूपकों से सहायता ली है। कतिपय उपमायें तथा सांगरूपक तो साहित्यिक दृष्टि से अत्यन्त मनोरम हैं। ब्रह्म तथा जीव और संसार की भ्रमात्मक द्वैतता के भाव को अभिव्यक्त करने के लिए कई स्थानों पर रैदास ने सोना और अलंकार[१] सागर तथा लहर और सूत तथा वस्त्र की पृथकता की उपमायें देकर इस भाव को स्पष्ट किया है।

कनक कुण्डल सूत पट जुदा, रज्जु भुजंग भ्रम जैसा।[२]

जल तरंग पाहन प्रतिमा ज्यों, ब्रह्म जीव दुति ऐसा।

एक ही ब्रह्म के सम्पूर्ण ब्रह्माण्ड में सर्वव्यापक रूप से व्याप्त होने के लिए रैदास ने बहुत सुन्दर उपमा दी है कि जिस प्रकार एक छोटा सा बट-बीज भावी विस्तृत बट-वृक्ष तथा अनेक बट-जीवों और वृक्षों की परम्परा के बृहत् विस्तार का कारण है उसी प्रकार वह ब्रह्म भी सूक्ष्मातिसूक्ष्म रूप इस सम्पूर्ण ब्रह्माण्ड का व्याप्त कारण है।

बटक बीज जैसा आकार, पसर्‌यो तीन लोक विस्तार।[३]

रूपक-सौंदर्य तो रैदास के काव्य में अत्यन्त अनूठा है। विभिन्न स्थानों पर सुन्दर रूपकों से भाव को स्पष्ट करने में, काव्य में आकर्षक निखार आ गया है। कुछ उदाहरण द्रष्टव्य हैं—

जल की भीति, पवन का थम्बा रक्त बूँद का गारा।

हाड़ मांस नाड़ी को पिंजर, पंखी बसै बिचारा।[४]

संसार-सागर में अपनी दुःखपूर्ण मग्नता को रैदास ने एक अत्यन्त सुन्दर रूपक से अभिव्यक्ति दी है—

गोविन्दे भव जल व्याधि अपारा, तामै कछु सूझत वार न पारा।

* * *

लोह की नाव पखानन बोझी, सुकीरत भाव विहीना।

लोभ तरंग मोह भयो काला, मीन भयो मन लीना।[५]

अपनी सहज भक्ति तथा निर्गुण में अपनी आस्था को एक व्यापारी के सांगरूपक से रैदास ने सुन्दर रूप में प्रकट किया है—

हरि को टांडो लाद्या जाई रे।

हों बनजारो राम को सहज करौं व्यापार।

---

१. है यह एक पै भ्रम रुं दूजो कनक अलंकृत जैसे। (पद ८४).

२. पद ८३.

३. पद ६४.

४. पद ४०.

५. पद २८.

औघट भाट धनो धन रे एक निर्गुण बैल हमार।
राम नाम धन लादियो तैं विष लाद्यो संसार।[१]

इन सम्पूर्ण उपमा तथा रूपक अलंकारों से पुष्ट स्थलों पर रैदास ने इतने सुन्दर बिम्ब दिये हैं कि उनसे भाव का साधारणीकरण तुरन्त होता है। उपर्युक्त उदाहरणों में यह बिम्ब सौंदर्य स्वत: ही स्पष्ट हो जाता है फिर भी रैदास के द्वारा दिये गये काव्य में कतिपय बिम्ब सौन्दर्य से पूर्ण स्थल पाठकों के रंजन हेतु दिये जा सकते हैं—

कूप पर्‌यो जस वादुरा, कछु देश विदेश न बूझ।
ऐसा मेरा मन विमोहिया, कछु आर पार न सूझ।[२]

*　　*　　*

मैला मैला कपड़ा बैंत्ता रे, एक धोऊँ
आवै आवै नींदड़ी रे, कहाँ लौं सोऊं॥
ज्यों ज्यों जोड़ूँ त्यों त्यों फाटै, सैव निज रे कुठि गयो हारै।[३]

*　　*　　*

जब लगि नदी न समुद समावै, तब लगि बढ़ै हंकारा
जब मन मिल्या राम सागर सूं, तब यह मिटी पुकारा।[४]

*　　*　　*

थोथा ज्ञान पछोरे रे कोई, जोई रे पछोरे जामै निज कण होई॥[५]

कतिपय शब्दालंकारों के द्वारा भी रैदास की वाणी का शृंगार हुआ है। कुछ स्थल उदाहरण रूप में दिये जा रहे हैं—

अनुप्रास सौंदर्य—

त्यों तुम कारन केसवे लालच जिव लागा।
निकट नाथ प्रापत नहीं, मन मन्द अभागा।[६]
सागर सलल सरोदिका, जल थल अधिकाई॥[७]
पुनरुक्तिप्रकाश बोलत बोलत बड़ै बियाधी।[८]

*　　*　　*

गली गली को जल बहि आयो।[९]

---

१. पद १०८.
२. पद २३.
३. पद २४.
४. पद २७.
५. पद ५०.
६. पद ४५.
७. पद ४५.
८. पद ६९.
९. पद ४६.

इसी प्रकार रैदास के काव्य में ऐसे अनेक स्थल उपलब्ध हो जाते हैं जिनमें अलंकारों का सौंदर्य विद्यमान है किन्तु यह बात पुनः स्पष्ट कर देने की आवश्यकता है कि यह सभी अलंकार सहज रूप प्रयुक्त हुए हैं और सभी वाणी की शक्ति को बढ़ाने में सहायक बनकर आये हैं; उनमें से कोई भी सायास प्रयोग नहीं लगते।

अस्तु, बहुधा समीक्षकों के द्वारा सन्त काव्य के इस पक्ष (काव्यशास्त्रीय आंकलन) की उपेक्षा ही हुई है और बहुधा सभी समालोचकों द्वारा एक ही सी बात भिन्न-भिन्न शब्दों में कही गई है कि सन्त पढ़े लिखे नहीं थे, उनको काव्यशास्त्र का ज्ञान नहीं था, अतः उनकी कविता में काव्यशास्त्र की दृष्टि से बहुत शिथिलता है, उनकी भाषा आदि बड़ी अटपटी है। सामान्यतः प्रत्येक कवि की रचनाओं में कुछ शिथिल स्थल हो ही जाते हैं, यह एक तुलनात्मकता का प्रश्न है। प्रश्न यह है कि साहित्य के मूल तत्त्व का कथन और कथ्य का सम्बन्ध किसी काव्य में सुदृढ़ रहा है अथवा नहीं और यदि वह रहा है तो ऐसा साहित्य निश्चित काव्यशास्त्र की कसौटी पर भी खरा ही कहा जायेगा। जहाँ परम्परागत कसौटी इस प्रकार के साहित्य का आंकलन करने में असमर्थ या अपर्याप्त हो, उस स्थल पर एक निर्वैयक्तिक दृष्टिकोण के विकसित करने की आवश्यकता है, मान्यताओं में थोड़ा परिवर्तन करना होगा और यदि हम काव्यशास्त्रविषयक परम्परागत मान्यताओं में आवश्यकतानुसार किंचित् संशोधन कर लें तो हम पायेंगे कि सन्तों के काव्य में साहित्यगत सौंदर्य तथा काव्यशास्त्रीय लालित्य भी है। रैदास के सम्पूर्ण काव्य का आंकलन यदि हम इस निर्वैयक्तिक दृष्टि को लेकर करें और तत्कालीन परवर्तित सन्दर्भों को स्वीकार कर लें तो हमें उनकी रचनाओं में उत्तम साहित्य का दर्शन होगा।

उपसंहार : रैदास का मूल्यांकन

रैदास ने तत्कालीन युग में प्रचलित सम्पूर्ण साधना पद्धतियों एवं विचारों का समन्वय करते हुए नवयुग के अनुरूप एक ऐसी सर्वांगीण पद्धति दी थी जिसमें प्रत्येक विचारधारा का लाभकारी स्वरूप समाविष्ट था, उसका हानिकर या अधिक वैधी रूप तथा बाह्याचरण पूर्णरूपेण बहिष्कृत कर दिया गया था। तत्कालीन परिप्रेक्ष्य में रैदास की विचारधारा ने सामाजिक पुनर्व्यवस्थापन के उस युग में एकमात्र अस्त्र धार्मिक चिंतन को समन्वित एवं सरलतम रूप में प्रस्तुत करने के कार्य को बहुत आगे बढ़ाया। उनके विचारों में उतनी ही क्रान्ति थी जितनी तत्कालीन किसी भी अन्य विचारक के विचारों में थी; या हो सकती है, वरन् सामाजिक अन्याय के विरुद्ध उनकी अंतर्पीड़ा अनेक स्थलों पर फूट-फूट पड़ी है; किन्तु उनकी अभिव्यक्ति शैली में एक सन्त का सन्तोष एवं भक्त का धैर्य था, न कि एक राजनीतिक नेता का जोश और फटकार की भाषा। उनकी विचारधारा की युगानुकूलता एवं उसको ग्राह्यरूप में प्रस्तुत करने की सुन्दर शैली का ही परिणाम हम देखते हैं कि लगभग सभी सन्तों की भाँति अन्त्यज वर्ग में जन्म लेकर, जीवन में अनेक बार तथाकथित पण्डितों के द्वारा अपमानित होने के बाद भी रैदास को अपने समय में किसी भी धार्मिक नेता से अधिक सम्मान मिल सका। वहाँ कतिपय सन्तों के सम्प्रदाय भी आज छुट-पुट रूप में ही देखने में आते हैं, भारत का एक बहुत बड़ा समुदाय आज भी अपने को रैदास-पंथी कहकर गौरवान्वित होता है। इसके पीछे

किसी जाति विशेष का मात्र आग्रह नहीं हो सकता वरन् रैदास की सर्वग्राह्य विचारधारा, उनके व्यक्तित्व की महानता तथा विचार-प्रकाशन की ग्रहणीय शैली ही सर्वप्रमुख कारण हैं। मध्यकाल में रैदास के तत्कालीन सम्मान का परिचय हमको अन्य साहित्यकारों की कतिपय अभिव्यक्तियों से भी मिल सकता है। तत्कालीन संस्कृत वाङ्मय में एक स्थल पर उक्ति आती है।

गता गीता नशं क्वचिदपि पुराणं व्यपगतम्।
विलीनाः स्मृत्यर्था निगमननिचयो दूरगतम्॥
इदानी रैदास प्रभृतिवचनैर्मोक्ष पदवी,
तदेव जानीमो कलियुग तवैवेष महिमा॥

जिसका तात्पर्य है कि आजकल गीता नष्ट हो गई है, पुराणों का लोप हो गया है, स्मृतियों के अर्थ लुप्त हो गये हैं और वेद भुला दिये गये हैं। कारण यह है कि इस समय रैदास प्रभृति सन्तों के ही वचनों से ही लोग मोक्ष का मार्ग पकड़ रहे हैं यह कलियुग की महिमा है।

उपर्युक्त पंक्तियाँ चाहे तथाकथित कर्मकाण्डी पण्डितों ने पूर्वाग्रह में रैदास के विरुद्ध व्यंग्यपूर्वक लिखी हों, किन्तु इन पंक्तियों से उनकी झुँझलाहट की अति के साथ-साथ रैदास का तत्कालीन प्रभाव अवश्य परिलक्षित होता है। कदाचित् रैदास ने बिना इन पण्डितों को फटकारे, बिना उनको कोसे ही अपनी विचारधारा के प्रति सामान्यतः जनता में इतनी आस्था उत्पन्न कर ली थी कि तथाकथित पण्डितों को उस काल में यह बात लिखनी पड़ी।

उपर्युक्त पंक्तियों में रैदास के प्रभाव को कलिकाल की महिमा बताया गया है। इस विषय में भी एक बात विचारणीय है। लगभग सभी शास्त्रकारों ने जिन्होंने कलिकाल का उल्लेख किया है, प्रकारान्तर से वह तत्कालीन युग का ही वर्णन है और वास्तव में रैदास की विचारधारा कलिकाल (अर्थात् तत्कालीन युग) में सर्वप्रिय एवं सर्वग्राह्य होने के योग्य ही है; उसमें युगानुरूप समन्वय, समंजन, परिवर्तित परिप्रेक्ष्य के अनुरूप धर्म का संशोधित स्वरूप सभी है; रैदास की विचारधारा पुरातनता के विरोध में निखरती ही चली गई। भक्त नाभादास (जो कि प्रकारान्तर से परम्परावाद के पोषक कहे जा सकते हैं) वे भी सन्त रैदास की वाणी को सम्मानपूर्वक स्मरण करते हुए अपने ही जीवनकाल में उनके सम्मानित तथा पूज्य हो जाने का संकेत दिया है—

सन्देह ग्रन्थि खण्डन निपुन, बानि बिमल रैदास की।

* * *

भगवत कृपा प्रसाद परमगति इति तन पाई।
राज सिंहासन बैठ ज्ञाति परतीति दिखाई।
वर्णाश्रम अभिमान तज पद रज बन्दसु जासु की।
सन्देह ग्रन्थि खण्डन निपुन बानी विपुल रैदास की॥[1]

---

१. **भक्तमाल सटीक—नाभादास—टीका प्रियादास, पृ० ४७०.**

तत्कालीन विभिन्न सम्प्रदायों और संपूर्ण धार्मिक साहित्य में रैदास के विषय में पूर्वजन्म में उनके ब्राह्मण होने की जो धारणा विकसित हुई, उसके पीछे जहाँ अन्य दृष्टिकोण हो सकते हैं वहाँ एक यह भी दृष्टि हो सकती है कि रैदास अपने काल में इतने अधिक सम्मानित पूज्य और धर्मक्षेत्र में अग्रणी माने जाने लगे थे कि उन्हें सामान्य लोक-दृष्टि, तत्कालीन युग में ब्राह्मण से कम मानने को तत्पर नहीं हो सकती थी। वे जन्म से (अथवा पूर्वजन्म में) ब्राह्मण हों या न हों किन्तु इतना निश्चित था कि उनके कर्म और उनका यश किसी भी ब्राह्मण से अधिक था और इसीलिए उन पर इस दृष्टि का आरोप हो गया।

लेखक के विचार से संत रैदास की विचारधारा आज भी प्रचलित सामाजिक अंतर्विरोधों एवं समस्याओं का समाधान निकालने में एक सीमा तक सहयोग दे सकती है; विशेषतः उनका जीवन, विचारधारा तथा अभिव्यक्ति शैली यदि आज के परिप्रेक्ष्य में समझी जाये तो आजकल के समाज सुधारकों एवं अग्रणी व्यक्तियों के प्रति वह पर्याप्त मार्गदर्शक बन सकती है। उनकी वाणी में दीन हीन और शोषितों के प्रति एक विकल पीड़ा, अपमान के विरुद्ध समाधान में प्रतिपल घुटन और समस्याओं के प्रति एक जागरूक दृष्टि थी तथा वे यह भली प्रकार जानते थे कि पुरातनता से किस प्रकार ग्रहण किया जाये, परम्परा को किस स्थान तक सुरक्षित रखा जाये और नवीन परिस्थितियों के अनुरूप किस प्रकार मार्ग बनाया जाये। उनकी वाणी की इन्हीं विशेषताओं ने उनको अपने युग का ही नहीं सदा सर्वदा के लिए एक महान् विचारक, चिन्तक तथा समाज सुधारक के रूप में प्रतिष्ठित कर दिया है।

■

चतुर्थ खण्ड

रैदास की बानियाँ

[१]

अब मैं हार्‌यो रे भाई।
थकित भयो सब हालचाल तें, लोक न वेद बड़ाई॥ टेक॥
थकित भयो गायन अरु नाचन, थाकी सेवा पूजा।
काम क्रोध ते देह थकित भई, और न जानौं दूजा॥[१]
राम जन होऊँ न भगत कहाऊँ, चरन पखारूँ देवा।[२-३]
जोई-जोई करूँ उलटि मोंहि बाँधै, तायै निकट न सेवा॥
पहिले ज्ञान का किया चाँदना,[४] पाछे दिवा बुझाई।
सून्य सहज में दोऊ त्यागै,[५] राम कहूँ न खुदाई॥[६]
दूरि बसै षट्‌कर्म सकल अरु दुख कीन्हें सेऊ।[७]
ज्ञान ध्यान धूरि[८] दोऊ कीन्हें, दूरि छाँड़े तेऊ॥
पाँचौ थकित भये जहाँ तहाँ, जहाँ तहाँ थिति पाई।
जा कास मैं दौर्‌यो फिरतो, सो अब घट में आई॥

---

१. कहौं कहाँ लौ दूजा।
२. चरन पखारूँ न देवा।
३. भेवा।
४. चांदिबा।
५. सागे।
६. दुखदाई।
७. दूरऊ कीन्हें सेऊ।
८. दूरि।

पाठभेद सम्बन्धी संकेत

१. जिस अंश के एक से अधिक पाठभेद प्राप्त हुए हैं उस अंश के एक से अधिक पाठभेदों को एक ही स्थल पर (/) चिह्न के साथ दे दिया गया है। उदाहरणतः रथ/रण।

पाँचो मेरी सखी सहेली, तिनि निधि दई दिखाई।
अब मन फूलि भयो जग महियाँ, आप में उलटि समाई॥
चलत चलत मेरो मन थाक्यो,[१] मो पै चल्यो न जाई।[२]
सांई सहज मिल्यो सोई सन्मुख, कह रैदास बताई॥[३]

[२]

अब[४] मेरी बूढ़ी[५] रे भाई, तातें चढ़ी लोक बड़ाई॥ टेक॥
अति अहंकार उर में,[६] सत-रज-तम तामें रह्यो अरुझाई।
करमन बूंझि पर्‌यो नहिं सूझै,[७] स्वामी नांव भुलाई॥
हम मांनौ गुनि जोग सुनि जुगतो, महा पुरुख रे भाई।[८]
हम मानौ सूर, सकल विष-त्यागी,[९] ममता नहीं मिटाई॥
मानौ अखिल शून्य मन शोध्यो,[१०] सब चेतन सुधि पाई।
ज्ञान-ध्यान सबहिं हम जान्यों, बूझौं कौन सों जाई॥
हमजान्यों प्रेम, प्रेम रस जानै,[११] नौ विधि भक्ति कराई।
स्वांग देखि सबहिं जग लखयो,[१२] आपनऔर बधाई॥[१३]
स्वांगपहर हम सांच न जान्यो,[१४] लोगन[१५] यह भरमाई।
स्वच्छ[१६] रूप सेली जब पहिरी, बोली तब सुधि आई॥
ऐसी भगति हमारी संतों, प्रभुता इहइ बड़ाई।

---

१. मेरो मिज मन थाक्यो।
२. अब मो से चल्यो न जाई।
३. बड़ाई।
४. दूव।
५. बूड़ी।
६. उरमा।
७. केरमन बझि पर्‌यो कछु नहिं सूझै।
८. हम महा मूरख रे भाई।
९. सकल विधि त्तागी।
१०. हम मानौ आखिल सुन मन सोध्यो।
११. हम मानूं परम प्रेमरस जानूं।
१२. डहक्यो।
१३. फिर यों आन बंधाई।
१४. यह तो स्वांग सांच ना जानौ।
१५. लोकन।
१६. स्यंधरूप म्हषी जब जहरी बोली तब सुधि पाई।

आपन[१] अनत और नहिं मानत, ता तें मूल गँवाई॥
मनै[२] रैदास उदास ताही तें, अब कछु मो पै कर्‌यो न जाई।
आपा खोइ भगति होत है, तब रहि अंतर उरझाई॥

[३]

अखिल खिलै नहिं का कहि पण्डित, कोई न कहै समुझाई।
अवरण वरण रूप नहिं जाके,कहै सो जाई समाई॥ टेक॥[३]
चन्द-सूर नहिं, राति-दिवस नहिं, धरनि आकास न भाई।
करम-अकरम नहिं, शुभ-अशुभ नहिं, का कहि देंहु बड़ाई॥
शीत-वायु उष्णा-सरवत[४] काम कुटिल नहिं होई।
जोग न भोग[५] रोग नहिं जाके,[६] कहा नाम सत सांई॥
निरंजन निराकार निरलेपहिं, निरविकार निरश्वासी।
काम कुटिलता ही कहिं गावै, हर हर आवै हांसी॥
गगन धूर धूप[७] नहिं जाके, पवन पूर नहिं पानी।
गुन निरगुन[८] कहियत नहिं जाकै, कहौं तो बात[९] सयानी॥
या ही सों तुम जोग कहत हौ, जब लग आस की फाँसी।[१०]
निरगुन ब्रह्म निरास भजौ किन, मनै रैदास उदासी॥[११]

[४]

अब कछु मरम विचारूँ[१२] हो हरि।
आदि अन्त औसान राम बिन, कोई न करै निवारा हो हरि॥ टेक॥

---

१. आप न आनिन।
२. मन रैदास उदास ताहि ते।
३. कँह लौं लाइ समाई / मूक हाल्यो लाई समाई।
४. ऊषन नहिं सखत।
५. किया नहिं जाके।
६. कहौं नाम सत् साईं।
७. धूसर।
८. बेगुन।
९. तुम्ह।
१०. पासी।
११. छुटै तबहिं जब मिलै एक ही, मन रैदास उदासी।
१२. विचारा।

जल[१] में पंक पंक अमृत जल, जलहिं शुद्ध होइ जैसे।
ऐसे करम धरम[२] जग[३] बाँध्यो, छूटै तुम बिन कैसे, हो हरि॥ १॥
जप तप, विधि-निषेध करुनामय,[४] पाप पुन्य दोऊ माया।
ऐसे मोहि तन मन गति विमुख,[५] जनम जनम डहकावै,[६] हो हरि॥ २॥
भनत रैदास कलि केवल, कहा उपाइ अब कीजै।
भव बूढ़त भयभीत जगत जन, कर अवलम्बन दीजै, हो हरि॥ ३॥

[५]

अब हम खूब बतन घर पाया, ऊँचा[७] खेर सदा मन भाया॥
बेगमपुरा सहर का नाऊँ,[८] दुख अंदोह नहिं ते ढाऊँ।[९]
ना तसबीस[१०] खिराजु न मालु, खौफ़ न खता न तरसुजवाल॥

---

१. जल से।
२. भरम।
३. जिव।
४. जप तप विधि निसेध नाम करूँ।
५. असमै हित मंगच विमुख धन।
६. डहकाया।
७. बजा।
८. फिकर अन्देश नहि तेहि ढाऊँ।
९. ग्राम।
१०. नहि तहँ सासत ल्सत मार, हैय न खता न तरसज वाल।
आप न जान रहम औजूद, जहाँ गनि आप बसै माबूद॥
(इसी के स्थान पर अन्य पाठ भेद)—
नहिं तहँ सीस खलातन मोरे, हैफ़न खता न तरसजवाला॥
आपन ज्ञान रहम मसहूर, जहाँ गन बैठे माबूद॥
यह बीच की पंक्ति इन दोनों पाठभेदों में नहीं पाई जाती।
जोई सैलि करै सोई भावै, महरम महल में को अटकावै।
दूसरे छन्द के पश्चात् (समाप्त से पहले) निम्नलिखित दो पंक्तियाँ भी पाठभेद के साथ मिलती हैं—
ताड़न, छेदन भायन खेदन, बहुविधि कर ले उपाई।
लौन खड़ी सेजोग बिना जस, कनक कलंकन जाई, हो हरि॥
एक अन्य पाठभेद (नाहटाजी के पास उपलब्ध हस्तलिखित प्रति) में इस पद में तीसरी कड़ी अर्थात् ६वीं पंक्ति के पश्चात् यह पाठभेद छन्द बीच में पाया जाता है।

कायम दायम सदा पातिसाही, दाम न साम एक सा आही।
आबा दान सदा मशहूर, जहाँ गनियाँ बसै मामूर॥
सैर करैं ज्यों ज्यों मन भावै, हरम महल मोहि को अटकावै।
कह रैदास खलास चमारा, जो उस सहर सो मीत हमारा॥

[६]

अविगत नाथ निरंजन देवा, मैं क्या जानूँ तुम्हरी सेवा॥ टेक॥
बाँधूँ न बन्धन, छैऊँ न छाया, तुम्हें सेऊँ निरंजन राया॥ १॥
चरन पताल सीस असमाना, सो ठाकुर कस[१] संपुट समाना॥ २॥
शिव सनकादिक अंत न पाया, ब्रह्मा खोजत जनम गँवाया॥ ३॥
तोड़ूँ न पाती, पूजूँ न देवा, सहज समाधि करूँ हरि सेवा॥ ४॥
नख परस्वेद[२] जाके सुरसरि धारा, रोमावली अठारह भारा॥ ५॥
चार वेद जाके सुमिरत सोसा, भक्ति हेतु गावै रैदासा॥ ६॥

[७]

अब कैसे छूटै राम, नाम रट लागी॥ टेक॥
प्रभुजी तुम चन्दन हम पानी, जाकी[३] अंग अंग बास समानी॥ १॥
प्रभुजी तुम धन बन हम मोरा, जैसे चितवत चन्द चकोरा॥ २॥
प्रभुजी तुम दीपक हम बाती, जाकी जोति बरै दिन राती॥ ३॥
प्रभुजी तुम मोती हम थागा, जैसे सोने मिलत सुहागा॥ ४॥
प्रभुजी तुम स्वामी हम दासा, ऐसी भक्ति करै रैदासा॥ ५॥

[८]

आयो हो आयो देव तुम शरना, जानि कृपा कीजै अपनो जना॥ टेक॥
त्रिविधि जोनि में बास,[४] जम की अगम त्रास,
तुम्हरे भजन बिन भरमत फिरौं।
ममता अहं विषय मदमातौ,[५]

---

१. कैसे ।
२. प्रसाद।
३. जीकी।
४. त्रिविधि जोनि बास।
५. ममिता अहँ बिखै मदमातों, इह मुख कबहुँ न दुतरि तिर्‌यौ॥

यहि सुख कबहुँ न दुतरि तिरौ॥ १॥
तुम्हरे नांव बिसास, छांड़ी है आन की आस,
संसारी धरम मेरे मन नहिं धीजै।
रैदास दास की सेवा मानि हो, देवाधिदेव,[१]
पतित पावन नाम प्रकट कीजै॥ २॥

[९]

आज दिवस लेऊँ बलिहारा, मेरे गृह आये राम का प्यारा[२]॥ टेक॥
आंगन बंगला[३] भवन भयो पावन, हरिजन बैठे हरिजस गावन॥ १॥
करौ डण्डौत चरन पखारौं, तन मन धन उन ऊपर वारौं॥ २॥
कथा कहैं अरु अर्थ विचारैं, आप तिरैं अरु औरन कूँ तारैं॥ ३॥
कहै रैदास, मिलें निज दास, जनम जनम के काटै फाँस॥ ४॥

[१०]

आरति कहाँ लौं जोवै, सेवकदास अचम्भो होवै॥ टेक॥[४]
बावन कंचन दीप धरावै, जड़ वैराग्य दृष्टि ना आवै॥ १॥
कोटि भानु जाकी सोभा रोमै, कहा आरती अगनी होमै॥ २॥
पाँच तत्त्व तिरगुणी माया, जो दीसै सो सकल समाया[५]॥ ३॥
कह रैदास देख्या मम माहिं,[६] सकल ज्योति रोम सम नाहिं॥ ४॥

[११]

ऊँचे मन्दिर शाल रसोई, एक धरी पुनि रहनि न होई॥ १॥
यह तन ऐसा जैसे घास की टाटी, जल गई घास, रलि गई माटी॥ टेक॥
भाई बन्धु कुटुम्ब सहेला, ओइ भी लागै काढ़ु सबेरा॥ २॥
घर की नारि उरहि तन लागी, वह तो भूत भूत करि भागी॥ ३॥
कह रैदास जबै जग लूट्यो, हम तौ एक राम कहिं छूट्यौ॥ ४॥

---

१. देव विधि देव।
२. अजना द्यौस लेऊँ बलिहारा,
   मेरे घर आये राजा रामजी का प्यारा।
३. बागड़।
४. आरती कहाँ लेकरि जावै, सेक दास अचम्भो होवै।
५. उपाया।
६. कह रैदास मैं देख्या नाहिं।

[१२]

ऐसी भगति न होई रे भाई, राम नाम बिन जो कछू करिये, सो सब
भरम कहाई ॥ टेक ॥
भक्ति न रसदान, भक्ति न कथै ज्ञान, भक्ति न बन में गुफा खुदाई ॥ १ ॥
भक्ति न ऐसी हांसी, भक्ति न आसापासी, भक्ति न कुल कान गाई[१] ॥ २ ॥
भक्ति न इन्द्री बाँधा, भक्ति न जोग साधा, भक्ति न आहार घटाई
यह सब कर्म कहाई ॥ ३ ॥
भक्ति न निद्रा साधै, भक्ति न बैराग बाँधे, भक्ति नहीं सब बेद बड़ाई ॥ ४ ॥
भक्ति न मुण्ड मुँड़ाई, भक्ति न माल दिखाई, भक्ति न चरन धुवाये, भक्ति न गुनी
कहाये[२] ॥ ५ ॥
भक्ति न तौ लौ जानी, जौ लौं आप कूँ आप बयानी,[३] जोई जोई करै सो कर्म
बड़ाई ॥ ६ ॥
आयो गयो तौ भक्ति पाई, ऐसो भक्ति है भाई। राम मिल्यौ आपौ गुण खोयो,
रिधि-सिधि सबै गँवाई ॥ ७ ॥
कहै रैदास छूटी आस सब, हरि ताही के पास। आत्मा थिर भई जबै, तब सबही
निधि पाई ॥ ८ ॥

[१३]

ऐसो कछु अनुभौ कहत न आवै साहब मिलै तौ कूँ बिलगावै।
सबमें हरि है, हरि में सब हैं; हरि आपने जिन जाना,[४]
अपनी आप साखि नहिं दूसर,[५] जानन हार सयाना ॥[६]
बाजीगर संग कहिये,[७] बाजी कूं मरम हम जाना।
बाजी झूंठ, सांच बाजीगर, जाना मन पतियाना ॥
मन थिर होई तौ कोई न सूझै, जानै जानन हारा।
कहै रैदास विमल[८] विवेक सुख, सहज सरूप संभारा।

---

१. भगति न यह सब कुलकान गंवाई।
२. यह सब गुनी जन कहाये।
३. जौ लौं आप कूं आप बखाना।
४. हरि आपनयौ जिन जाना।
५. साखी नहीं और कोई दूसर।
६. जान तहाँ रस माना।
७. बजीगर सों रांचि रहा / बाजीगर सूं रहैनि रहीजै।
८. बयेक।

[१४]

ऐसा ध्यान धरौ बनवारी, मन पवन दृढ़ सुषमन नारी[१] ॥ टेक ॥
सो जन जपूँ ज़ो बहुरि न जपना, सो तप तपूँ जो बहुरि न तपना ॥ १ ॥
सो गुरु करूँ जो बहुरि न करना, एसो मरूँ जो बहुरि न मरना ॥ २ ॥
उल्टी गंग जमुन में लाऊँ, बिन ही जल मज्जन दै पाऊँ ॥ ३ ॥
लोचन भरि-भरि बिम्ब[२] निहारूँ, जोति बिचारि न और विचारूँ ॥ ४ ॥
पिंड परै जिव जस घर जाता, शब्द अतीत अनाहत राता ॥ ५ ॥
जापै कृपा होई[३] भल जानै, गूंगों सा गुर[४] कहा बखानै ॥ ६ ॥
सुन्न मण्डल में मेरा बास, ताते जीव मैं रहूँ उदास ॥ ७ ॥
कह रैदास निरंजन ध्याऊँ, जिस पर ज़ाय बहुरि नहिं आऊँ ॥ ८ ॥

[१५]

ऐसे ज़ानि जपौ रे जीव, जपि लेउ राम न भरमहु जीव ॥ टेक ॥
गनिका थी किस करमा जोग, परपुरुष न सूं रमती भोग ॥ १ ॥
निस बासर दुष्कर्म कमाय, राम कहत बैकुण्ठै जाय ॥ २ ॥
नामदेव किह जाति कै ओछ, जा को जस गावै तीन लोक[५] ॥ ३ ॥
भगति हेत भक्तों को मिलै,[६] अंक माल लै बठिल मिलै ॥ ४ ॥
कोटि जज्ञ जे कोई करै, राम नाम समं तऊ न निस्तरै ॥ ५ ॥
निरगुन को गुन देखौ आई, देही सहित कबीर सिधाई ॥ ६ ॥
मोरि कुचल जाति में बास, भगति हेतु हरि-चरन निवास ॥ ७ ॥
चार वेद कीया सण्डौति,[७] जन रैदास करै डण्डौत ॥ ८ ॥

[१६]

ऐसी लाल तुझ बिन कौन करै ॥
गरीब निबाज गुसैयाँ मेरे माथे छत्र धरै ॥ टेक ॥
जाकौ छूत जगत को लागै, तापर तू ही ढरै।

---

१. मन पवन दै सुखमन नारी।
२. बदन।
३. सोइ।
४. गूँगो साकर।
५. जाको जस गावै लोक।
६. भगति हेत भगता के चलैं।
७. खण्डौत।

नीचहिं ऊँच करै मेरा गोविन्द, काहू तें न डरै॥
नामदेव कबीर तिलोचन, सधना सैन तरै।
कहि रविदास सुनहु रे संतहु, हरि जिय ते सब सरै॥

[१७]

कहाँ सूते मुग्ध नर काल के मंझ मुख।
तज अब सत्‌राम चितवत[१] अनेक सुख[२]॥ टेक॥
असहज धीरज लोभ[३] तृष्णा[४] उधरंत कोप मदन-भुवंग नाहिं मंत्र[५] जंमा।
विषम पावक ज्वाल[६] ताहिं वार न पार, लोभ की सर्पनी ज्ञान हंत्रा॥ १॥
विषम संसार लहरि[७] व्याकुल तबै, मोहगुन विषम संग बंद भूता।[८]
टेर गुन गारुणी,[९] मंत्र श्रवण दियो, जाग रे राम कहि कहि सूता॥ २॥
ब्रह्म भंटार्ष नारदा शम्भु सनकादिका, राम राम रमत भये पार लेता।
यजन याजन, जाप रटन तीरथ दान, औषध रसिक गदमूल[१०] देता॥ ३॥
नाग दमनि जरजरी राम सुमिरन बरी, मनत रैदास चेत जो न चेता[११]॥ ४॥

[१८]

कोई सुमारन देखूँ यह सब उपल चोभा।[१२]
जाकूँ चेता प्रकास, ताकूँ तेतिहि सोभा॥ टेक॥

---

१. च्यन्तत।
२. तजिय वस्तु राम चितवत अनेक सुख।
३. लोप।
४. कृस्न।
५. मदन भगवन ही मंत्र जंत्र।
६. झाल।
७. व्याल।
८. बंधभूता।
९. गुर गारणी।
१०. गन्ध मूल।
११. मनत रैदास चेत निमेत्ता।
दूसरे छन्द के बाद किन्हीं पाठभेद में यह पंक्तियाँ और दी गई हैं—
सकल सिम्रित जिती, सतमति कहै तिती।
है इनही परमगति परमं बेत्ता।
१२. उपली।

हम हीयैं सीषि सीखै हम ही मांड़े।[१]
थोरे ही इतराय चलै, पतसाही छांड़े॥ १॥
अति ही आतुर है[२],[३] क्राची ही तौरे।
बूढ़ै जल पैसे, नाहीं पड़ै रे खोरे[४]॥ २॥
थोरे थोरे मुसिपत[५] परायो-धना
कह रैदास सुनो संत जना॥ ३॥

[१९]

केशव विकट माया तोर, तायें निकट[६] गति मति मोर॥
सुविष उष्ण कराल अहिमुख,[७] ग्रसत सुटल सुभेष॥[८]
निरष माखी बकै व्याकुल, लोभ काल न देखि।
इंद्रियादिक दुःख दारुण, असंख्यादिक पाप॥
तोहि भजन रघुनाथ अंतर,[९] ताहि त्रास न ताप।
प्रतिज्ञा-प्रतिपाल चहुँ जुग भक्त-पूरण काम।[१०]
आस[११] तोर भरोस है रैदास जै जै राम॥

[२०]

किहि विधि अब सुमिरौं, रे अति दुर्लभ दीन दयाल।
मैं महा विषयी अति आतुर, कामना का जाल॥ टेक॥

---

१. **हम हीयै सीखि सीखै हम हीयै मांड़े।**
(दूसरे पाठभेद में)
हम ही सूं सीखि सीखि, हम ही मांड़े।

२. **अति ही आतुर कहै।**

३. **वह।**

४. **ऊंडै। उड़ै जल पिसै नाहीं पाण्डु रे खैरे।**

५. **सुसियत।**

६. **विकल।**

७. **सु विषंग सत कराल अहिमुख।**
(द्वितीय पाठ)
सुविष डसन कराल अहिमुख, ग्रसियतु सुढ़ल सुमेख।

८. **सुमेष।**

९. **तोरि भजन जगन्नाथ अंतरि।**

१०. **प्रतिज्ञा प्रतिपाल प्रतिज्ञा-चिह्न जुग भगति पूरण काम।**

११. **मोंहि।**

कहा बाहर डिम्भ कीये, हरि कनक कसौटी हार।
बाहर भीतर साखि तूं, मैं कियो ससिअ[१] अंधियार॥
कहा भयो बहु पाखण्ड कीये, हरि हृदय सुपन न जान।
ज्यों दारा विभिचारिणी, विमुख पतिव्रत आन॥[२-३]
मैं हृदय हरि बैठ्यो हरि, मोपै सर्यो न एकौ काज।
भाव भगति रैदास रे,[४] प्रतिपाल करि मौहि आज॥

[२१]

क्या तू सोवै जाग दिवाना, तें जीवन जग सत करि जाना[५]॥ टेक॥
जिन जीव दिया, सु रज़ अँवरावै घट घट भीतर हाट चलावै॥[६]
कटि बंदगी छांड़ि मैं-तेरा, हृदै करीम संभालि सबेरा॥
जो दिन आवै सो दिन जाही,[७] करना कूंच रहन चिर नाहीं॥[८]
संग[९] चलत है हमें भी चलना, दूर गवन सिर ऊपर धरना॥[१०]
आगे पंथ खरा है झीना, खांड़े धार जस है वह पैना॥
जिस ऊपर मारग है तेरा, पंथी पथ संवार सवेरा॥
क्या तैं खरचा क्या तैं खाया, चलदल हाल दिवान बुलाया॥
साहब माँगे लेखा लेखी,[११] भीड़ पड़े तू भर-भर देखी॥
जनम सिरानी पथ न संभारा,[१२] सांझ परी दस दिसि[१३] अंधियारा॥

---

१. **ससौ।**
२. **जो दास बिभिचारिणी, मुख प्रतिबरत जिय आन।**
३. **मुखि पतिबरता जिम आन।**
४. **दे।**
५. **झूठा सा जीवन सांच करि जाना।**
६. **घट घट भीतर रेहट चलावै।**
७. **सो दुख में जाही।**
८. **कीजै कूँच रह्या सच नाहीं।**
९. **सचु।**
१०. **संग चलेगो हमको भी चलना।**
११. **साहब तो वै लेखा लेसी।**
१२. **जनम सिराना, किया पसारा।**
१३. **चहुं दिसि।**

कह रैदास निदान[१] दिवांने, चेतसि नहीं दुनिया फ़न खानै ॥[२]

[२२]

कहि[३] मन राम नाम संभारि।
माया के भ्रम कहाँ भूल्यो जाहिगो[४] कटि झारि ॥ टेक ॥
देखि धौं यहाँ कौन तेरो, सगा सुत नाहीं नारि।
तोरि उतंग सब दूरि करि हैं देंहिंगे तन जारि ॥ १ ॥
प्रान गपे कहु कौन तेरों, देखि सोच-विचारि।
बहुरी यहि कलिकाल माहीं जीत भावै हारि ॥ २ ॥
यहु माया सब थोथरी[५] भक्ति रिस प्रतिकार।[६]
कहैं रैदास, सत वचन गुरु के सो जीव तें न बिसार ॥ ३ ॥

[२३]

कूप मर्‌यो[७] जस दादुरा,[८] कछु देश विदेश न बूझ।
ऐसा मेरा मन विषय विमोहिया,[९] कछु आर पार न सूझ ॥ १ ॥
सकल भवन के नायक, एक दिन दरश दिखाई[१०] ॥ टेक ॥
मलिन भई मति माधवा, तेरी गति लखि न जाई ॥
करहु कृपा भ्रम चूकई, मोहि सुमति देहू समुझाई ॥ २ ॥

---

१. अज्ञान।
२. अजहुं न चेत्या दुनियां कदखाना।
पाँचवीं पंक्ति के पश्चात् निम्नलिखित दो पंक्तियों और अधिक भिन्न पाठभेद (संत साहित्य संगम, बीकानेर की हस्तलिखित प्रति) में प्राप्त होती है—
''जो बोइये, लुणियेगा सोई, तामै फरे फार कछु न होई।
तजि अकूर भजउ हरि चरना, ताका मिटै, जनम अरु मरना ॥
३. कहु।
४. जाहुगे।
५. थोथरी रे।
६. भगति दिसि प्रतिहार।
७. भर्‌यो।
८. दादिरा।
९. ऐसे मेरा मन बिखिआ बिमोहिआ।
१०. सकल भवन के नाइका, इकु छिनु दरसु दिखाइ जी।

योगीश्वर पावहिं नहिं तुम कथ पार अपार।[१]
प्रेम-भक्ति के कारणे कहु रैदास चमार॥ ३॥

[२४]

कौन भक्ति तें रहै प्यारो पाऊँ[२]
घरि घरि में देख्यो अजक अभावनो रे।
मैला मैला कपड़ा बेंत्ता रे, एक धोऊँ॥[३]
आवै आवै नीदड़ी रे कहाँ लौं सोऊँ॥ १॥
ज्यों ज्यों जोड़ै त्यूँ त्यूँ फाटै,[४] सैव निजरे कुंठि गयौ हारै॥ २॥
कहै रैदास पर्‌यो जब लेखो, जोइ जोइ कियो सोइ सोइ देखो॥ ३॥

[२५]

काहूं हो जग जीवन मोरा, तू न बिसारिय राम मैं जन तोरा॥ टेक॥
संकुट सोच पोच दिन राती, काम कठिन मेरी जाति कुमाती॥
हरहु बिपतिभाव, करिहुँ कुभाव चरनन छांड़ि नहिं सुजाव॥
कहि रैदास कछु देहु अवलम्बन, बेगि मिलहु जनि करहु विलम्बन॥

(उपर्युक्त पद लेखक को केवल एक ही हस्तलिखित प्रति संत साहित्य संगम, बीकानेर में प्राप्त हुआ है।)

[२६]

खालिक सिकिस्ता मैं तेरा, दे दीदार उमेदगार-बेकरार जिउ मेरा॥ टेक॥
औवल आखिर अल्लाह आदम[५] मौज फरिस्ता बन्दा।[६]

---

१. तुझ गुण कथन अपार।
२. कूँण भगति तै रहै प्यारौ पाऊणू रै।
३. मैला मैला कपड़ा कहाँ लगि धोऊँ।
४. झूठे से बसिजै रे उठि गयो होटे॥
अन्य पाठभेद—
मिलत पियारो प्राननाथ कवन भगति ते, साध संगति पाई परमगते।
मैला कपड़ा लै कहाँ लै धोऊँ, आवै नींदड़ी कहाँ लौं सोऊँ
ज्यों ज्यों जोर्‌यो त्यों त्यों फाटै, झूठे बनिज उठि गयो हाटै॥
कह रैदास भयो जब लेखो, जोइ जोइ कीन्हों सोइ सोइ देखो॥
५. अवलि अक्षर अलल आदम।
६. आदम फारिस्ता बन्दा।

जिसकी पनाह पीर पैगम्बर,[१] क्या गरीब क्या गन्दा[२] ॥ १ ॥
तू हाजरा हुजूर जोग एक, और नहीं है दूजा[३]
जिसके इश्क आसरा नाहीं, क्या निवाज क्या पूजा ॥ २ ॥
नाली दोज हनोज बेबखत, किमिखितमतगार तुमारा।
दर मादा दर ज्वाव न पावै कह रैदास बिचारा ॥ ३ ॥

[२७]

गाइ गाइ अब का कहि गाऊँ, गावन हार कूं निकट बताऊँ ॥ टेक ॥
जब लगि हैं या तन की आस, तब लगि करै पुकारा
जब मन मिल्यो[४] आस नहिं तन की तब को गावन हारा ॥ १ ॥
जब लगि नदी न समुद समावै, तब लगि बढ़ै हंकारा।
जब मन मिल्यो राम-सागर सों, तब यह मिटी पुकारा ॥ २ ॥
जब लगि भगति मुक्ति की आसा, परम-तत्त सुनि गावै
जंह जंह आस धरत है यह मन, तंह तंह कछू न पावै ॥ ३ ॥
छांड़ै आस-निरास परम-पद, तब सुख सत कर होई।
कह रैदास जासूं और क़हत है, परम तत् अब सोई ॥ ४ ॥

[२८]

गोविन्दे भव जल[५] व्याधि अपारा, तामें कछु सूझत वार न पारा[६] ॥ टेक ॥
अगम गेह दूरि दुरन्तर[७] बोलि भरोस न देहू ।[८]
तेरी भगति संत आरोहन, मोहि चढ़ाव न लेहू ॥ १ ॥
लोह की नाव पषानन बोझी, सुकीरत भाव[९] विहीना ।[१०]

---

१. जिसकी पनही पीर पैगम्बर।
२. मैं गरीब क्या गन्दा।
३. तू हाजरा हुजूर रे साईं, दिल गाफिला तैं दूजा।
४. मिट्यो।
५. मौनल।
६. तामें सूझै वार न पारा।
७. अगम घर दूर उर तर।
८. बोलि भरोस न देहू।
९. सुक्रत भव बिहूना।
१०. नांव।

लोभ तरंग मोह भयो[१] काला, मीन भयो मन लीना॥ २॥
दीनानाथ[२] सुनहु विनती कौने हेतु विलम्बन।[३]
रैदास-दास संत चरनहि,[४] मोंहि दीजै अवलम्बन[५]॥ ३॥

[२९]

गोविन्दे चरनारविन्द से समाधि लागी।[६]
उर भुजंग[७] भस्म अंग, सतत[८] बैरागी॥ टेक॥
जाके तीन नैन, अमृत बैन, शीश जटाधारी।
कोटि कलप ध्यान अलप, मदन अन्तकारी॥ १॥
जाके लील-चिह्न सकत ब्रह्म[९] गले मुण्डमाला।
प्रेम मगन, फ़िरतं नगन, संग सखा-बाला॥ २॥
अस महेस विकट भेष, अजहूँ दरस आसा।
कैसे मिलहुँ तुहि राम, गावै रैदासा[१०]॥ ३॥

[३०]

चलि मन हरि चटसाल पढ़ाऊँ॥ टेक॥
गुंरु की साटि, ज्ञान का अक्षर, बिसरत सहज समाधि लगाऊँ[११]॥ टेक॥
प्रेम की पाटी, सुरति कर लेखनि, ररा-मझ लिखि आँक दिखाऊँ॥ १॥
इहि विधि मुक्त भये सनकादिक, हृदय विचार प्रकाश दिखाऊँ॥ २॥
कागद कैवल मति मसिकर निर्मल बिन रसना निसिदिन गुण गाऊँ॥ ४॥
कह रैदास राम भजि भाई, सन्त साखि दै बहुरि न आऊँ॥ ५॥

---

१. गालौ।
२. दीनानाथ कलंकी औतार।
३. कौने हेत विलम्बन करीजै।
४. चरनन।
५. मोंहि अवलम्बा दीजै।
६. गोविन्दे तुम्हारे से समाधी लागी / गोविन्दे नु हमारे चरनारविन्द स्यों समाधि लागी।
७. भुअंग।
८. संतत।
९. जाके लील बरन सकल ब्रह्म।
१०. कैसे राम मिलौं तो ही गावै रैदासा।
११. बिसरै तौ सहज समाधि लगाऊँ।

[३१]

चमरटा गाँठि न जनई। लोग गठावें पनहीं॥ टेक॥
आर नहिं जिह तोपउ, नहीं रांबी ठांऊं रोपउॅ॥ १॥
लोग गांठि गांठि खरा बिगूचा। हउ बिन गांठे जाइ पहूँचा॥ २॥
रविदास जपै रामनामा। मोहिजम सिउ नहिं कामा॥ ३॥

[३२]

चित्त सिमरन करौ, नैन अवलोकनो,
सुवन बानी सुजस पूरि राखिओ।
मनु सु मधु करु करउ, चरन हिरदै घरउ,
रसन अम्रित राम नाम भाखउ॥ १॥
मेरी प्रति गोविन्द सिउ जिनि घटै,
मैं तो मोल मंहगी लई जीउ सटै॥ २॥
साध संगति बिना भाउ नहीं उपजै,
भाउ बिन भगति नहीं होय तेरी॥ ३॥
कहि रविदास एक बेनती हरि सिउ,
पैज राखउ राजाराम मेरी[१]॥ ४॥

[३३]

जग में वेद वैद मानी[२]॥
इनमें[३] और अगत[४] कछु औरै कहा[५] कौन पर कीजै॥ टेक॥
भौजल-व्याधि असाधि प्रबल अति, परम पन्थ न गहीजै॥ १॥
पढ़ै गुनै कछु समझि न परई, अनुभौ पद न लहीजै॥ २॥
चख विहीन करतारि चलत हैं, नितहिं[६] अंश-भुज दीजै॥ ३॥
कह रैदास विवेक तत्त बिन, सब मिलि नरक परीजै॥ ४॥

---

१. वन्दत रैदास सुनु रघुनाथ बीनती
गुरु प्रसाद करि कृपा करो न देरी।
२. मानीजै।
३. घन में।
४. अकथ।
५. कहौ।
६. तिनहिं

[३४]

जन कूं तार रमइया,[१] कठिन फन्द पर्‌यो पंच जमइया॥ टेक॥
तुम बिन सकल देव मुनि ढूढ़ूँ, कबहूँ न पायो जम फाँस[२] छुड़इया॥ १॥
हमसे दीन, दयाल न तुमसे, चरन सरन रैदास चमइया॥ २॥

[३५]

जौ तुम गोपालहिं न गइहौ।
तौ तुमका सुख में दुख उपजै, सुखहिं कहाँ ते पइहौं॥ टेक॥
भूल्यो[३] नाथ सकल जग डहको, झूठो भेष बनाइहो।
झूठे तें सांच तबै ह्वै पइहौ,[४] हरि की सरन जब अइहौ॥ १॥
कनरस बतरस और सर्वरस,[५] झूठीहिं, मूँड़ डोलाइहौ।
जब लग तेल दिया में बाती, फिर पाछे बुझि जइहौ॥ २॥
जब तुम राम नाम रंग राते,[६] और रंग न सुहेहौ।
कह[७] रैदास भजौ रे कृपानिधि, प्रान गये पछितैहौ॥ ३॥

[३६]

जे ओहू अठिसठि तीरथ न्हावै। जे ओहू दुआदस सिला पुजावै।
जे ओहू कूप तड़ा देवावै। करै निन्द सब बिरथा जावै॥ १॥
साध का निन्दक कैसे तरे, सरपर जानहु नरक ही परै॥ रहाउ॥ १॥
जे ओ गहन करै कुल खेति। अरपै नारि सीगारि समेत।
सगली सिम्रिति स्रवनी सुनै। करै निन्द कवनी नहिं गुनै॥ २॥
जे ओहू आनिक प्रसाद करावै। भूमिदान सोभा मंडपि पावै।
अपना बिगरि बिराना सांढै। करै निन्द बहु जोनी हांढ़ै॥ ३॥
निन्दा कहा करहु संसारा, निन्दक का परिगटि पाहरा॥
निन्दक सोधि साधि बीचारिया, कहु रैदास पापी नरक सिधारिआ॥ ४॥

---

१. जन को तारि तारि बाप रमइया।
२. पास।
३. माला नाम।
४. झूठे ते सांच तब होइहौ।
५. सबै रस।
६. जो जन रामनाम रंगराते।
७. सुनौ।

[३७]

जिह कुल साधु वैस्नौ होइ।
बरन अबरन रंकु नहिं ईसुर, बिमल बासु जानीऐ जीग सोइ॥ रहाउ॥
ब्रह्मन बैस्य सूद अरु ख्यत्री, डोम चंडार मलेछ किन सोइ।
होई पुनीत भगवंत भजन ते, आपु तारि तारै कुल दोइ॥ १॥
धनि सो गाउँ, धनि सो ठाउँ, धनि पुनीत कुटुम सब लोइ।
जिनि पीआ सारु रसु, तजे आन रस, होइ रस मगन डारे बिखु खोइ॥ २॥
पांडत सूर छत्रपति राजा, भगत बराबरि अउस न कोइ।
जैसे पुरैन पात रहै जल समीप, मनि रविदास, जनमें जगि ओइ॥ ३॥

[३८]

ज़ौ हम बाँधे मोह फाँसं, हम प्रेम बधनि तुम बाँधे।[१]
अपने छूटन को जतन करहु, हम छूटे तुम आराधे।[२]
माधवे जानत हौ जैसी तैसी, अब कहा करहुगे ऐसी[३]॥ टेक॥ १॥
मीन पकरी फाँटिओ अरु कटिओ, रांधि किओ बहु बानी।[४]
खण्ड-खण्ड करि भोजन कीन्हे, तऊ न बिसरै पानी॥ २॥
आपन बापै नाहीं किसी को भावन को हरि राजा।
मोह पटल सभु जुगत बिआपिओ, भगतन ही संतापा॥ ३॥
कहि रविदास भगति इक बाढ़ी, अब इह कासीउ कहीऐ।
जा कारन हम तुम आराधे, सो दुख अजहू सहीऐ[५]॥ ४॥

---

१. तैं हमें बाँधे मोह फाँस तें, हम तोकौं प्रेम जेवरिया बाँधे।
२. अपने छूटन को जतन करत हौ, हम छूटे तो कौं आराधे।
३. राम राम का कहिये यह ऐसी, जन की जानत हौ जैसी तैसी।
४. मीन पकरि काट्यो अरु फाट्यो बांटि कियो बहु धानी।
५. जो डर को हम तुमको सेवो, सो दुख अजहूँ मरिये।
नाहटाजी के पास उपलब्ध हस्तलिखित प्रति तथा संत साहित्य संगम में उपलब्ध प्रति में इस पद का पाठ भेद इस प्रकार है—
राम राम का कहीये यहु ऐसी, जन की जानत हौ जैसी तैसी।
मीन पकरि काट्यो अरु फाट्यो, बाँटि कीयो बहु बानी।
खण्ड खण्ड करि भोजन कीयो, तऊ न बिसर्‌यो पानी॥ १॥
तें हम बाँधे मोह पास में, हम तू प्रेम जेवरिया बाँध्यो।
अपने छूटन के जतन करत हौ, हम छूटे तूँ आराध्यो॥ २॥
कहै रैदास भक्ति इक बाढ़ी, अब का को के उर डरीये।
जा डर कूं हम तुमकूं सेवै, सो दुख अजहूँ मरीए॥ ३॥
नोट—इस पद की कतिपय पंक्तियाँ अन्य पदों में भी पाई जाती हैं।

[३९]

जउ तुम गिरिवर तऊ हम मोरा,[१] जऊ तुम चन्द तौ हम भये चकोरा ॥ १ ॥
माधवे तुम न तोरु, तउ हम नहिं तोरहिं।
तुम सनि तोरि कंवन सन जोरहिं ॥ १ ॥ टेक ॥
जऊ तुम दीवरा, तऊ हम बाती, जऊ तुम तीरथ तऊ हम जाती ॥ २ ॥
सांची प्रीत हम तुम सिन ज़ोरी, तुम सन जोरि अवर संग तोरी ॥ ३ ॥
जंह जंह जाउ तहाँ तेरी सेवा, तुम सा ठाकुर अवर न देवा ॥ ४ ॥
तुमरे भजन, कटहिं जम[२] फाँसा, भगति हेत गावै रैदासा ॥ ५ ॥

[४०]

जल की भीति पवन का थम्भा, रकत बूँद का गारा।
हाड़ मांस नाड़ी को पिंजर, पंखी बसै बिचारा ॥ १ ॥
प्रानी किआ मेरा किआ तेरा, जैसे तरुवर पंखि बसेरा ॥ १ ॥ टेक ॥
राखउ कंधउ सारउ नीवां, साढ़े तीन हाथ तेरी सीवां ॥ २ ॥
बंके बाल पाग सिर डेरी, इहु तन होइओ भसम की ढेरी ॥ ३ ॥
ऊँचे मन्दर सुन्दर नारी, राम नाम बिनु बाजी हारी ॥ ४ ॥
मेरी जाति कमीनी, पाति कमीनी, ओछा जनमु हमारा
तुम सरनागत, राजा रामचन्द, कहि रविदास चमारा ॥ ५ ॥

[४१]

जौ तुम तोरौ राम, मैं नहिं तोरौं, तुम सों तोरि कवन सों जोरों ॥ टेक ॥
तीरथ बरत न करौं अन्देसा, तुम्हरे चरन कमल के भरोसा ॥ १ ॥
जहँ जहँ जाओं तुम्हरी पूजा, तुमसा देव और नहिं दूजा ॥ २ ॥
मैं अपने मन हरि सों जोर्‌यो, हरि सों जोरि सबन सों तोर्‌यो ॥ ३ ॥
सबही पहर तुम्हारी आसा, मन बच क्रम कहै रैदासा ॥ ४ ॥

---

१. जौ तुम बादर तौ हम मोरा।

२. भय।

अन्य पाठ भेदों में यह पद इस प्रकार पाया जाता है—
माधवे तुम तोरो मैं नहिं तोरूँ, तुम से तोरि कवन से जोरूँ ॥ टेक ॥
तीरथ बरत न करूँ अन्देसा, तुम्हरे चरण कमल का भरोसा ॥ १ ॥
जहाँ जहाँ जाऊँ तुम्हारी पूजा, तुमसे देव और नहिं दूजा ॥ २ ॥
साँची प्रीत हम तुम सन जोरी, तुम सन जोरि अवर सन तोरी ॥ ३ ॥
सब पर हरि तुम्हरी ही आसा, मन क्रम वचन कहै रैदासा ॥ ४ ॥
इस पद की कतिपय पंक्तियों से अन्य पदों की कुछ पंक्तियों का साम्भ्य है।

[४२]

ज्यों[१] तुम कारन केसवे अन्तर लव लागी
एक अनुपम अनुभवी,[२] किमि होइ विभागी ॥ टेक ॥
इक अभिमानी चात्रिगा, बिचरत जग माहीं।
यद्यपि जल पूरन मही, कहूँ वा रुचि नाहीं ॥ १ ॥
जैसे कामी देखि कामिनी, हृदल सूल उपजाई
कोटि बैद विधि ऊचरै, बाकी बिथा न जाई ॥ २ ॥
जो तेहि चाहै सो मिलै, आरत गति होई।
कह रैदास यह गोप नहिं, जानै[३] सब कोई ॥ ३ ॥

[४३]

जब राम नाम कहि गावैगा, तब भेद अभेद समावैगा ॥ टेक ॥
जे सुख है इह रस के परसे। सो सुख का गहि गावैगा ॥ १ ॥
गुरु परसादि भई अनुभौ मति, विंष अम्रत सम धावैगा ॥ २ ॥
कह रैदास मेटि आपा पर, तब वा ठौरहिं पावैगा ॥ ३ ॥

[४४[४]]

जपौ राम गोविन्द बीठल वासदेव, हरि विष्णु बैकुण्ठ मधुकीट भारी।
कृस्न केसौ रखोकेस कवला कंत, अहो भगवन्त, त्रिविधिं संताप हारी ॥ टेक ॥
अहो विदेवि, संसार तौ गहर गम्भीर, भीतर भ्रमत, दिसि ब दिसि कछु न सूझै।
विकल व्याकुल देखि प्रणवत प्रभु हेत, ग्रसित मत्ति मोह मारग न सूझै ॥
देव रहि औसरि आन, कूँण सक्या समान देव, दीनउ धरत सरन तेरी ॥
नहिं आन गति, विपति कूँ हरनि ओर श्रीपति, सुनांस सोख सँभाल प्रभु करउ मेरी ॥ १ ॥
अहो देव काम केसरि काल, भुजग भामिनि भाल, लोभ सूक्र क्रोध बरबार नूँ।
गरब गेंडा, महामोह टटनी, विकट निकट अहंकार आर नूँ ॥
जल मनोरथ उरमी तरल तृस्ना मकर इन्द्री जीव जन्त्र माहीं
समक व्याकुल नाथ संत विषयादिक पंथ, देव देव विश्राम नाहीं ॥ २ ॥
अहो देव सबै असंगिति मेर मधि फूटा, मेर नांव नौका बड़ै भाग पाई ॥

---

१. हों तुम।
२. अनभइं।
३. जानत।
४. यह पद केवल सन्त साहित्य संगम पर उपलब्ध हस्तलिखित प्रति में ही उपलब्ध है।

बिन गुरु करणधार डोलनि लागै तीर, विषै प्रवाह औ गाइ जाई॥
देव किहि करूँ पुकार, कहाँ जाऊँ कासूँ कहूँ, का करूँ अनग्रहदास की त्रास हारी॥
इति व्रत माना और अवलम्बन नाहीं, तौ बिना, त्रिविधि ना इक मुरारी॥ ३॥
अहो देव जेते कहिये, अचेत तू श्रबागि मैं न जानूँ ज्ञान ध्यान तेरो।
सत्ति सत्ति मृट् परपन मन साम मल मन क्रम वचन अवर, अवर अवलम्बन नहिं मेरे॥
कठिन कलिकाल जंजाल जुग जवनिका, ज्ञान वैराग्य दृढ़ भगति नाहीं।
मलिन मत्ति रैदास, निरबल सेवा अभ्यास, प्रेम बिन प्रीति सकल संसै न जाही॥ ४॥

[४५]

त्यूँ तुम कारन केसवे, लालच जिव लागा।[१]
निकट नाथ प्रापत नहीं, मन मन्द[२] अभागा॥ टेक॥
सागर सलिल सरोदिका, जल-थल अधिकाई।
स्वांति बूँद की आस है, पिव प्यास न जाई॥ १॥
जो रस नाहिं चाहिये, चितवत हूँ दूरी।[३]
पंगुल फलन पहुँचहीं, कछु साध न पूरी॥ २॥
कहि रैदास अकथ कथा, उपनिषत सुनीजै।
जस तूँ तस तूँ, सत[४] तुहीं, कस उपमा दीजै॥ ३॥

[४६]

तेरो जन काहे को बोलै, बोलि बोलि अपनी भगति क्यों खोलै॥ टेक॥
बोलत बोलत बढ़ै बियाधी,[५] बोल अबोलै जाई।
बोलै बोल, अबोल कूँ पकरै, बोलई बोल कूँ खाई॥ १॥
बोलै ज्ञान मान पर बोलै, बोलै वेद बड़ाई।[६]
उर में धरि-धरि जबही बोलै, तब ही मूल गँवाई॥ २॥
बोलि-बोलि औरहिं समुझावै, तब लगि समझि न भाई।

---

१. त्यूँ तु अहंकारनि केसवे लालच जिव लागा।
२. मोर।
३. जो रे सनेही चाहिये चित्त बहु दूरी।
४. तस।
५. बोलि बेलिन्ता बढ़ै बियाधी।
६. बोलै ज्ञान ज्ञान, बौलै ध्यान, बोलै वेद बड़ाई।

बोल-बोल समझी जब बूझी, काल सहित सब खाई[१-२] ॥ ३ ॥
बोलै गुरु अरु बोलै चेला, बोलै बोल की परतीति आई।[३]
कहै रैदास थकित भयों जब, तबहिं परम निधि पाई ॥ ४ ॥

[४७]

तुमहिं चरन अरविंद भँवर मन,[४] पान करत पायो रामय धन ॥ टेक ॥
सम्पत्ति-विपत्ति पटल माया-धन, तामें मगन होय तेरो जन[५] ॥ १ ॥
कहा भयो जो तनु भयो छिन-छिन,[६] प्रेम जाप तौ डरै तेरो जन ॥ २ ॥
प्रेम रज्जु से बंध्यो तेरो जन, कहि रैदास छूटिबों कौन जन[७] ॥ ३ ॥

[४८]

तुझहिं सुझन्ता कछु नाहीं, पहिरावा देखै उभि जाहीं।
गर्ववती का नहिं ठाऊँ, तेरी गर्दन ऊपर लवै काउ ॥
तू[८] क्यों गर्वहि बावली, जैसे मादो खूब राजु तू तिस्तें खरी उतावली ॥ टेक ॥
जैसे कुरंग[९] नहिं पायो भेदु, तन सुगन्ध ढूढ़ै प्रदेसु ॥[१०]

---

१. तब काल सहित सब खाई।
२. साईं।
३. परिमिति जाई।
४. तूझा चर्न अरु गोव्यंद भवर मन।
५. तामें मगन होय कैसे तेरो निज जन।
६. कहा भयो गत्त तन छिन छिन।
७. प्रेम रजा राखूँ ले राखूँ हृदै धरि कह रैदास छूटिबो कवन परि।
इस पद के इसी पाठ में एक अन्य पाठभेद भी पंक्तियों के क्रम में पाया है। परिवर्तित पाठभेद में तृतीय पंक्ति प्रथम, प्रथम पंक्ति तृतीय, द्वितीय पंक्ति तृतीय क्रम में पाई जाती है। चतुर्थ पंक्ति अपने स्थल पर ही है।
८. काइ।
९. कुरंक।
१०. पाठभेद के साथ दो पंक्तियाँ और पाई जाती हैं—
अपतन का जो करै बीचारू, तिसु नहिं जम कैकरू करै खुआरू।
अन्य पाठभेद में निम्नलिखित पंक्तियाँ और प्राप्त होती हैं—
पुत्र कलत्र का करहिं अहंकारु, ठाकुर लेखा, मगन हारू।
केड़े का दुख सहै जीव, पीछे किसहिं पुकारहि पीउ पीउ।
साधू की जउ लेहि ओर, तेरे मिटहिं, सब पाप कोट-कोट।
कह रविदास जो जपै नामु, तिसु जाति न जनमु न जोनि कामु।

[४९]

तेरे देव कमलापति सरन आया, मुझ जन्म सन्देह भ्रम छेद माया॥ टेक॥
अति रस सार[१] अपार भव-सागरा, तामें जनम मरण सन्देह भारी॥
काम-भ्रम, क्रोध-भ्रम, लोभ-भ्रम, मोह-भ्रम, अनत-भ्रम, छेदि मम करसि यारी॥ १॥
पंच संगी मिलि पीड्यो प्रानियां, जाय न सक्यो वैराग भागा।
पुत्र वर्ग, कुला-बन्धु, तैं भार ज्यों,[२] भरमे दसो दिसि सिर काल लागा॥ २॥
भिक्ति चितऊँ, मोह दुख व्यापै,[३] मोह चिन्त[४] तौ मेरी भगति जाई।[५]
चपल चेतो नहिं बहु दुख देखियो, काम बस मोहि हैं करम फन्दा॥ ३॥
शक्ति सम्बन्ध कियो, ज्ञान पद हरि लियो, हृदय विश्वरूप तजि भया अन्धा॥ ४॥
परम प्रकाश अविनाश अध मोचना, निरखि निज रूप विश्राम पाया।
बंदत रैदास वैराग्य-पद चिंतना, जपहु जगदीस, गोविंद रामा॥ ५॥

[५०]

थोथा ज्ञान[६] पधारो रे कोई, जोई रे पछोगे जामें निज कण होई।
थोथी काया, थोथी माया, थोथा हरि बिन जनम गँवाया॥ १॥
थोथा पण्डित, थोथी बानी, थोथी हरि बिन सबै कहानी॥ २॥
थोथा मंदिर भोग विलासा, थोथी आन देव की आसा॥ ३॥
सांचा सुमिरन नांव विसास, मन वच-कर्म कहै रैदास॥ ४॥

---

१. संसार।
२. तैं भार जा।
३. व्यापही।
४. चितौं।
५. भक्ति चितौं तौ मोह दुख व्यापै, मोह चितौं तौ तेरी भक्ति जाई॥
उभय सन्देश मोहि रैनि दिन व्यापै, दीनदाता करूँ कौन उपाई॥
६. जिन।
यह पद अन्य पाठ में इस प्रकार भी पाया जाता है—
जनि थोथरा पिछौरे रे भाई, और पिछौरे जिहि कण होई।
झूठा रे यहु तन झूठी माया, झूठा हरि बिन जनम गँवाया।
झूठा रे मन्दिर भोग विलासा, कहि समुझावै जन रैदासा॥

[५१]

देवा हमन पाप करन्त अनन्ता, पतित पावन नामु कस हुन्ता ॥[१]
तोहि-मोहि, मोहि-तोहि अंतर ऐसा, कनक कटिक जल तरंग जैसा ॥
मैं नर तुमहीं अंतरजामी प्रभु, मैं जन तैं जानिये स्वामी ॥[२]
तुम सबनि में सब तुम माहीं, रैदास दास असमंजस नाहीं ॥[३]

[५२]

देहु कलाली एक पियाला, ऐसा अवधू है मतवाला ॥ टेक ॥
अरे कलाली तैं क्या कीया, सिरका सा तैं प्याला दीआ।
कहै कलाली प्याला देऊँ, पीवन हारे का सिर लेऊँ ॥ १ ॥
सहज सून्य में माठी[४] सखै,[५] पीवै रैदास गुरुमुख दऊँ[६] ॥ २ ॥

[५३]

दर्शन[७] दीजै, राम दर्शन दीजै, दर्शन दीजै राम, विलम्ब न कीजै।
दर्शन तोरा जीवन मोरा, बिन दर्शन क्यों जीवै चकोरा ॥ १ ॥
माधों सतगुरु सब जग चेता, अब बिछरे मिलै न दुहेला।
धन जोवन की झूठी आसा, सत सत भाषै जन रैदासा ॥ २ ॥

---

१. पतित पावन तेरा बिड़द क्यों होता।

२. तुमही मैं केई नर अन्तरजामी, ठाकुर तें जन जानिये जन तें स्वामी।

३. रैदास दास असम कसि कहै कहाँ ही।
नोट—इस पद की एक पंक्ति (२) अन्य पद में भी आई है। इस पद की द्वितीय पंक्ति से भी पद प्रारम्भ हुआ है।

४. भाठी।

५. पावै।

६. दखै।
अन्य पाठभेदों में इस पद में एक और भी पंक्ति पाई जाती है—
(तृतीय पंक्ति के बाद)—
चन्द सूर दोऊ सम्मुख होई, पीवै प्याला मरै न कोई
एक अन्य पाठभेद (नाहटाजी के संग्रहालय से प्राप्त हस्तलिखित प्रति) में तृतीय पंक्ति को द्वितीय पंक्ति के स्थान पर दिया गया है। और पाठभेद में आई उपरि पंक्ति (चन्दसूर दोऊ...) चतुर्थ है। तथा अन्तिम पंक्ति (सहज सून्य...) पाँचवें स्थान पर है।

७. दर्शन दीजै राम विलम्ब न कीजै।

[५४]

दारिद देखि सब कोई हँसै, ऐसी दशा हमारी।
अष्टादश[१] सिद्धि करतले, सब कृपा तुम्हारी ॥ १ ॥
तू जानत मैं कछु नहीं, भवखंडन है राम।[२]
सकल जीव सरनागती, प्रभु से पूरन काम[३] ॥ टेक ॥
जो तेरी शरनागत तिनि नाहीं कुछ भार।[४]
ऊँच नींच तुम तें तरे, आलज है संसार[५] ॥ २ ॥
कहि रविदास अकथ कथा, बहु काह कहीजै।
जैसा तू तैसा तु ही, क्या उपमा दीजै ॥ ३ ॥

[५५]

दुर्लभ जनमु पुनि फल पाइओ, विरथा जान अबिबेक।
राजे इन्द्र सम सरि गृह आसन, बिनु हरि-भगति कहदु किहि लेखे ॥ १ ॥
न बीचरिओ राजा राम को रसु। जिह रस अनरस बीसरि जाहीं ॥ टेक ॥
जानि अजानि भये हम बाबर, सोच असोच दिवस जाहीं।
इन्द्री सबल निबल विवेक बुधि, परमारथ परवेस नाहीं ॥ २ ॥
कहियत आन, अचरीअत आन कछु समझन परै ऊपर माइया।
कहि रविदास उदास दास मति परिहरि कोपु करहु जीव दाइआ ॥ ३ ॥

[५६]

दुधू त बछरे थंनहु बिटारिओ,[६] फूल भँवरि जलु भीन विगारिओ ॥ १ ॥
महि गोविन्द पूजा, कहा लै चरावउ,[७] अवस न फूल अनूप न पावउ ॥ रहाउ ॥[८]
मैलागर बे रेहै भुइअंगा,[९] विखु अमृत बसइ एक संगा ॥

---

१. असट दसा।
२. भवखण्डन राम।
३. प्रभु पूरन काम।
४. तिन नाही भार।
५. आलज संसार।
६. पनहर दूध जो बछरू जुठारी।
७. राम मैं पूजा कहा चढ़ाऊँ।
८. फल अरु फूल अनुप न पाऊँ।
९. मिला यागर बांधिओ भुवंगा।

धूप दीप नइवेदहिं बासा, कैसे पूजि करइ तेरी दासा ॥ ३ ॥[१]
तनु मनु अकपउ पूजि चरावउ, गुरु परसादु निरंजन पावउ ॥ ४ ॥
पूजा अरचा अहि न तोरी,[२] कहि रविदास कवन गति मोरी ॥ ५ ॥

[५७]

धन्य हरि-भक्ति, त्रैलोक यशपावनी।
करौ सत्संग इह, विमल यशगावनी ॥ टेक ॥
वेद तें पुराण, पुराण तें भागवत्, भागवत तें भक्ति प्रकट कीन्हीं।
भक्ति तें प्रेम प्रेम तें लक्षणा, बिन सत्संग नहिं जात चीन्हीं ॥ १ ॥
गंगा पाप हरै, शशि ताप अरु कल्प तरु दीनता दूरि खोवै।
पाप अरु ताप सब तुच्छ मति दूरी करि, अभी की दृष्टि जब संत जोवै ॥ २ ॥
विष्णु भक्त जिते, चित्त पर धर तिते, मन बच कर्म करि विश्वासा।
सन्त धरणी धरि, कीरति जग बिस्तरी, प्रणत जन चरण रैदास दासा ॥ ३ ॥

[५८]

नरहरि चंचल है मति मेरी, कैसे भगति करूँ मैं[३] तोरी ॥ टेक ॥
तू मोहिं देखै, हौं तोहि देखूँ, प्रीति परस्पर होई ॥ १ ॥
तू मोहि देखै, तोहि न देखूँ, इह भति सब बुधि खोई ॥ २ ॥
सब घट अंतर राम[४] निरंतर मैं देखन[५] नहिं जाना।
गुन सब तोर भोर सब औगुन। कृत उपकार न माना ॥ ३ ॥
मैं-तैं तोरि-मोरि, असमंजस,[६] वैसे करि निस्तारा।
कहै रैदास कृष्न करुनामय, जै जै जगत अधारा ॥ ४ ॥

[५९]

नरहरि प्रकटसि ना हो, प्रकटसि ना हो; दीनानाथ दयाल ॥ टेक ॥
जनमत ही ते हौं बिगरान, हौं कछु बहुरि सयान ॥ १ ॥

---

१. इस पंक्ति के स्थान पर यह भी पंक्ति पाठभेद में पाई जाती है—
मन ही पूजा मन ही धूप। मन ही सेऊँ सहज सरूप।
कतिपय पाठों में चौथी व पाँचवीं पंक्ति नहीं मिलती।
२. जानूँ न तोरी।
३. राम।
४. रमसि।
५. देखत।
६. असमझि सों।

परिवार विमुख मोहि लागै, कछु समुझि परै नहिं जागै॥ २॥
यहु भौ विदेश कलिकाला, हम आय पर्‌यो जम जाला[१] ॥ ३॥
कबहुँक तोर भरोस, जौ मैं न कहूँ तौ मोर दोस॥ ४॥
अस कहियत हूँ मैं अजान, अहो प्रभु तुम सर्वज्ञ समान[२] ॥ ५॥
सुत सेवक सदा अशोचं, ठाकुर पितहि सब सोच॥ ६॥
रैदास बिनवै कर जोरि, अहो स्वामि, तुम[३] माँहि न खोर॥ ७॥
सुतौ पुरबला अकरम मोर, बलि जाऊ करौ निज कोर[४] ॥ ८॥

[६०]

नागर जनां मेरी जाति[५] बिखिआत चमार, हिरदै[६] राम गोविन्द गुण सारं।
सुरसरि- जल[७] कृत वासनी रे संत जन नहिं करत पानं।
सुरसरि अपवित्र गंगजल,[८] आनिये, सुरसरि मिल होय न भानं॥[९]
ततकार अपवित्र कर मानिये, जैसे कागरा करत विचारं।
भंगत भागवत लेखिये,[१०] तिहि ऊपर तब पूजिय करि नमस्कारं॥
मेरी जाति कुटुवांडला ढोर ढोवन्ता नितहि बनारसी आसपासा।[११]
अब विप्र परधान तेहि करहिं डण्डौति, तेरे नाम सखहि रविदास दासा।[१२]
अनेक अधम जीव नाम गुन अधरे, पतितपावन भये परसि सारं।
मन रैदास, ररंकार गुनवती, संत साधु भये सहज पारं॥

---

१. इक भइ देस कलिकाल, अहो भै जाइ पर्‌यो जंजाल।
२. अस कहि रोते उन जान, अहो प्रभु तुम सर्वज्ञ समान।
(द्वितीय पा०)
अस करिये तें, तेकुं न जाना।
३. नाहीं।
४. करौ जिनि और।
५. ऐसी मेरी जाति।
६. हृदय।
७. सलल।
८. अवर जल।
९. आने।
१०. भक्त भगवन्त जो ऊपरे लेखिये।
११. कतिपय हस्तलिखित प्रतियों में (नाहटाजी के संग्रहालय) नहीं हैं।
१२. कतिपय प्रतियों में यह पंक्तियाँ (गुरुग्रन्थ साहब में भी) उपलब्ध नहीं होतीं।

[६१]

नाथ! कछु अनजानो, मन माया के हाथ बिकानो।[१]
चंचल मनुआं चहुँदिसि धावै पाँचों इन्द्री थिर न रहावै॥ १॥
तुम कहियश्त हौ जगतगुरु स्वामी,[२] हम कहियत कलियुग के कामी॥
लोक वेद तेरी सुकृत बड़ाई, लोक लीक मेरी तजी न जाई[३]॥ २॥
इन पंचन मेरो मनजु बिगार्‌यो पल-पल हरि जू सों अंतर पाइओ।[४]
सनक सनन्दन महामुनि ज्ञानी, सुक नारद और व्यास बखानी[५]॥ ३॥
गौतम नारि उमापति स्वामी, शेष सहस्त्र मुख कीरति गामी।[६]
जत देखौतत दुख की राशी, अजौं न पतिआइ, निगम मये साखी[७]॥ ४॥
यमदूतन खलु बहु-विधि मार्‌यो, तऊ निलज अजहुँ नहिं हार्‌यो।
हरिपद विमुख आस नहिं छूटैं, तातें तृष्ना दिन-दिन लूटे॥ ५॥
बहु विध करम लिये भटकावै, तुम्हें दोष हरि कौन लगावै।
केवल राम नाम नहिं लीआ, सतत विषै स्वाद चित दीआ॥ ६॥
कह रैदास कहा कस कीजै, बिंन रघुनाथ करण का की लीजै।[८]

[६२]

(नाम[९] तेरो आरती, भजन मुरारे) हरि के नाम बिन झूठे सकल पसारे॥ १॥
नाम तेरो आसन, नाम तेरा हुरसा,[१०] नाम तेरो केसर लै छिड़का रे।[११]
नाम तेरो अमुला,[१२] नाग तेरो चन्दन; चन्दन घसि जपै नाम उचारे[१३]॥ २॥
नाम तेरो दीया, नाम तेरो बाती, नाम तेरो तेल लेय माहीं पसारे।

---

१. तुम सब जानौं, देव, तुम सब जानौ, मन माया के हाथ बिकानो।
२. तुमह तो अहि जगत गुरु स्वामी।
३. लोक लीक मो पै तजी न जाई।
४. इन मिली मेरो मन जों बिगार्‌यो, दिन-दिन हरि जूँ सों अन्तरु पार्‌यो।
५. सुक नारद व्यास इहै जु बखानी।
६. गावत निगम उमापति स्वामी, सेस सहस मुख कीरती गामी।
७. जहाँ तहाँ जाऊँ, तहाँ दुख की रासी, जो न पत्याबहु। साधै साखी।
८. कहै रैदास कहाँ लगि कहिये बिन जगनाथ सदा दुख सहिये।
९. यह भाग कुछ पाठों में नहीं पाया जाता।
१०. उरसा।
११. नाम तेरो केसरी घर को रे।
१२. अमिला।
१३. चन्दन घसि जपै नाम लै तुझहिं कूं न चाहे।

नाम तेरे की जोति जगाई, भये उजारे भवन गला रे[1] ॥ ३ ॥
नाम तेरो धागा, नाम फूलमाला, भार अठारहु सकल जुहारे।
तेरो कीयो तुझही कूँ अरपूँ, नाम ही सूँ तू चंवर ढुला रे[2] ॥ ४ ॥
कहै रविदास नाम तेरो आरति अंतरगति हरि भोग लगा रे ॥[3]

[६३]

नहिं विश्राम लहूँ धरनीधर।
जाके सुर नर संत सरन अभिअन्तर ॥ टेक ॥
जहाँ जहाँ गयो; तहाँ जनम काछै, त्रिविध ताप त्रिभुवनपति पाछै ॥ १ ॥
भये अति दीन खेद माया बस, जस तिन ताप पर नगर रहत तस ॥ २ ॥
द्वारै नन्द सा विकट विष व्यास, भूमि पर्‌यो, मन या विषियावन ॥ ३ ॥
कहै रैदास सुमिरौ बड़ राजा, काटि दियै जन साहिब लागा ॥ ४ ॥

[६४]

परचै राम रमै जे कोई, पारस परसै दुविध न कोई ॥ टेक ॥
जो दीसै सो सकल विनास, अनदीठै, सो नहीं विसवास ॥
वर्ण रहित कहें जे राम, सो भगता केवल निहकाम ॥ १ ॥
फल कास फूलै बनराय, उपझै फल तब पुहुप विलाय ॥
ज्ञानिहिं कारन करम कराय, उपजै ज्ञान तौ कर्म नसाय ॥ २ ॥
बटक बीज जैसा औंकार,[4] पसर्‌यो तीन लोक विस्तार।[5]

यह पद पाठ भेद में इस रूप में पाया जाता है—
बिन देखेउ उपजै नहिं आसा, जा दीसै सो होइ बिनासा।
बरन सहित जो जापै, रामु, सो जोगी केवल निहकामु ॥ १ ॥
परचै राम रमै जउ कोई, पारस परसै दुविधा न होइ ॥ २ ॥
सो मुनि मन की दुविधा खाइ, बिनु दुआरे त्रैलोक समाइ।

---

१. सगला रे।
२. नाम तेरा तुमही चंवर दुला रे।
३. इस स्थल पर यह पंक्ति अधिक है (कुछ पाठों में)
अष्टादस अठसठ चोर खाणी, यहु व्रत है न सकल संसारे ॥
४. बट के बीज जैसा आकार।
५. पसार।

मन का सुभाउ सझु कोई करै, करता होउ न अनभै रहै ॥ ३ ॥
फल कारन फूली बनराइ, फल खाया तब फूलु विलाइ ॥
ज्ञानै कारन करमु अभिआसु, ज्ञान भइया तहाँ करमइ नासु ॥ ४ ॥
घृत कारन दधि मथइ सइयान, जीवन मुक्त सदा निरवान ॥
कहि रविदास मरम वैराग, रिदै राम की जपनि अभाय ॥ ५ ॥
जहाँ का उमज्या तहाँ समाय,[१] सहज शून्य में रह्यो लुकाय ॥ ३ ॥
जे मन बिन्दे सोई बिन्द, अमावस में ज्यों दीसै चन्द।
जल माँ जैसे तुम्बा तिरै, परचै पिण्ड जीव नहिं मरै ॥ ४ ॥
सो मन कीन्ह जो मन को खाय, बिन दौरे त्रिलोक समाय।[२]
मन की महिमा सबको कहै, पण्डित सो जो अनभै रहै ॥ ५ ॥
कह रविदास यहु परम बिराग, राम नाम किन जपहु सुभाग।
घृत कारन दधि मथहि सुआन,[३] जीवन मुक्ति सदा निर्वाण ॥ ६ ॥

[६५]

पहिले पहर रैनि बनजारे,[४] तैं जनम लिया संसार, बे।
सेवा चूकी राम की, बनजारे[५] तेरी बाल-बुद्धि गंवार, बे ॥ टेक ॥
बालक बुद्धि गंवार न चेता, भूला माया जाल, बे।
कहा होय पाछे पछिताये, पहल न बाँधी पाल, बे ॥ २ ॥
बीस वर्ष का भया सयाना,[६] थांभि न सक्या भाव, बे।
जन रैदास कहै बनजारे, जनम लिया संसार,[७] बे ॥ ३ ॥
दूजे पहर रैन बनजारे,[८] तू निरखत चाल्या छाँह, बे।
हरि न दमोदर ध्याइया बनजारे, तैं लेइ न सक्का नाउँ, बे ॥ ४ ॥

---

१. जिहि का उपजा तहाँ विलाय।
२. सो मन कूं न जू मन कूं खाय, बिन हारं त्रिलोक समाय।
३. सयान।
पाठ भेद में अनेक स्थलों पर बनजारे की जगह पर बनजरिया मिलता है।
४. रैनि दे बनजरिया।
५. सेवा चूकी राम की तेरी बनजारे।
६. अयाना।
७. तैं जनम लिया संसार।
८. रैन दे बनजरिया।

नाँउ न लीया औगुन कीया, जस जोवन दे तान, बे।[1]
अपनी पराई गिनी न कोई मन्दे, करम कमान, बे[2] ॥ ५ ॥
साहिब लेखा तूँ परदेसी,[3] भीर[4] पड़ै तुझ ताँह, बे।
जन रैदास कहैं बनजारा, तू निरखत चल्या छाँह, बे ॥ ६ ॥
तीजे पहर रैन बनजारा तेरे ढिले परे पिरान, बे।[5]
काया खनि क्या करै बनजारे,[6] घर[7] भीतर बसै कुजान, बे ॥ ७ ॥
एक बसे काया गढ़ भीतर,[8] पहिला जनम गँवाय, बे।
अबकी बेर सुकृत करीजा,[9] बहुरि न यह गढ़ पाय, बे ॥ ८ ॥
कम्पि देह काया-गढ़ छीना,[10] फिर लागा पछितान, बे।
जन रैदास कहै बनजारा, तेरे ढीले[11] पड़े पिरान, बे ॥ ९ ॥
चौथे पहर रैनि बनजारे तेरी कम्पन लागी देह, बे।
साहब लेखा मांगिया बनजारे, तुव छाँड़ पुरानी थेह, बे ॥ १० ॥
छाँड़ि पुरानी जिन्द अयाना, बालक हंक[12] सबेरिया, बे।
जम की आये बन्द[13] चलाये, बारी पूरी[14] तेरिया, बे ॥ ११ ॥
पन्थ अकेला[15] होइ दुहेला,[16] किसकूँ देह सनेह,[17] बे।
जन रैदास कहै बनजारे, तेरी कम्पन लागी देह, बे ॥ १२ ॥

---

१. इस जौवण के ताण बे।
२. मंदे कामक बाण बे।
३. साहब लेखा लेसी तू भरि देसी।
४. भरि।
५. तेरे ढिलड़े पड़े प्रिय प्रान बे।
६. कायर बनि क्या करै बनजरिया।
७. घट।
८. एक बसै कुजान काया गढ़ भीतर।
९. अबकी बेर न सुमिरन कीआ।
१०. खीना।
११. ढिलड़े।
१२. हाँक।
१३. बाँधि।
१४. पूगी।
१५. पंथ चलै अकेला।
१६. बराउ हेला।
१७. सन्देस।

[६६]

पार गया चाहै सब कोई, राई[१] उरवार पार नहिं होई॥ टेक॥
पार कहै उस पार सूँ पारा,[२] बिन पद परचै भ्रमहिं गंवारा॥ १॥
पाप[३] परम पद मंझ मुरारी, तामहिं आप रमहिं बनवारी॥ २॥
पूरण ब्रह्म बसै सब ठाँहीं, कह रैदास मिलै सुख सांई॥ ३॥

[६७]

पावन जस माधव तेरा, तू दारुन अघ मोचन मेरा॥ टेक॥
कीरति तेरी पाप बिनासै, लोक वेद यूँ गावैं।
जो हम पाप करैं नहिं भूधर तो तू कहा नसावै॥ १॥
जब लग अंग पंक नहिं परसै, तौ जल कहा पखारै।
मन मलीन विषया रस लम्पट, तौ हरि नाँव सँभारे॥ २॥
जो हम विमल हृदय चित-अन्तर, दोष कवन पर धरिये।
कह रैदास प्रभु तुम दयाल हौ, बन्ध-मुक्ति कब करिहौ॥ ३॥

[६८]

प्रीत सुधारन आव।
तेज सरूपी सकल सिरोमनि, सकल निरंजन राव॥ टेक॥
पीव संग प्रेम कबहुँ नहिं पायो, करनी कवन बिसारी।[४]
चक को ध्यान, दधि सुत ज्यों है,[५] त्यों तुम ते मैं न्यारी॥ १॥
भोर भयो, मोहि एकटक जोवत,[६] तलफल रजनी जाई।
पीव बिना सेज को का सुख,[७] विरह बिथा तन खाई॥ २॥
मेटि दुहाग सुहागिनि कीजै, अपने अंग लगाई।
कहै रैदास स्वामि तैं बिछुरै एक पलक जुग जाई॥ ३॥

---

१. दहु।
२. उरवार से पारा।
३. पार।
४. कारणि कूंन बिसारी।
५. दधि सुत सों होत है।
६. भवसागर मोहि एकटक जोवत।
७. पिय बिन सेजहिं क्यों सुख सोऊँ।

[६९]

प्रभुजी संगति शरन तुम्हारी। जग जीवन राम मुरारी॥ टेक॥
गली गली को जल बहि आयो, सुरसरि जाय समायो।
संगति के परताप महातम, नाम गंगोदक पायो॥ १॥
स्वाँति बूँद बरसै फणि ऊपर, सीस विषै होइ जाई।
वही बूँद के मोती उपजै संगति की अधिकाई॥ २॥
तुम चन्दन हम रैंड बापुरे, निकट तुम्हारे आशा।
संगत के परताप महातम, आवै बास सुबासा॥ ३॥
जाति भी ओछी करम भी ओछा, ओछा कसब हमारा।
[१]नीचे से प्रभु ऊँचो कियो है कहि रविदास चमारा॥ ४॥

[७०]

पाड़े कैसी पूजि रची रे।
सत्ति बोलै सोई सत्तिवादी। झूठी बात बची रे॥ टेक॥
जो अबिनासी सबका करता, व्यापि रह्यौ सब ठौर रे।
पंच तत्त जिनि कीया पसारा, सो यों ही किछू और रे॥ १॥
तूं जो कहैत हौ यौ ही करता, याकूं मानिख करै रे।
तारणि सकति सही जे या मैं, तौ आपण क्यूँ न तिरै रे॥ २॥
अँही भरोसे सब जख बूढ़ा, सुणि पण्डित की बात रे
या कै दरसि कूण गुण छूटा, सब जन आया जात रे॥ ३॥
याकी-सेव सूल नहिं भाजै, कटै न संसै पांस से।
सोचि विचारि देषि या मूरति, यूँ छाँड़ी रैदास रे॥ ४॥

[७१]

बरजि हो बरजि बीठले[२] माया सब जग खाया।[३]
महा प्रबल सब ही सन, यह सुन-नर-मुनि भरमाया[४]॥ टेक॥
बालक वृद्ध तरुन अति सुंदर, नाना भेष बनावै।
जोगी जती तपी संन्यासी, पण्डित रहन न पावै॥ १॥

---

१. इस पद की कतिपय पंक्तियाँ पाठ भेद के साथ ८७ से मिलती हैं।
२. उतूले।
३. खेया
४. महाप्रबल सबही बस करिये सुर नर मुनि भरमाया।

बाजीगर क़ी बाजी कारन सबकौ कौतुक[१] भावै।
जो देखै सो भूलि रहै, वा का चेला मरम न पावै[२] ॥ २ ॥
खण्डि[३] ब्रह्मण्डि लोक सब जीते, इहि विधि तेज जनावै।
सबही[४] को चित चोर लियो है, वाके पीछै लगै जु ध्यावै[५] ॥ ३ ॥
इन बातन संकुचित मरियत[६] सबको कहै तुम्हारी।
नेंक अटक किन राखी[७] केसव, मेटौ विपति हमारी ॥ ४ ॥
कह रैदास दास भयो मन,[८] भाजि कहाँ अब जहि[९] है।
इत उत तुम गोविन्द गुसाई, तुम ही माँहि समइ[१०] है ॥ ५ ॥

[७२]

बन्दे जानि साहिब गनी।
समझि वेद कतेब बोलै, काबे[११] में क्या मनी ॥ टेक ॥
ज्वानी जुमी जमाल सूरत देखिये थिर नाहि, बे।
साही सपेदी चतुरंगी नाना रंग बिलास, बे ॥ १ ॥
ना पैद तें पैदा किया, पैमाल करन न बार बे।
दम छै सै सहस्र इक्कीस हर दिन खजाने ते जाहि बे ॥ २ ॥
मनी मारै गर्व-गाफ़िल बेमेहर बेपीर बे।
दरीखाने पड़त चोबा, होत नहीं तकसीर बे ॥ ३ ॥
कुछ गाँठ खरची मेहर होसा खैर खूनी हाथ बे।[१२]
धणी का फ़रमान आया, तब कीआ चालै साथ बे ॥ ४ ॥

---

१. कौतिग।
२. मरम जु पावै।
३. षड्।
४. सिम्भू।
५. वाके पाछे लागे धावै।
६. इन बातन से पचि मरियत है।
७. राखौ केशव।
८. कह रैदास उदास भयो मन।
९. जइये।
१०. समैये।
११. ख्वाब।
१२. खैर खुबीहा थीर बे।

तजि बदज़बान बेनज़र[१] कमादिल, करि कसम की कान, बे।
रैदास की अरदास सुनि, कुछ हक लाल पिछान बे[२] ॥ ५ ॥

[७३]

बापु रो सत् रैदास कहै रे।
ज्ञान विचारि चरन[३] चित राखै,[४] हरि की शरण रहै रे ॥ टेक ॥
पाती तोड़ै पूजि रचावै, तारन तरन कहै[५] रे।
मूरत माँहि बसैं परमेसर, तौ पानी माँहि तिरै रे[६] ॥ १ ॥
त्रिविधि संसार कौन विध तिरबौ जे दिढ़[७] नाव गहै रे।
नांव छाड़ि वे डूंगे पैसे,[८] दूना दुख सहै रे ॥ २ ॥
गुरु को शब्द और सुरति कुदाली, खोदत कोई[९] लहै रे
राम कहौ तौ बढ़ौ न आपो,[१०] सोने कूल बहै रे ॥ ६ ॥

---

१. तजि बदवा बेनजर।
२. कछु हक हलाल पिछान बे।
विभिन्न पाठभेदों में पंक्तियों की स्थिति—
(क) यह पंक्तियाँ (नाहटाजी के यहाँ प्राप्त प्रति) में नहीं हैं।
(ख) यह पंक्ति उपलब्ध (कहीं-कहीं) नहीं होती।
(ग) पद की कतिपय पंक्तियों का क्रम परिवर्तित है। (कुछ पाठों में)
(१) टेक के बाद प्रथम,
(२) टेक के बाद द्वितीय,
(३) टेक के बाद तृतीय,
(४) टेक के बाद चतुर्थ।
इस पाठभेद में शेष क्रम यही रहा है।
३. नाम।
४. लावै।
५. करै।
६. तो जल में क्यों न तिरै रे।
७. दृढ़।
८. नाव छांड़ि रे डूंगे बसैं।
९. रहै।
१०. राम कहहु कौन वेढ़ी आयो।

झूठी माया जग डहकाया, तौ तीन ताप[१] दहै रे।
कह रैदास राम जप रसमा, माया कैसे संग रहै रे[२] ॥ ४ ॥

[७४]

भाई रे भरम-भगति सुजान जो लौं सांच सूँ नहिं पहिचान।
भरम नाचन, भरम गावन, भरम जप-तप-दान।
भरम सेवा भरम पूजा भरम सूँ पहिचानि ॥ १ ॥
भरम षट्कर्म,[३] सकल सहिता, भरम गृह बन जान।
भरम कर कर कर्म कीये, भरम की यह बान ॥ २ ॥
भरम इन्द्री निग्रह कीया, भरम गुफ़ा में बास।
भरत तौ लौं जानिये, शून्य की करै आस ॥ ३ ॥
भरम शुद्ध शरीर तौ लौं, भरम नांव विनांव।
भरम मन रैदास तौ लौं, जो नूं चाहैं ठांव ॥ ४ ॥

[७५]

भाई रे राम कहाँ है मोहि बताओ।
सत्य राम ताके निकट न आओ ॥ टेक ॥
राम कहत सब जगत भुलाना, सो यह राम न होई।
करम अकरम करुणागय केशव, कर्त्ता नांव सु कोई ॥ १ ॥
जा रामहिं सब जग जानत, भरम भुलै रे भाई।
आप आग तें कोई न जानैं, कहै कौन सूँ जाई ॥ २ ॥
तम रज लोभ, परस जीवै मन, गुन परसत नहिं जाई।[४]
अलख[५] नांव जाको ठौर न कितहूं,[६] क्यों न कहौ समुझाई ॥ ३ ॥
भनै रैदास उदास ताहीं, मैं करता को है भाई।
केवल करता एक सही कर, सत्त राम तिहिं ढाई[७] ॥ ४ ॥

---

१. तो तिन ताप दहै रे।
२. माया काहू के सँग न रहै रे।
३. षट्क्रम।
४. सत तन लोभ परस जीतै मन, गुना प्रश्न नहिं जाई।
५. अखिल।
६. कतहुँ।
७. सत्ति राम है सत्ति ठाई।

[७६]

भक्ति ऐसी सुनहु रे भाई। आई भक्ति तब गई बड़ाई॥ टेक॥
कहां भयो नांचे अरु गाये, कहा भयो तप कीन्है।
कहा भयो जे चरन पखारे, जौ लौं परम तत्त नाहिं चीन्हें॥ १॥
कहा भयो जे मुण्ड मुड़ायो, बहु[१] तीरत व्रत कीन्हें।
स्वामी दास भक्त अरु सेवक, जो परम तत्व नहिं चीन्हें॥ २॥
कहै रैदास तेरी भक्ति दूरि है, भाग बड़े सो पावै।
तजि अभिमान मेटि आपा पिपिलक हू चुनि खावै॥ ३॥

[७७]

भाई रे सहज बन्दौ सोइ, बिन सहज सिद्धि न होइ।
लौन लीन मन जब जानिये, जब कीट भ्रंगी होय॥ टेक॥
आपा पर चीन्हें नहीं, और कूं उपदेश।
कहाँ तें तुम आयो रे, जाहुगे किस देश॥
कही तौ कही काहि कहिये, कहै कौन पत्यार।
रैदास दास अजांन है करि रह्यो सहज समाय॥

[७८]

भेष लियो पर भेद न जान्यो, अमृत लेइ विषय तू सान्यौ[२]॥ टेक॥
काम क्रोध में जनम गंवायो, साध संगति मिलि राम न गायो॥ १॥
तिलक दियो पैं तपनि न जाई, माला पहिरि, घणेरी लाई[३]॥ २॥
कह रैदास मरम जु पाऊँ, देइ निरंजन तन का ध्याऊँ॥ ३॥

[७९]

मरम कैसे पाइब रे, मो सों कोऊ न कहै समुझाई।[४]
जाते मेरी आवागम बिलाई॥ टेक॥
बहुविधि धरम निरूपियै करता दीसै सब कोय।[५]

---

१. क्या।
२. विषय सो मान्यो।
३. हलाई।
४. पण्डित क्यों न कहैं समुझाई।
५. सब लोइ।

जिहि घर में तू छूटिहै[१] सो धरम न चीन्हें कोय॥ १॥
करम अकरम विदारिये,[२] सुनि स्मृति वेद पुरान।
संसा सदा हिरदै बसै, हरि बिन कौन हरै अभिमान॥ २॥
बाहर उदक पखारिये, घट भीतर विविध विकार।
सुचि कौन विधि होइये, जैसे कुंजर विधि व्यौहार॥ ३॥
सत जुग, सत, भेता जगी,[३] द्वापर पूजा चार।[४]
तीनों जुग तीनों हढ़े, कलि केवल नाम-अधार॥ ४॥
रवि प्रकाश रजनी तथा,[५] उगत[६] दिसै संसार।
पारस मणि ताँबौ छिपा[७] कनक होत नहिं बार॥ ५॥
धन जोबन[८] हरि ना मिलै, दुख दारुन अधिक अपार।
एकै एक वियोगिआ ताको सब जानै संसार[९]॥ ६॥
अनेक जतन करि टारिये, टारे न टरे जम्[१०] फांस।
प्रेम भक्ति नहिं ऊपजै, तातै[११] जन रैदास॥ ७॥

[८०]

माधौ सब संगति सरन तिहारी, हम औगुन तुम उपकारी।[१२]
तुम मखतूल गुलाब चतुरभुज,[१३] मैं बपुरो जस्न कीरा॥
पीवत डाल फूल फल[१४] अमृत, सहज भई मति हीरा।

---

१. जिहिं धर्म भ्रम छुटि है।
२. विचारिये।
३. तप।
४. आचार।
५. रवि प्रकास रजनी जथा।
६. गत।
७. छयां।
८. भ्रम पास।
९. एकै अनेक एकै अनेक विगाइयां ताकूं जाणै सब संसार।
१०. धन जोवन प्रभु न मिलै ना मिलै, कुल करनी आचार।
११. तातें जन रैदास उदास।
१२. माधौ संगति शरन तुम्हारी, जग जीवन राम मुरारी। कृष्णमुरारी।
१३. चत्रप्रभु।
१४. रस।

[1]संत संगति मिलि रहिये, माधव जैसे मधुप मखीरा॥
तुम चन्दन हम रण्ड बापुरो, संग[2] तुम्हारे बासा।
नींच वृत तै ऊँच भयो हैं गन्ध सुगन्ध निवासा॥[3]
जाती भी ओछी जनम भी ओछा, ओछा करम हमारा।
हम ससागति राम राइ कौ, कह रैदास चमारा॥

[८१]

माधव अविधा अहित कीन, तातै विवेक दीप मलीन[4] ॥ टेक॥
मृग, मीन, भृंग, पतंग, कुंजर एक दोष विनाश।
पंच दोष असाध जामहिं,[5] कौन ताकी आस॥ २॥
जल-थल जीव जहाँ तहाँ लौं, [6]करम बा संग जाइ।
मोह फांस अबद्ध बाँध्यो करिय कौन उपाइ॥ २॥
त्रिगुण योनि अचेत सम्भव,[7] पाप पुण्य असोच[8]।
मानुषावतार दुर्लभ, तिहुं संगति[9] पोच॥ ३॥

---

१. यह पद अधिक पाठों में उपलब्ध नहीं है,
ग्र० ग्र० साहब में उपलब्ध होता है।
नोट—इस पद की कतिपय पंक्तियाँ कुछ पाठभेद के साथ अन्य पद (६४) में भी पाई जाती हैं।
यह पद अन्य पाठभेद में इस प्रकार पाया जाता है—
तुम चन्दन हम इरण्ड बापुरे, संग तुम्हारे बासा
नीच ते ऊँच भये हैं, गन्ध सुगन्ध निवासा॥ १॥
माधउ संत संगति सरन तुम्हारी, हम अवगुन तुम उपकारी॥ रहाउ॥
तुम मखतूल सुवेद रूपीअल, हम बपुरे जस कीरा।
सत संगत मिल रहिअै, माधउ जैसे मधुप मखीरा॥ २॥
जाती ओछा पाती ओछा ओछा जनमु हमारा
राजा राम की जेव न कीन्ही, कहि रविदास चमारा॥ ३॥

२. निकट।

३. तेरी बास सुबासा।

४. माधन अविद्या अहित कीन्हें, तातें मै तोर नांव न लीन्हें।

५. पंज व्याधि असाध यह तन।

६. करम पासा जाइ।

७. भ्रमि भ्रमि।

८. न सोच।

९. संकट।

रैदास दास उदास, तजि भ्रम,[१] जप न तप गुरु ज्ञान।
भनत[२] जन भव हरन, परमानन्द करहु निदान॥ ४॥

[८२]

माधवे का कहिए भ्रम ऐसा, जैसा मानिये होइ न तैसा[३] ॥ टेक॥
नरपति एक सेज सुख[४] सूया, सुपने भयो भिखारी।
अछत राज बिछुरत[५] दुख पायो, सो मति[६] भई हमारी॥ १॥
जब हम होते तब तुम नाहीं, जब तुम हो हम नाहीं।
सलिल गबन कीयो लहर महोदधि, जल केवल जल माहीं॥ २॥
रज भुवंग रजनी पराकासा, अस कछु मर्म जनावा।
कनक अलंकृत भूमि परै जस, कहते कहन न आवा[७] ॥ ३॥
करता एक अनेकै स्वामी, सब विधि सब घट सांई।[८]
कह रैदास भक्ति एक उपजी, सहजै होइ सहाई[९] ॥ ४॥

---

१. रैदास दास उदास बसत भव।
२. भगवन्त जन भवहरन कहिये,
ऐसे परम निधान
दूसरी कड़ी (पंक्ति ४ तथा ५) के स्थान पर गु० ग्र० सा० में यह पंक्तियाँ इस प्रकार दी गई हैं—
जीव जन्त जहान जहाँ लगि, करम बसि जाइ॥
काल फांस अवद्ध लागे, कछू न चलै उपाइ॥
३. तुम कहियत होउ न तैसा।
४. सूता।
५. बहौत।
६. गति।
७. समझि परी मोंहि कनक अलंकृत ज्यों
अब कछु कहवत न आवा।
८. करता एक भाई जगमुक्ता, सब घअि सब विधि सोई।
९. सहोई।
पद की प्रारंभ-पंक्तियों से प्रथम कतिपय पाठभेदों में यह पंक्तियाँ भी पाई जाती हैं—
जब हम होते, तब तू नाहीं, अब तू है मैं नाहीं।
अनल अगम जैसे लहरि महोदधि, जल केवल जल माहीं॥

[८३]

माधौ भरम कैसदु ना बिलार,[१] ताते द्वैत भाव दरसाई[२] ॥ टेक ॥
कनक कुण्डल सूत पर जुदा, भुजेग भ्रम जैसा।
जल तरंग पाहन प्रतिमा ज्यों, ब्रह्मजीव दुति ऐसा ॥ १ ॥
बिमल एक रस उपजै न बिनसे उदै अस्त दाऊ माहीं[३] ॥
विगताविगत गतागत नाहीं[४] वस्तु[५] बसै सब माहीं ॥ २ ॥
निश्चल निराकार[६] अति अनुपम निरभै गति गोविन्दा।
अगम अगोचर अक्षर अतरथ,[७] निर्गुण[८] अति आनन्दा ॥ ३ ॥
सदा अतीत ज्ञान विवर्जित, निर्विकार, अविनासी।
कहत रैदास सहज सुय सत जिवन मुक्ति निधि कासी ॥ ४ ॥

[८४]

मेरो मन सत्य[९] स्वरूप विचारं, आदि अन्त अनन्त परम पद, संसा सकल निबारं ॥ टेक ॥
जस हरि कहिये तस हरि नाहीं, है हरि बस कछु ऐसा।[१०]
जानत जानत जान रह्यो सब, भरम कहा निज जैसा[११] ॥ १ ॥
कहत आन अनुभवत आन, रस मिलै न बेगर होई।
बाहर-भीतर प्रकट, गुप्त घट घट रमत[१२] और न कोई ॥ २ ॥
अदिहु एक अन्त पुनि सोई, मध्य[१३] उपाधि[१४] जु कैसे।
है यह एक, पै भ्रम रूँ दूजो, कनक अलंकृत जैसे ॥ ३ ॥

---

१. बिलाई।
२. ताते द्वैत आई।
३. नाहीं।
४. विगताबिगत घटै नहिं कबहू।
५. छिमां।
६. आज।
७. अगम अगोचर आखिर अतरक।
८. अन्त।
९. सदा अतीत ज्ञान ध्यान विवर्जित।
१०. सोई।
११. है अस जस कछु तैसा।
१२. करत।
१३. प्रति।
१४. उपार।

कह रैदास प्रकास परम पद, का जप तप विधि पूजा।
एक अनेक, अनेक एक हरि, कहौ कौन विधि दूजा ॥ ४ ॥

[८५]

मैं बेदीन का सनि आखूँ, हरि बिन जीवन कैसे राखूँ[१] ॥ टेक ॥
जीव तरसे एक गंग[२] बसेरो, करहु संभालन सुरि मुनि मेरो।
विरह तपै तन अधिक जरावै, नींद न आवे भोज न भावै ॥
सखी सहेली, गरब गहेली पिव की बातन सुनहु सहेली।
मैं रे दुहागिनि अधकर जानी, गया सुजोबन साध न मानी।
मैं दाना भाई साहिब मेरा,[३] खिदमतगार बन्दा मैं तेरा।
कहै रेदास अन्देशा ये ही, बिन दरशन क्यों जीव[४] सनेही ॥

[८६]

माया मोहिला कान्हा, मैं जन सेवक तेरा ॥ टेक ॥
संसार प्रपंच में व्याकुल, परमानन्दा; त्राहि-त्राहि अनाथ नाथ गोविन्दा ॥ १ ॥
रैदास बिनवै कर जोरी, नाथ, कौन गति मोरी ॥ २ ॥

[८७]

माटी का पुतरा कैसे नाचतु है।
देखै, सुनै, बोलै दौरयो फिरतु है ॥ टेक ॥
जब कछु पावतु गर्व करतु है, माया गई तो रोवन लगतु हैं ॥ १ ॥
मन बच कर्म रस कसहिं लुभाना, बिनसि, कया जाय कहूँ सयाना[५] ॥ २ ॥
कह रविदास, बाजी जगु भाई, बाजीगर सों मोंहि प्रीति बनि आई ॥ ३ ॥

[८८]

मुकुन्द मुकुन्द जपहु संसार, बिन मुकुन्द तनु होइ अउहार ॥
सोई मुकुन्द मुकुति का दाता, सोई मुकुन्द हमरा पिता माता ॥ १ ॥

---

१. हरि बिन जिव न रहै कैसे राखूँ।
२. दंग।
३. तू साईं औ साहिब मेरा।
४. जिवाई।
५. बिनती गइआ जाइ कहूं समाना।

जीवन मुकुन्दे मरत मुकुन्दे ताके सेवक कउ सदा अनन्दे ॥ रहाउ ॥
मुकुन्द मुकुन्द हमारे प्रांनं, जपि मुकुन्द, मसतकि नीसानं ॥
सेव मुकुन्द करै बैरागी, सोइ मुकुन्द दुर्बल धनु लाधी ॥ २ ॥
एक मुकुन्द करै उपकारू हमरा कहा करै संसारू।
मेरी जाति हुये दरबारि। तुही मुकन्द जोग जुग तारि ॥ ३ ॥
उपजिओ गियानु हुआ परगास, करि किरपा लीन्हें करि दास
कहु रविदास अब तृस्ना चूकी, जपि मुकुन्द सेवा ताहू की ॥ ४ ॥

[८९]

मेरी संगति पोच सोच दिन राती,
मेरा करम कुटिलता जनमु कुमौनी ॥ १ ॥[१]
राम गुसइयाँ, जीउ के जीवना,
मोंहिन बिसारेउ मैं जनु तेरा ॥ १ ॥ रहाउ ॥
मेरी हरउ बिपति जन करहु सुभाई।
चरण न छांड़हु सरीर कल जाई ॥ २ ॥
कह रविदास, परलु तेरी साभा।
बेगि मिलहु जनि करि बिलाभा[२] ॥ ३ ॥

[९०]

या रामां[३] एक तू दानां, तेरा आदि वेषना।[४]
तू सुलतान, सुलताना, बन्दा सकिस्ता अजाना ॥ टेक ॥
मैं बेदियानत, बे नर[५] दरमन्द बरखुरदार
बे अदब बदबख्त वीरां,[६] बे अकलि बदकार ॥ १ ॥

---

१. सकट सोच पोच दिन राती। करम कठिन मोरी जाति कुजाती
रामा हो जगजीवन मेरा,
तू न बिसरि मे जन तोरा ॥ टेक ॥
२. कहि रविदास कछुदेहु अवलम्बन
हरहु विपति भाव करहु सो भाव।
३. यार माँ।
४. मै तेरा आदूवैसनूं, तु सुलितान सुलिताना।
५. में बेदिया नत न नजर दे।
६. बौरा।

मैं गुनहगार, गुमराह, गाफिल, कमदिलां करतार।[१]
तू दरकदर, दरियाब दिल, मैं हरिसिया हुसियार[२] ॥ २ ॥
मैं हस्त खस्त[३] खराब खातिर अन्देसा बिसियार।
रैदास दासहिं बोल साहब[४] देहु अब दीदार ॥ ३ ॥

[९१]

यह अन्देस सोच जिय मोरे, निसिवासर गुन गाऊँ तेरे[५] ॥ टेक ॥
तुम चिन्तित मेरी चिन्ता जाई,[६] तुम चिन्ता मणि होंउ कि नाहीं[७] ॥ १ ॥
भगत हेन का नहिं कीन्हा, हमरी बेर भये बलहीना ॥ २ ॥
कह रैदास दास अपराधी, जेहिं तुम द्रवहु सो भगति न साथी[८] ॥ ३ ॥

[९२]

राम जन हूँ न भक्त कहाऊँ[९] सेवा करूँ न दासा।
गुनी जोग जन कहू न जानूँ[१०] ताते रहूँ उदासा ॥ टेक ॥
भगत हुआ तै चढ़ै बड़ाई, जोग करूँ जग मानै।
गुनी हुआ तै गुनि जनि कहै, गुणी आप कूँ तानै ॥
ना मैं ममता मोह न महिमा, यह सब जाहिं बिलाई।
दो जख भिस्त दोऊ सम जानूँ, दोऊ ते तरक है भाई ॥
मैं तैं ममता देखि सकल जग, मैंसे मूल गवाई।
जब मन ममता एक एक मन, तबहिं एक है भाई ॥
कृष्णा-करीम, राम-हरि-राघव, जब लग एक न पेषा।

---

१. मैं गुनाहगार गरीब गाफिल कम दिलाँ दितलार।
२. तू कादिर दरियाव जिहावन। तू दयाल दिहादि दाव मैं हुरासिया हुसियार।
३. यह तन हस्त खस्त।
४. रैदास दास असान साहिब।
५. निसिवासर राम गुन गाऊँ तेरे।
६. तुम चिन्तत मेरी चिन्तहु जाई।
तुम चिन्तहु मेरी चिन्ता हौ न जाई।
७. चिन्तामणि हौं इक नाहीं।
८. जहि तुम द्रवहु सो मैं भक्ति न साधी।
९. राम भक्त को जन न कहाऊँ।
१०. जोग जज्ञ गुन कछू न जानूँ।

वेद-कतेब कुरान-पुरानन, सहज एक नहिं वेषा[१] ॥
जोई जोई पूजिय, सोइ सोइ कांची, सहज भाव सत होई।
कह रैदास मैं ताहि को पूजूँ जाके ठांव नांव नहिं कोई[२] ॥

[९३]

राम बिन संसै गांठ न छूटै ॥
काम क्रोध मोह मद माया, इन पांचन मिलि लूटै ॥ टेक ॥
हम बड़ कवि, कुलीन कवि पंडित, हम जोगी संन्यासी।
ज्ञानी गुणी सूर हम दाता, यहु मति करै न नासी ॥
पढ़ै गुनै कछु समुझि न परई जौं लौं भाव न दरसै ।[३]
लोहा हिरन होय धौं कैसे,[४] जो पारस नहिं परसे ॥
कह रैदास समै असमंजस[५] भूलि परै भ्रम भोरे।
भोर अधार नाम नारायण[६] जिवन प्राण धन मोरे ॥

[९४]

ररंकार[७] रहत सब हिन तें, अन्तर मेल मिलावैगा ॥ टेक ॥
लोहा समकर कंचन समकर, भेद अभेद समावैगा ॥

---

१. देखा।
२. होई।
यह पंक्ति कतिपय पाठों में नहीं पाई जाती।
३. जौ लूं अनभै भाव न दरसै।
४. लोहा हरि न होय धूं कैसे।
५. और असमंजस।
६. एकै अधार नांव नरहरि कौ।
इस पद की अनेक पंक्तियाँ अन्य पदों के साथ भी जुड़ी हुई हैं। उपर्युक्त पद पाठभेद के साथ इस रूप में भी पाया जाता है—
पढ़ीअे, गुनिअे, नामु सभु सुनीअै, अनभौ भाउ न दरसे।
लोहा कंचन हिरनु होइ कैसे, जौ परसहिं न परसे ॥
देव संसै गांठि न छूटै, काम क्रोध माइआ मद मत्सर इन पचहु मिलि लूटै।
हम बड़ कवि कुलीन हम पण्डित हम जोगी सनिआसी।
गिआनी गुनी सूर हम दाते, इहि बुद्धि कबहिं न नासी।
कहु रविदास सभै नहिं समझासि भूलि परे जैसे बउरे ॥
मोहिं अधारू नाम नारायण जिवन प्रान धन मोरे।
७. इस पद के साथ पहिले यह पंक्ति जुड़ी हुई कुछ पाठभेदों में पाई जाती है—
''तब रामनाम कहि गावैगा।''

जे सुख होवै पारस परसे, सो सुख का कहि गावैगा॥
गुरु प्रसाद भई अनुभौ-मति, विष अमृत सम ध्यावैगा॥
कहै रैदास मेटि आपा पर, तब वह[१] ठौरहिं पावैगा।

[९५]

रे मन माछला संसार समुन्दे,
तू चित्र विचित्र विचारि रे।
जिहि गैले गलियाहि मारिये,[२] सो संग[३] दूरि निवारि रे॥
जम छ डिगम डोरि छै कंकण,[४] परत्रिया लागो जानि रे।
होइ रस-लुब्धि, रमें यहु[५] मूरख, मन पछितावै अजान रे।
पाँच[६] मिल्यो[७] छै धर्म निबोली, तू देखि देखि फल चाखि रे॥
परत्रिया संग भलो जे होवै, तो राणा रावण देखि रे।[८]
कहै रैदास रतन फल कारन, गोविन्द का गुण गाइ रे॥
काच्यो कुम्भ भर्यो जल जैसे, दिन दिन घटता जाइ रे॥

[९६]

रे चित चेत अचेत[९] काहे न।
बाल्मीकहिं देखि रे॥
किस जाती तें, किहि, पदहिं, अमर्यो रामभक्ति विशेष रे।[१०]
षन्तकर्म कुल संयुक्त[११] है, हरिभक्ति हिरदै नाहिं रे॥[१२]

---

१. सुखहि।
२. जेही गाले गलियेहि मरिये।
३. पंथ।
४. जम ते डिगन डोरि छैं कंकण।
५. यों।
६. पाप गुलीचा धर्म निबोली।
७. गल्यो।
८. परत्रिया संग भलो जो सौवे तो राजा रावन देख रे।
९. रे चित चेत चेत अचेत।
१०. जाति ते कोई पद नहीं पहुंचा,
राम भगति विशेष रे।
११. संजुगत।
१२. खटकर्म सहित जे विप्र होते।
हरि भगति चित दृढ़ नाहिं रे।

चरनारविंद न कथा भावै, सुपच तुल्यहि[१] ताहि रे।[२]
स्वान सभु सजाति ता ते, अन्तर लावै हेत रे।[३]
लोग बपुरा क्या सराहैं, तीन लोक प्रवेश रे॥[४]
अजामिल गज गणिका तारी, काटी कुंजर फांस रे।[५]
ऐसे दुरमति निस्तरे,[६] तू क्यों न तिरै रैदास रे।

[१७]

रथ को चतुर चलावन हारो।
खिन हांके खिन उभौ[७] राखौ, नहीं आन को सारो॥ टेक॥
जब रथ थकै[८] सारथि[९] थाकै, तब को रथहिं चलावै।
नाद-विन्दये सबही थाके, मन-मंगल नहिं गावै॥ १॥
पाँच तत्च को यहु रथ साज्यौ, अर्थे ऊर्ध्व[१०] निवासा।
चरन कमल लौं लाय रह्यों है, गुण गावै रैदास॥ २॥

[१८]

रे मन राम नाम सँभारि।
माया के भ्रम कहा भूलौ, जाहिगो कर झारि॥ टेक॥

---

१. सुपलि तुलि समानि।
२. हरि कथा सूँ हेत नाहीं, सुपच तू लै ताहि रे।
३. सुआनु सत्रु अजातु सभ तें, किश्न लावै हेतु
मित्र सत्रु अजात सब तें, अन्तर लावै हेत रे।
स्वान सत्र अजा तिरिआ, अजा बेचे अंतरी लावै हेत रे।
४. लाग वाकी कहाँ जानै, तीन लोक पवेत रे।
लोक वाकी कहा जाणे, तीन लोक पवित्र रे।
५. अजामलु पिंगुला लुभतु कुचरु गये हरि के पास।
अजामिलु, गज गनिका तारी, काटी काटी कुंजर के पास रे।
६. पार कीये।
कतिपय पाठभेदों में यह पद तृतीय पंक्ति से प्रारम्भ होता है तथा तृतीय और चतुर्थ पंक्ति के पश्चात् प्रथम तथा द्वितीय पंक्ति आती है। पाठ भेदों में प्रत्येक पंक्ति के साथ कहीं कहीं रे नहीं मिलता।
७. उघटै।
८. रहै।
९. स्वार्थी।
१०. अर्धे उरध।

देखि धूँ यहाँ कौन तेरो, सगा सुत नहिं नारि॥
तोरि संग सब दूरि करि हैं, देह गेह न जारि॥
प्रान गये कहौ कौन तेरा, देखि सोच विचारि॥
बहुरि यहि कलिकाल मानहिं, जीति भावै हार॥
यहु माया सब थोथरी रे, भक्ति दिसि प्रतिपारि॥
कहै रैदास सतिवचन गुरु के, सो जीव तें न बिसारि॥

[९९]

सन्तों अनन भक्ति यह नाहीं।
जब लग सत रज तम पांचों गुन,[१] व्यापत हैं या माहीं॥ टेक॥
सोई आन अन्तर करि हरि सूँ, अपमारग कूँ आनै।
काम क्रोध मदलोभ मोह की, पल-पल पूजा ठानै॥
सत्य[२] सनेह इष्ट अंग[३] लावै, अस्थल अस्थल खेलै।
जो कछू मिलै आन आखत[४] ज्यूँ, सुतदारा सिर मेलै।
हरिजन हरिबिन[५] और न जानै, तजै आन तन त्यागी।
कह रैदास सोई जन निर्मल, निसिदिन निज[६] अनुरागी।

[१००]

सुं कछू बिचार्‌यो ताथें मेरो विरह गयो।[७]
हरि रंग लग्यो वरण पलटि भयो[८]॥ टेक॥
विन पंथी[९] यहु पंथ चलावा, आगम गवन, में गम दिखलावा॥ १॥
अवरण वरण कथै जनि कोई, घट घट व्यापि रह्यो।[१०]
जिहि पद सुरानर प्रेम पियासा, सो पद राम रह्यो जन रैदासा॥ २॥

---

१. **जब लग सिरजत मन पाँचों गुन।**
२. **सक्ति।**
३. **अंगी।**
४. **सों।**
५. **हरि हीं।**
६. **जो।**
७. **मेरो मन थिर ह्यो गयो।**
८. **हरि रंग लाग्यो तातें वरण पलटि भयो।**
९. **जिन यह पंथी।**
१०. **घट घट व्यापि रह्यो हरि सोई।**

[१०१]

सों कह[१] जाने पीर पराई, जाके अंतर[२] परद न पाई॥ टेक॥
दुखी दुहागिनि दोइ पख हीनी नेह, विरत ह्वै भगति न कीन्ही।[३]
स्वामि[४] प्रेम का पंथ दुहेला, संग न साथी गवन अकेला॥ १॥
सुख का सार सुहागिनि जानै, तज[५] अभिमान सुख रलियाँ मानै।
तन मन देइ न अंतर राखै,[६] राम रसायन रसना चाखै॥[७]
खालिक दरदमन्द दर आया, बहुत[८] उमीद ज्वाब नहिं पाया॥
कह रैदास शरण प्रभु तोरी, जो जानहु सो करहु गति मोरी॥[९]

[१०२]

सब कछ करत कहौ कछ कैसे,[१०] गुन विधि बहुत रहत शशि जैसे॥ टेक॥
दर्पण गगन अनिल अलेप जस, गंध जलद प्रतिबिम्ब देख तस।
सब आरम्भ अकाम अनेहा, विधि निषेध कियो अनेक हा॥ २॥
यह पद कहत सुनत नहिं भावै,[११] कह रैदास सुकृति को पावै॥ ३॥

[१०३]

संत उतारै आरती, देव शिरोमणि मानिये[१२]॥ टेक॥
उर अन्तर तहँ बसे, बिन रसना के मानये।[१३]

---

१. कत।
२. दिल में।
३. जिनि नाह निरन्तर भगती न कीन्हीं।
४. पुरसलात।
५. सह की सार सुहागिनि जानै, तज अभिमान सुख रलिआ मानै।
तनु मनु देह न अंतरु राखै, अवरा देखी, न सुनै न भाखै॥
६. तन मन देइ अन्तर नहिं आनै।
७. खालिक तो दरबन्द जगाया।
८. बहुत पियास।
९. कह रैदास कवन गति मेरी, बन्दगी न जानूँ राम तेरी।
नोट—कतिपय पाठों में इस पद का प्रारम्भ ४-५ पंक्ति से होता है।
१०. सब कछ करत न कहौं कछ कैसे।
११. यह पद रहत सुनत जिहि आवै।
१२. देव सिरोमनिअे।
१३. उर अन्तर तँ पैसि बिन रसन भणीअे।

मनसा मन्दिर धुप धुपाइये, प्रेम प्रीति की माल चढ़ाइये[१] ॥ १ ॥
चहुदिसि दिवला बरि रहै, जगमग ह्वै रह्यो रे।[२]
जीति जोति सम ज्योति, ज्योति में हिल मिल ह्वै रहो रे[३] ॥ २ ॥
तन मन आतम बारि, तहाँ हरि गाये रे।[४]
मनंत जन रैदास तुम्हारी सरना आये रे[५] ॥ ३ ॥

[१०४]

संत तुझीं तन संगति प्रान, सतगुरु ज्ञान जानै संत देवादेव ॥ १ ॥
संत ही[६] संगति, संत कथारस, संत-प्रेम मोहि[७] दीजै देवादेव ॥ टेक ॥
संत आचरण संत सो मारग, संत ही सों लागै लगनि[८] ॥ २ ॥
और एक भाव भगति चिन्तामणि, जनि लागै असन्त पापी सनी[९] ॥ ३ ॥
रविदास भनैजो जानै सो जस,[१०] संत अनन्तहि अंतर नाहीं ॥ ४ ॥

[१०५]

सुखसागर सुरितस चिंतामणि, कामधेनु बस जाके रे।
चारि पदारथ असट महासिधि, नवनिधि करतल ताके ॥ १ ॥
हरि हरि हरि न जपस रसना, अवर सभ छाँड़ि बचन रचना ॥ रहाउ ॥
नान खियान पुरान वेद-विधि चउतीस अच्छर माहीं
विआस वीचारि कहिओ, परिमाथु रामनाम सरि नाहीं ॥ २ ॥
सहज समाधि उपाधि रहत, होइ बड़े भागि लिव लागी।
कहि रविदास उदास दासमति जनम मरन भय भागी ॥ ३ ॥

---

१. **मनसा मन्दिर मांहि धूप धुपाइये,**
प्रेम प्रीत की माल राम चढ़ाइये।
२. **जगमग हो रहिये।**
३. **जोति हिलमिल ही रहिये।**
४. **गाइये री।**
५. **तुम सरना आइये री।**
६. **सन्त की।**
७. **मांझे।**
८. **सन्त च ओल्हग ओल्हगणी।**
९. **अवरु इक मांगऊ भगति चिन्तामणि,**
जणि लखावहु असन्त पापी सणि।
१०. **रविदास भणे जो जावै सो जाणूँ।**

[१०६]

है सब आतम सुख स्वयं प्रकाश सांचो।
निरन्तर निराहार कल्पते पाँचो ॥[१]
आदि अंत औसान एक रस, एक तार ही भाई।[२]
थावर जंगत कीट पतंगा पूरि रह्यो हरि राई॥
सरवेश्वर, सर्वांगी, सब गति, कर्त्ता हरता सोई।
सिव नर असिव न साध अरु सेवक उनै भाव[३] नहिं होई॥
धरम अधरम, मतेक्ष[४] नहिं बन्धन, जरामरण भव नासा।
दृष्टि अदृष्टि तेय अरु ज्ञाता, एक मेक कहै रैदासा॥

[१०७]

हरि[५] बिन नहिं कोई पतित पावन, हरिजन आनहिं ध्यावै रे।[६]
हम अपूज पूजि भये हरि तें नांव अनुपम गावै रे॥ टेक॥
अष्टादस व्याकरण बखानै तीन काल षट् जीता रे
प्रेम भक्ति अन्तरगति नहिं, ताते धानुक तींकारे[७]॥ १॥
तातें भलो स्थान को सत्रू, हरि चरन चित लावै रे।
मूवा मुक्ति वैकुण्ठ बासा जवित यहाँ जस पावै रे[८]॥ २॥
हम अपराधी नीच घर जनमें, कुटम-लोक करै हांसी रे।
कहैं रैदास राम जपु रसना काटै जम की फांसी रे॥ ३॥

[१०८]

हरि टांडो लादया जाई रे।
हौं बनजारो राम को सहज करौं व्यापार[९]॥ टेक॥
औचट घाट घनों घर रे निर्गुन बैल हमार।

---

१. है सब आत्म स्वयं प्रकाशी सांचो।
हैं सब आत्म सोय प्रकाश सांचो।
निरन्तर निराहार कल्पतें ये पाँचो।
२. तार तम्भ नहिं भाई।
३. उभै भाव।
४. मौहि/मोक्ष।
५. तातें पतित नहीं कोउ पावन, हरि जति आनहिं ध्यावै रे।
६. पतित पावन आनहिं ध्यावै रे।
७. ताते ध्यान कनीं का रे।
८. जपावै रे।
९. राम नाम धन पाइ रे।

रामनाम धन लादिओ, तें विष लाद्यो संसार ॥ १ ॥
अंतहि धन धर्‌यो,[१] अंतेहि ढूँढ़न जाई रे।
अनत धर्‌यो[२] न पाइये, तातें चल्यो मूल गँवाई रे ॥ २ ॥
रैनि गँवाई सोय करि दिवस गँवायो खाइ रे।
हीरा यहु तन पाइ कै कौड़ी बदले जाइ रे ॥ ३ ।
साधु संगति पूँजी भई रे, वस्तु लई निरमोल रे।
सहज बरधवा[३] लादि करि चहुँ दिसि टाँडो डोल[४] रे ॥ ४ ॥
जैसा रंग कसूब[५] का, तैस यह संसार रे।
रमइया रंग मजीठ का कह रैदास चमार[६] ॥ ५ ॥

[१०९]

हरि जपत तेऊ जना पदम कवलासपति,
तासम तुलि नहिं आन कोउ।

---

१. अनतहिं धरती धन धर्‌यो।
२. अन्त को धर्‌यो।
३. बलदिया।
४. मेलरे।
५. पतंग।
६. ताथें भण रैदास विचार रे।

अंकित पंक्तियाँ गुरुग्रन्थ साहब में दिये गये पद में नहीं मिलतीं।
ग्रन्थ साहब में निम्नलिखित पंक्तियाँ अधिक हैं जो इस पद में पर्याप्त पाठों में नहीं पाई जातीं—
उखार पार के बानिआ सिखि लेहु आल पताल
मोहि जम डंड न लागई, तजौ ले सर्व जंजाल
रमइये स्यों इक वीनती, मोरी पूंजी राखु मुरारी।
उपर्युक्त पद इस रूप में भी पाया जाता है—
घट औघट डगरं घणा, इकु निर्गुन बैल हमार।
रमइए सीउ एक बीनती, पूंजी राखु मुरारी ॥ १ ॥
को बनजारो राम को, मेरा डाँग लादिआ जाइ रे ॥ रहाउ ॥
हउ बनजारो राम को, सहज करउ ब्यापारू।
मैं राम-नाम धन लादिआ, बिखु लादी संसारी ॥ २ ॥
उर वारपार के दानिआं, लिखि लेहु आलु पतालु
मोहि जम डण्डू न लागई, तजीले सरब जंजाल।
जैसा रंगु कुसुम्भ का, तैसा इहु संसारु।
मेरे रंगइये रंग मजीठ का, कहु रविदास चमार ॥

एकहि एक है, अनेक बिस्थर्‌यो[1] आवरे[2] आन भरि पूरि सोऊ॥ टेक॥
जाके भगवत लेखियै, सत्कर्महिं पेखिये[3]
तास की जाति आछो पछीया॥
व्यास माँहि लेखियै, सत्तकर्महिं पेखिये।[4]
नाम की नामना सपत दीपा।[5]
जाके ईद बकरीद कुल गउ रे बध करहि,
मानी अहि शेख सहीद पीरा॥
जाके बाप वैसी करी पूत ऐसी मंरी,
तिहुरे लोक परसिंध कबीरा।
जाके कुटुम्ब के डेढ़ सभ ढोर ढोवन्त, फिरहिं,
अजहु बनारसी आसपासा॥
आचार सहित विप्र करहिं डण्डवत,
तिनि तनै, रविदास दासानुदासा॥

[११०]

हम सरि दीन, दयालु न तुम सारि, अब पतियाइ कहा कीजै॥
वचनी तोर मोर मन मानै, जनकौ पूरन दीजै॥ १॥
हौं बलि बलि जाऊँ रमइया कारने,[6] और कौन अबोल॥ टेक॥
बहुत जनम बिछुरे थें माधव, इहु जनम तुम्हारे लेखे।
कहि रविदास आस लगि जीवौ, सिर भयो दर्शन देखे॥ २॥

[१११]

हरि हरि हरि हरि हरि हरे, हरि सुमिरत जन निस्तरे[7]॥ टेक॥
हरि के नाम कबीर उजागर, जनम जनम के काटे कागर॥ १॥

---

१. बिसथरिओ।
२. आन रे।
३. अवरु नहीं देखिअै।
४. सनक महिं देखिये।
५. कारन कवन अबोल।
६. जन गये निस्तरि तरे।
७. जन गये निस्तरि तरे।

नमत नामदेव दूध पिआया[१] तौ जग जन्म संकट नहिं आया[२] ॥ २ ॥
जन रविदास, राम रंग राता, गुरु प्रसादि, नरक, नहिं जाता[३] ॥ ३ ॥

[११२]

त्राहि त्राहि त्रिभुवन पति पावन, अतिशय शूल सकल बलि जाऊँ।
काम क्रोध लम्पट मन मोर, कैसे भजन करूँ मैं तोर ॥ १ ॥
विषय विहंगम व्याधि न कारी, असरन सरन सरनि भय हारी।
देव-देव दरबार दुआरे, राम-राम रैदास पुकारे ॥ २ ॥

साखी

हरि सा हीरा छांड़ि कर करै आन की आस।
ते नर जमपुर जाहिंगे सत भाषै रैदास ॥ १ ॥
अन्तरगति रांचै नहीं, बाहर करै उजास।[४]
ते नर जमपुर जाहिंगे, सत भाषै रैदास ॥ २ ॥
रैदास कहै जाके हृदय रहै रैन-दिन राय।
सो भगता भगवन्त सम, क्रोध न ब्यापै काम ॥ ३ ॥
जा देख्या घिन उपजै नरक कुण्ड में बास।
प्रेम भक्ति सों ऊधरै, प्रकटत जन रैदास ॥ ४ ॥
रैदास तूँ कांवच फली, तुझै न छीपै कोय।
तैं निज नांव न जानियां, भला कहाँ तें होय ॥ ५ ॥
रैदास रात न सोइये, दिवस न करिये स्वाद।
अहनिसि हरिजी सुमरिये, छाँड़ि सकल प्रतिवाद ॥ ६ ॥
[५]सिव सुख पावै जासु तें, सो हरि जू को दास।
[६]कोउ दुख पावै जासु तें सो न दास हरिदास[७] ॥ ७ ॥

---

१. पीआइआ।
२. आइया।
३. इउ गुरु परसादि नरक नहिं जाता।
४. कथै उदास।
५. यह साखी कतिपय पाठों में उपलब्ध नहीं है।
६. यह साखी कतिपय पाठों में उपलब्ध नहीं है।
७. रैदास।

[1]हरि गुरु साथ समान चित, बिन आगम ततमूल
[2]इन बिच अन्तर जिमि परी, करवत सहन कबूल ॥ ८ ॥

प्रह्लाद चरित

शहर बड़ो मुल्तान, जहाँ एक कुलवन्त राजा।
तँह जनमें प्रहलाद सरे सुर मुनि के काजा ॥
पूछो विप्र बुलाइ कै 'जन्म्यो राजकुमार।
या छौरे प्रहलाद को गुण तें पढ़इये ॥ १ ॥
"मैं पढ़यों राम को नाम और दूजा नहिं जानैं।
रर्रा मम्मा छांड़ि तीसरो अंक न आनौं ॥
कहा पढ़ावै बावरे, और सकल जंजार।
भौ सागर जम लोक ते, मोहि कौन उतारे पार" ॥ २ ॥
तब राजा परचरयौं रोस अति मन में कीन्हों।
"मेरो बैरी राम सोइ तैं चित धर लीन्हों ॥
या पढ़िवो तू छांड़ि दे, कह्यो हमारो मान।
टूक-टूक करि डारिहौं जब रे सुणों हरि कान" ॥ ३ ॥
जो बर्जयो सौ बार कह्य तेरो नहिं मानौं
...ख्याल मन कबहु न आनौं ॥
पूर्ण ब्रह्म है सकल मँ जाको यह विस्तार।
जाके राम सहाय हैं, कौण सकैगो मार" ॥ ४ ॥
राजा सभा बुलाइ बैठि एक मंत्र विचारो।
लै देखी परतीत जादू गिरवर ते डारौ ॥
सकल इति मिति लैं चले दीन्हों सैल चढ़ाइ।
जँह पंछी की गंध नहिं, तंह ते दियो गिराय" ॥ ५ ॥
वसुधा भई अधीन, दीन ह्वै दरसन कूँ आई।
मस्तक चरन छुआय लियो, हदै सों लाई ॥

---

१. यह साखी नाहटाजी के संग्रहालय में उपलब्ध प्रति में प्राप्त हुई है।
नोट—इस साखी में हरिदास शब्द का प्रयोग सन्त सुधासार में किया गया है। भक्तमाल में यह शब्द रैदास मिलता है।

२. यह साखी नाहटाजी के संग्रहालय में उपलब्ध प्रति में प्राप्त हुई है।
नोट—इस साखी में हरिदास शब्द का प्रयोग सन्त सुधासार में किया गया है। भक्तमाल में यह शब्द रैदास मिलता है।

''कहा भक्त कौ त्रास है, आदि अंत नहिं और।
अबकी सेवा चूक है, तौ तीन लोक नहिं ठौर''॥ ६॥
मूरति अधिक अनूप देख माता मुख हेरै।
देखि करम के जोग आज प्रहलादहिं टेरै॥
''हाथ जोर बिनती सुण मेरे राजकुमार।
एक घड़ी हरि छाँड़ि दै उबरै अबकी बार''॥ ७॥
''माता मेरी लाग प्रीति अब तोरी नहिं टूटै।
अंतर रही समाय, अंत ही अंत न छूटै॥
माली सींचे केवड़ा, बिन सींचे कुम्हलाय।
एक घड़ी हरि छाँड़ दूँ तड़पि तड़पि मरि जाय''॥ ८॥
असुर भयो मति हीन जबै लौ पापक दीन्हों।
अगति छाल पर जरे, तहाँ डिढ़ आषण कीन्हों॥
सकल देव रक्षा करें तहाँ पापक नहिं जाई।
बैठी सीत समन्द में जानौं मीन-मकर जल न्हाई॥ ९॥
ना जाने प्रहलाद कहा कछु चेटक कीहों।
असुर भयो मति-अंध जबै जल कूपहिं दीन्हों॥
सकल संत रिच्छा करें ध्रुव नारद के साख।
जाके राम राम सहाय हैं, तहाँ भावै कहा राख॥ १०॥
हस्त हस्त प्रहलाद तवै, चटसाल पधारे।
ररा मम्मा दोऊ अंक औसर पर जाइ उचारे॥
ले परतीत परचै भयो उपज्यो तन विश्वास।
और सकल संसार ते, राजा भयो उदास॥ ११॥
हाथ जोर प्रहलाद जबै देखत में आये।
खोजत खोजत असुर वहाँ ही जाइ सताये॥
''जो तोहि राखै सो कहां, मैं तोहि छाँड़्यो ताहि''
कोमल बचन कुंवर उठि बोले ''यो पति खम्भा माँहि''॥ १२॥
कर गहि लीन्हों खड्ग बांधि सन्मुख हुई ठाड़्यो।
''जो तेरो है राम यहाँ क्यौ नाहि छड़ावहि तोहि''॥ १३॥
''राजा गरब न बोल, राम है गरब प्रहारी॥
पूर्ण ब्रह्म है सकल में वे ई मन के ईस।
मो मैं, तो मैं, खड्ग-खम्भ में पूरि रहे जगदीस''॥ १४॥
''निसवासर नहीं मरे बुद्धि बल करों उपाई।

मारौ सोई मारि जो, रन सो बाहर माई॥
अन्दर बाहर न मरै, क्यों कर आवै हाथ।
मति ब्रह्मा की का कह्यो सो तो दीनानार्थ''॥ १४॥
नरसिंह उठे पाल जग-गरव सब ही मिटि जाई।
धरि-धरि रहे समाय, ठौर खाली नहिं काई॥
वह पूरण सकल में, कहाँ बताऊँ दूर।
तिल धरिवे को ठौर नहिं, रह्यो सकल भरिपूर''॥ १६॥
अस्त भयो है मान, उदै रजनीकर कीन्हा।
खम्भा में ते निकस जांघ जोधा को लीन्हा॥
नख सों उदर बिडारिया, तिलक दिया महराज।
सप्रदीप नव खण्ड में, तीन लोक भई गाज॥ १७॥
जहाँ जगत को भीर तहाँ सब कारज सारे।
हमसे अधम उघारि किये नरकन से न्यारो॥
सुसर मुनि गन्धर्व, पढ़ै ब्रह्म निवास।
मनसा वाचा कर्मणा, गावै जन रैदास॥ १८॥

■

परिशिष्ट

संत रैदास के जीवन से सम्बन्धित कुछ जनश्रुतियाँ

सन्त रैदास के जीवन से सम्बन्धित जनश्रुतियों को हम मूलत: तीन भागों में विभक्त कर सकते हैं। प्रथम प्रकार की जनश्रुतियाँ वे जनश्रुतियाँ कही जा सकती हैं जिनके माध्यम से हमको सन्त रैदास के पूर्व जन्म में उच्चवंशी होने का परिचय मिलता है। द्वितीय प्रकार की वे जनश्रुतियाँ कही जा सकती हैं जिनमें रैदास के सन्त स्वभाव का परिचय मिलता है। तृतीय प्रकार की वे जनश्रुतियाँ हैं जिनसे रैदास के विभिन्न क्षेत्रों में सम्मानित होने का वर्णन मिलता है।

प्रथम प्रकार की जनश्रुतियों का वर्णन जन्म शीर्षक के साथ किया जा चुका है। ऐसी जनश्रुति है कि सन्त रैदास पूर्व जन्म में स्वामी रामानन्द के शिष्य थे और उनके शापवश इस शिष्य को चमार के घर जन्म लेना पड़ा था। जन्म लेने पर पहले रैदास ने माता का स्तन पान नहीं किया था, बाद में रामानन्द के उपेदश देने पर इन्होंने माता का दूध पिया और रामानन्द द्वारा दीक्षित हुए थे। इस विषय में रैदास की परिचयी में अनन्तदास ने एक और कल्पना की है कि सन्त रैदास पूर्व जन्म में नारद थे।[१] इसी विषय में एक द्वितीय विश्वास और प्रचलित है कि रैदास पूर्व जन्म में ब्राह्मण होकर रामानंद के शापवशात इस जन्म में चमार के घर उत्पन्न नहीं हुए थे वरन् उन्होंने पूर्वजन्म में ब्राह्मण ब्रह्मचारी होकर भी मांस खाया था, इसी कारण उन्हें इस जन्म में चमार के घर जन्म लेना पड़ा था।

कहने की आवश्यकता नहीं कि इस प्रकार की (पूर्व जन्म में ब्राह्मण होने का विश्वास दिलाने वाली) जनश्रुतियाँ विश्वसनीय नहीं है। जहाँ इनसे एक ओर संत रैदास को उच्चवंशीय सिद्ध करने की चेष्टा की गई है, वहाँ इस प्रकार की जनश्रुतियाँ उस महापुरुष का अपमान भी करती हैं। जिस महापुरुष ने अपने को बड़े गर्व से प्रत्येक स्थान पर चमार जाति में पैदा हुआ बताया है और फिर अपनी साधना के बल पर उच्च सम्मान प्राप्त किया, यदि इस प्रकार की जनश्रुतियों पर विश्वास किया जाये तो वह सारी मूलभूत विचारधारा ही समाप्त हो जाती है। यह जनश्रुतियाँ समाज में प्रचलित एक

---

१. **और एक रैदास चमारा। जानूं नारद लियो औतारा।**
शूद्र कहूं तो आवै लाजा। दरसण कारण कलपै राजा॥ १०१॥

रैदास की परिचयी-अनन्तदास

विशेष मनोवृत्ति की परिचायक हैं जो ब्राह्मण इतर जाति में किसी महान् भक्त अथवा संत का उत्पन्न होना स्वीकार ही नहीं करना चाहती।

कुछ जनश्रुतियाँ सन्त रैदास के संत स्वभाव एवं निस्पृहता का परिचय देती हैं। सम्भव है कि उनमें कोई अतिरंजना की मात्रा भी हो किंतु उनका उद्देश्य अपने में पवित्र रहा है। अस्तु कुछ जनश्रुतियाँ इस प्रकार हैं—विश्वास किया जाता है कि रैदास अपने संत स्वभाव के कारण हरि भक्ति तथा संतों की सेवा में लगे रहते थे और जो कुछ भी उन्हें अपने परिश्रम की कमाई से मिलता वह सब संतों की सेवा में लगा देते थे। उनके स्वभाव से दुःखी होकर उनके पिता ने उनको अलग कर दिया था। फलतः संत रैदास पर बहुत आर्थिक संकट रहने लगा। उनके आर्थिक कष्ट में उनकी सहायता करने के लिए एक बार स्वयं भगवान साधु वेश में उनके पास आये थे और उनको पारस मणि दी। साधु ने रैदास को उनकी रांपी से पारस को स्पर्श कराके दिखा भी दिया था जिससे वह सिद्ध हो गया था कि यह पारस मणि ही है। रैदास ने मणि में कोई रुचि नहीं दिखाई और उस महात्मा से कह दिया कि वह उस मणि को यदि वहाँ छोड़ना ही चाहता है तो जहाँ चाहे रखकर जा सकता है, चाहे तो कहीं छप्पर में अटका दे। साधु ने कपड़े में लपेटकर मणि रैदास के छप्पर में घुड़स दी। लगभग एक वर्ष बाद जब साधु लौटे तब उन्होंने पारस मणि के माँगने पर कह दिया कि जहाँ वे रख गये होंगे वहीं रखी होगी। साधु ने, पारस मणि जहाँ छप्पर में रख गया था वहीं से निकाल ली और उसने पाया कि रैदास ने वह मणि छुई भी नहीं थी। जब रैदास को यह पारसमणि देकर भी भगवान द्वारा आर्थिक सहायता करने वाली युक्ति सफल नहीं हुई तब भगवान् ने रैदास की सहायता करने के लिए दूसरी युक्ति निकाली। संत रैदास नित्यप्रति अपने भगवान का आसन झाड़ते थे। एक दिन आसन झाड़ते समय प्रातःकाल उस सिंहासन के नीचे रैदास को सोने की पाँच मोहरें मिलीं। रैदास ने प्रारम्भ में उन मोहरों को स्वीकार नहीं करना चाहा, किन्तु उसी रात भगवान् ने उनको स्वप्न दिया कि यह उनका आदेश है कि रैदास उन मोहरों को स्वीकार कर लें। कहा जाता है कि आगे से नित्य सोने की पाँच मोहरें रैदास को सिंहासन के नीचे नित्य प्रातःकाल मिल जाती थीं। रैदास ने उस धन से मंदिर तथा तालाब बनवाये।

रैदास के जीवन से सम्बन्धित जनश्रुतियों में सर्वाधिक संख्या उन जनश्रुतियाँ की है जिनसे तत्कालीन युग में संत रैदास के महत्त्व पर प्रकाश पड़ता है। उल्लेख किया जा चुका है कि सम्भव है कि उन जनश्रुतियों में अतिरंजना की मात्रा भी हो, उनमें कुछ मात्र कल्पित भी हों किंतु इस प्रकार की जनश्रुतियों से इतना तो स्पष्ट हो ही जाता है कि संत रैदास अपने ही काल में पर्याप्त महत्त्वपूर्ण एवं सम्मानित व्यक्ति हो गये थे।

इन जनश्रुतियों से इस बात पर भी प्रकाश पड़ता है कि वर्ण व्यवस्था के नाम पर, सामाजिक अन्याय के उस युग में रैदास को पग-पग पर पुरोहितवाद तथा तथाकथित ब्राह्मणवाद से प्रतिचरण बाधायें मिली थीं और जनता की दृष्टि में उस पुरोहितवाद की तुलना में रैदास को बराबर अधिकतम सम्मान मिलता रहा।

कहा जाता है कि जब रैदास की प्रसिद्धि बहुत बढ़ने लगी तब ब्राह्मणों ने काशी नरेश के दरबार में जाकर पुकार मचाई कि एक शूद्र भगवान् की पूजा कर

रहा है और जनता को उपदेश करता है, उसको इस कार्य से रोका जाना चाहिये। काशी नरेश ने रैदास के पात्रत्व का निर्णय करने के लिए दोनों पक्षों में शास्त्रार्थ की तिथि निश्चित कर दी। शास्त्रार्थ में अपार जनता भी आई। जब पण्डितों का पक्ष निर्बल पड़ने लगा तो तब उन्होंने वितण्डावाद करना प्रारम्भ कर दिया जिससे कोई निर्णय न हो सके। शास्त्रार्थ से कोई निर्णय नहीं हो सका तब जनता की ओर से एक प्रस्ताव उपस्थित हुआ कि भगवान् का सिंहासन मँगवाया जाए; दोनों पक्ष उस सिंहासन पर बैठी मूर्ति का आवाहन करें; जिसके आवाहन पर मूर्ति गोद में आकर बैठ जाए वही पक्ष विजयी घोषित कर दिया जाये। काशीनरेश ने इसके साथ एक शर्त और लगा दी कि पराजित दल को विजयी पक्ष को सिंहासन पर बिठाल कर उसे अपने कंधे पर उठाकर नगर में घूमना पड़ेगा। पहले पण्डितों ने अनेक प्रकार से वेदमंत्रों का उच्चारण कर, भगवान का आवाहन किया किंतु भगवान् की मूर्ति टस से मस नहीं हुई। अंत में रैदास ने भक्ति भावना से ओतप्रोत होकर भगवान् का आह्वानं किया। रैदास के आह्वान करने पर भगवान् की मूर्ति रैदास की गोद में आ गई। पूर्वनिश्चित शर्त के अनुसार कहा जाता है रैदास को सिंहासन पर बिठाल कर नगर में उनकी सवारी निकाली गई जिनमें पराजित पण्डितों को कंधा लगाना पड़ा। कुछ लोग रैदास के पद की यह पंक्तियाँ ''ऐसालाल तुज बिन कौन करै, दीनदयाल गुसइयाँ मेरे माथे छत्र धरै'' को उसी घटना के प्रसंग में भगवान के प्रति कृतज्ञता ज्ञापन के रूप में लेते हैं। कतिपय विद्वानों का मत है कि रैदास जैसे विनयशील व्यक्ति ने यह कभी स्वीकार नहीं किया होगा कि उनकी इस प्रकार रथ-यात्रा निकाली जाए। यह बस उनकी विजय का सांकेतिक चित्रण भर है।[१]

एक अन्य कथा इस प्रकार है—रैदास के आश्रम पर कथा कीर्तन में बहुत भीड़ लगी रहती थी। एक सेठजी भी एक बार उस कथा-कीर्तन में गये। नित्य की भाँति कथा-कीर्तन उपदेश के बाद चरणामृत वितरण हुआ। सेठजी ने लोक दिखावे के लिए चरणामृत ले तो लिया किन्तु रैदास के शूद्र होने के कारण उसको ग्रहण नहीं किया। सिर के ऊपर करके फेंक लिया। वह चरणामृत सेठजी के कपड़ों पर गिर गया। घर आकर सेठजी ने नहा-धोकर वह सारे कपड़े एक भंगी को दान में दे दिये। भंगी के उन कपड़ों को पहनते ही उसका शरीर कान्तिमय हो गया और उस सेठ को शीघ्र ही गलित कुष्ठ हो गया। जब सेठ को यह ज्ञात हुआ कि उसने एक सच्चे भक्त की भक्ति का अपमान किया है इसी कारण उसको यह कुष्ठ हो गया है और जिस चण्डाल को उसने चरणामृत पड़े कपड़े को दिये थे उस भंगी का शरीर कान्तिमय हो गया हैं तब वह बहुत दुःखी हुआ और सेठ ने रैदास के चरणों में गिर कर क्षमा माँगी। संत स्वभाव के अनुरूप रैदास ने उस सेठ को क्षमा कर दिया और उनकी कृपा से ही सेठ पुनः पूर्ण स्वस्थ हो गया।

प्रसंग मिलता है कि यात्रा करते-करते संत रैदास एक बार कुम्भ मेले में भी चले गये। उनकी ख्याति वहाँ भी पहुँच चुकी थी, एक बहुत बड़ी संख्या में जनता रैदास का

१. पद १६।

उपदेश सुनने कुम्भ मेले में भी आने लगी। इस पर तथाकथित पण्डितों ने उनको शास्त्रार्थ हेतु ललकारा। जय-पराजय का निर्णय करने के लिए यह शर्त तय हुई कि प्रत्येक पक्ष अपने-अपने हाथ में लेकर शालिग्राम की मूर्ति को गंगा में बहाये; जिसकी हाथ की मूर्ति गंगा में तैर उठे वही पक्ष विजयी माना जाए। कहा जाता है कि संत रैदास के हाथ से प्रवाहित की गई शालिग्राम की मूर्ति गंगा में तैर उठी थी। भक्तों का विश्वास है कि रैदास के पदों में 'मूरती माहिं बसै परमेश्वर, तो पानी माहिं तिरै रे'[१] पंक्ति वाला पद रैदास ने उसी समय भक्तिभावनापूर्वक गाया था।

कहा जाता है कि एक ब्राह्मण नित्य ही राजा की ओर से गंगा की पूजा करने जाता था। एक बार उसका जूता बिल्कुल फट गया। वह रैदास के पास आया। रैदास ने उसको एक जोड़ी अपना बनाया हुआ जूता दे दिया और उसको एक सुपारी देकर प्रार्थना की कि यह रैदास की ओर से वह सुपारी गंगा को चढ़ा दे। ब्राह्मण ने जब अपना दैनिक पूजन समाप्त कर लिया तब उसको रैदास की सुपारी की याद आई। वह रैदास की दी हुई सुपारी गंगा में फेंकने ही जा रहा था कि लहरों के बीच में स्वयं गंगा प्रकट हुईं और उन्होंने उस सुपारी को हाथ बढ़ाकर ग्रहण किया तथा बदले में रैदास को देने के लिए एक सोने का कंकण दिया। ब्राह्मण वह कंकण लेकर जब चला तो मार्ग में उसका विचार बदल गया और राजा से पुरस्कार प्राप्त करने की कामना से उसने वह कंकण रानी को दे दिया। रानी उस कंकण को देखकर अत्यन्त प्रसन्न हुई और उसने वैसे ही दूसरे कंकण की इच्छा प्रकट की, राजा ने अनेक कारीगर बुलवाकर इस प्रकार के कंकण बनाने के लिए आदेश दिया किंतु कोई भी कारीगर उस कंकण को न बना सका। इधर उसी प्रकार का कंकण प्राप्त करने की कामना उस रानी में प्रबलतर होती जा रही थी और उसकी अप्राप्ति पर वह दु:ख से रोगग्रस्त हो गई। वैद्यों ने राजा को बताया कि जब तक उसकी इच्छा पूर्ण नहीं होगी वह निरोग नहीं हो सकती। अन्ततोगत्वे राजा को ब्राह्मण पर क्रोध आया और उसने उस ब्राह्मण को आदेश दिया कि जहाँ से वह पहला कंकण लाया है वहीं से दूसरा कंकण भी लाकर दे अन्यथा उसको मृत्युदण्ड दिया जायेगा। ब्राह्मण ने प्राणों का संकट जान कर कंकण प्राप्त होने की सारी कथा राजा को बता डाली। राजा को बड़ा पश्चाताप हुआ किन्तु अब कोई उपाय नहीं रह गया था। उधर रानी की दशा बिगड़ती चली जा रही थी। विद्वानों ने सम्मति दी कि इस परिस्थिति का एकमात्र उपाय रैदास की शरण में जाना ही है। हारकर राजा संत रैदास की शरण में गया, अनेक प्रकार से उनसे क्षमा माँगी तथा अपनी कठिनाई सुना दी। राजा से सारी कथा सुनकर रैदास ने ब्राह्मण को क्षमा कर दिया और अपनी कुटी के पास ही बने कुण्ड के किनारे पर जाकर गंगा की स्तुति की। कहा जाता है कि कुण्ड में से ही गंगा ने प्रकट होकर अनेक कंकण दिये किंतु रैदास ने उनमें से केवल एक कंकण लेकर राजा को दे दिया। दूसरा कंकण पाकर रानी का स्वास्थ्य ठीक हो गया। बाद को राजा और रानी दोनों ही रैदास के शिष्य हुए।

---

१. **पद ७३ (डॉ० पीताम्बरदत्त बड़थ्वाल के मतानुसार यह पद रैदास ने मूर्ति पूजा के विरोध में लिखा था)।**

गंगा और कंकण से सम्बन्धित यह कथानक गढ़वाली लोककथाओं में कुछ थोड़े परिवर्तन के साथ पाया जाता है।[१] प्रसंग इस प्रकार है—देवताओं की सभा में एक बार बातचीत हुई और ब्रह्मा ने पूछा कि भक्तों में सर्वश्रेष्ठ भक्त कौन है, इस पर लोगों ने उत्तर दिया—कबीर, कमाल और फिर रैदास। रैदास ने १२ वर्ष तक गंगा की सेवा की है। अंत में ब्रह्मा ने भी गंगाजी जाने की ठानी तो रैदास ने ब्रह्मा को एक पैसा दे दिया कि वह पैसा रैदास की ओर से गंगा को चढ़ा दे। हरिजन के हाथ का पैसा लेते हुए ब्रह्मा को जुगुत्सा हुई। रैदास इस बात को भाँप गये; उन्होंने ब्रह्मा से कहा कि आप इस पैसे को लेते जावें, उनकी भेंट लेने के लिए गंगा स्वयं प्रकट होकर हाथ फैलायेंगी और स्वंय भेंट लेंगी। ब्रह्मा पैसा लेकर चले किन्तु रैदास का पैसा चढ़ाना भूल गये। लौटते समय इसी अपराध में ब्रह्मा की आँखें अंधी हो गईं तब ब्रह्मा फिर गंगाजी तक लौट कर गये और रैदास का पैसा जाकर चढ़ाया। अब ब्रह्मा की आँखें ठीक हो गईं। पैसा चढ़ाने के उपलक्ष्य में गंगा ने प्रकट होकर उनको एक कंकण दिया और यह भी कहा कि लौटते समय यह कंकण मेरे भक्त रैदास को दे देना। उलटते समय ब्रह्मा की नीयत खराब हो गई और पुराने मार्ग के बजाय दूसरे मार्ग से जाने लगे जिससे उनकी रैदास से भेंट न हो। जब ब्रह्मा दूसरे मार्ग से जा रहे थे तब उनको सामने रैदास खड़े हुए दिखाई दिये। ब्रह्मा जिस भी रास्ते से जाते उसी रास्ते में हर ओर रैदास खड़े हुये दिखाई देते। अन्त में हारकर ब्रह्मा ने गंगा का दिया हुआ कंकण रैदास को दे दिया और रैदास से क्षमा माँगी।

रैदास के जीवन से सम्बन्धित गंगा के प्रसंग में अनेक कथानक हैं। कहा जाता है कि एक बार रैदास, माण्डोर या माण्डोगढ़ गये। वहाँ पर उन्होंने गंगाजी के सम्मान में एक बहुत बड़ा भण्डारा किया। रैदासजी गंगा के परम उपासक थे। गंगा स्वयं एक सुंदरी का वेश धारण करके प्रसाद ग्रहण करने आई थीं। गंगा का अनिंद्य रूप देखकर माण्डोगढ़ का राजा उस पर आसक्त हो गया और रैदास से आग्रह किया कि, ''रैदास उस कन्या के साथ राजा का विवाह करवा दे अन्यथा रैदास को प्राण दण्ड दिया जायेगा। रैदास उस बात के लिए किसी भी दशा में तैयार नहीं हुए। जब राजा अधिक ज़िद पर आया और वह रैदास को मृत्यु का आदेश देने को हुआ तब गंगा स्वयं सुंदरी के रूप में राजा के सामने आ उपस्थित हुईं और विवाह की स्वीकृति दे दी; किन्तु शर्त यह रखी गई कि बारात शीघ्र आनी चाहिए। अस्तु, राजा शीघ्र ही बारात लेंकर संत रैदास के आश्रम पर आया और रैदास के कुण्ड के आस-पास ही बारात ठहराई गई। सुंदरी कन्या पूर्ण श्रृंगार में सबके सामने तैयार होकर आई और सभी के देखते-देखते कुण्ड में लीन हो गई। उसी समय कुण्ड से एक बहुत बड़ी धार निकली जिसमें राजा सहित उनके सभी सहायक डूब गये, केवल वे ही लोग बच गये जिन्होंने राजा के इस अनैतिक प्रस्ताव का विरोध किया था या जो इस प्रस्ताव के समर्थक नहीं थे।

चित्तौड़ की झालीरानी के आमंत्रण पर रैदास चित्तौड़ भी गये थे। वहाँ पर रानी ने उनके सम्मान में एक बहुत बड़ा भोज किया था। कहा जाता है कि रानी के आदेश से

---

१. **श्री गोविन्द चातक-गढ़वाली लोक गीत—एक सांस्कृतिक अध्ययन-उद्धृत श्री अगरचंद नाहटा द्वारा प्राप्त सामग्री में।**

घी-तेल के तालाब भरवाये गये थे। अस्तु, रानी के इस भोज में ब्राह्मणों ने भोजन करने से इनकार कर दिया क्योंकि यह भोज एक अछूत के सम्मान में दिया गया थां। रानी ने रैदास की सहमति से इन सभी ब्राह्मणों के लिए अलग से सीदे की व्यवस्था कर दी थी। जिसे बनाकर ब्राह्मणों को स्वयं ही अपना भोजन खाना था। अपने ही बनाये हुए भोजन को जब यह ब्राह्मण खाने बैठे तब उनको अपने में से प्रत्येक के बीच रैदास हर स्थान पर बैठे दिखाई दिये। अन्त में वे सभी ब्राह्मण अत्यन्त लज्जित हुए और उन्होंने रैदास के प्रभाव को समझकर उनसे क्षमा माँगी। कहा जाता है कि रैदास ने अपने पर भगवान् की कृपा सिद्ध करने के लिए एक बार भगवान् का पूरा सिंहासन सरिता में फेंक दिया था और बाद को आवाहन करने पर सिंहासन सहित भगवान् रैदास के पास आ गये थे; चित्तौड़ में कुंभनश्यामजी के मंदिर में उन्हीं ठाकुरजी की प्रतिष्ठा की गई थी।

जिस समय चित्तौड़ में रैदास का भोज, रानी झाली ने किया था और उनमें रैदास ब्राह्मणों की पंक्ति में स्वतः प्रकट हुये थे, उसके पश्चात् रैदास ब्राह्मणों की उनके प्रति लगातार उपेक्षा तथा अपमानपूर्ण व्यवहार से अत्यन्त दुःखी हुए थे और अन्त में उन्होंने अपनी त्वचा को चीरकर त्वचा के नीचे से सोने का यज्ञोपवीत ब्राह्मणों को दिखाकर ब्राह्मणों को अपने पूर्वजन्म में ब्राह्मण होने का प्रमाण दिया था। इसी सम्बन्ध में यह भी कथा कही जाती है कि जिस समय रैदास ने सोने का जनेऊ दिखाया था, उस समय जनेऊ तथा शरीर से इतनी तीव्र ज्योति दृष्टिगोचर हुई थी कि सभी की दृष्टि चौंधकर बंद हो गई थी और रैदास उसी समय लीन हो गये थे। जब लोगों की आँखें खुलीं तो रैदास का शरीर वहाँ उपस्थित नहीं था, केवल उनके दो पद-चिह्न थे, जिनको आज भी उनकी छतरी के पास (चित्तौड़ में) श्रद्धालु भक्तों को दिखाया जाता है।

■

सहायक पुस्तकों की सूची

(१) अरब और भारत के सम्बन्ध—सैयद सुलेमान नदवी, अनु० रामचन्द्र वर्मा १९३०

(२) अद्वैत सिद्धान्त सार संग्रह—नारायण-ओरियण्टल बुक एजेन्सी-पूना १९३५

(३) अष्टछाप और वल्लभ सम्प्रदाय—डॉ० दीनदयाल गुप्त—सं० २००४ (प्रयाग)

(४) अलंकार मीमांसा—डॉ० रामचन्द्र द्विवेदी-मोतीलाल बनारसीदास—दिल्ली १९६५

(५) ईशावास्योपनिषद्-(सटीक) गीताप्रेस गोरखपुर

(६) उत्तरी भारत की सन्त परम्परा—परशुराम चतुर्वेदी-भारती भण्डार-इलाहाबाद, प्रथम संस्करण

(७) कठोपनिषद्—सं० स्वामी सत्यानन्द, प्रथम संस्करण (विद्याप्रकाश प्रेस लाहौर)

(८) केनोपनिषद् भाष्य-शंकराचार्य कृत (गीताप्रेस गोरखपुर)

(९) कबीर का रहस्यवाद—डॉ० रामकुमार वर्मा-साहित्य भवन इलाहाबाद, नवम संस्करण

(१०) कबीर ग्रन्थावली—डॉ० श्यामसुंदर दास-नागरी प्रचारिणी सभा-काशी, अष्टम संस्करण

(११) कबीर—हजारी प्रसाद द्विवेदी-हिन्द ग्रन्थ रत्नाकर-बम्बई, अष्टम संस्करण

(१२) कल्याण-योगांक (गीताप्रेस गोरखपुर)

(१३) कल्याण-सन्त अंक (गीताप्रेस गोरखपुर)

(१४) कबीर की विचारधारा—डॉ० गोविन्द त्रिगुणायत-साहित्य निकेतन कानपुर, द्वितीय संस्करण

(१५) कबीर साहित्य की परख—परशुराम चतुर्वेदी-भारती भण्डार-इलाहाबाद, प्रथम संस्करण

(१६) कबीर साखी—सम्पा० विचारदास-रामनारायणलाल, इलाहाबाद प्र० संस्करण

(१७) कबीर बीजक—सम्पा० विचारदास-रामनारायणलाल, इलाहाबाद, प्र० संस्करण

(१८) कर्म मीमांसा दर्शनम्—भाषानुवाद सहित, चौखम्भा प्रकाशन, वाराणसी, प्रथम संस्करण

(१९) काव्य के रूप—डॉ० गुलाबराय, आत्माराम एण्ड सन्स, दिल्ली, चतुर्थ संस्करण

(२०) काव्य निर्णय—भीखारीदास-विनोद पुस्तक मन्दिर-१९५८

(२१) कबीर-रैदास सम्वाद—सैनी (हस्तलिखित प्रति डॉ० रामकुमार वर्मा के पास से उपलब्ध प्रति)

(२२) गीताप्रवचन—विनोबा भावे-सस्ता साहित्य मण्डल, दिल्ली, तृतीय संस्करण

(२३) गीता रहस्य-लोकमान्य बालगंगाधर तिलक—पूना, १२वाँ संस्करण

(२४) गुलाब साहब की बानी-विल्वेडियर प्रेस इलाहाबाद, प्रथम संस्करण

(२५) गुर ग्रन्थ साहब—सम्पादक भाई गुरदयाल सिंह-अमृतसर, प्रथम संस्करण

(२६) गौड़पाद-महादेवन, प्रथम संस्करण

(२७) चरणदास की बानी—(दो भाग)-विल्वेडियर प्रेस इलाहाबाद, प्र० सं०

(२८) छान्दोग्य उपनिषद्—सम्पा० स्वामी सत्यानन्द—विद्याप्रकाश लाहौर, प्रथम संस्करण

(२९) जायसी ग्रन्थावली—रामचन्द्र शुक्ल—नागरी प्रचारिणी सभा, अष्टम संस्करण

(३०) तत्वद्वीय निबन्ध-बल्लभाचार्य—(शास्त्र प्रकरण) चौखम्भा प्रकाशन, वाराणसी, प्रथम संस्करण

(३१) तैत्तरीयोनिषद्—गीताप्रेस, गोरखपुर

(३२) तंत्रसार—कृष्णानन्द भट्टाचार्य-विश्वेश्वरानन्द वैदिक शोध संस्थान होशियारपुर, प्रथम संस्करण

(३३) तंत्रसार—आर० एम० चटर्जी-कलकत्ता, प्रथम संस्करण

(३४) तबस्सुफ और सूफीमत—चन्द्रबली पाण्डेय-सरस्वती मन्दिर, वाराणसी १९४५

(३५) दर्शन-दिग्दर्शन—राहुल सांकृत्यायन—किताब महल इलाहाबाद, तृतीय संस्करण

(३६) दरिया सागर—विल्वेडियर प्रेस, इलाहाबाद, प्रथम संस्करण

(३७) दादूदयाल की बानी (दोनों भाग)—विल्वेडियर प्रेस, इलाहाबाद

(३८) दिल्ली सल्तनत—डॉ० आशीर्वादी लाल-शिवलाल अग्रवाल, आगरा, १९५२

(३९) दो सौ बावन वैष्णवन की वार्त्ता-गोकुल दास डाकोर

(४०) नागरी प्रचारिणी सभा खोज रिपोर्ट

(४१) नाथ सम्प्रदाय—डॉ० हजारीप्रसाद द्विवेदी, प्रथम संस्करण

(४२) नारदीय भक्ति दर्शन—स्वामी अखण्डानन्द सरस्वती—सत्साहित्य प्रकाशन ईस्ट बम्बई, प्र० सं०

(४३) पलटूदास की बानी—विल्वेडियर प्रेस, इलाहाबाद

(४४) प्रत्याभिज्ञा हृदयम्—अडियार लाइब्रेरी-मद्रास, १९३८

(४५) पातंजल योग सूत्र—हरिनारायण आप्टे—आनन्दाश्रम मुद्रणालय, पूना, १९०५

(४६) ब्रह्मसूत्र (शांकर भाष्य) सम्पादक चण्डीप्रसाद शुक्ल—अच्युत ग्रन्थ माला काशी, १९५३

(४७) बृहदाख्यकोपनिषद्-गीताप्रेस, गोरखपुर

(४८) भविष्यपुराण्-गीताप्रेस, गोरखपुर

(४९) भक्त चरितावली—प्रभुदत्त ब्रह्मचारी, प्रथम संस्करण

(५०) भक्ति सागर—चरणदास—नवलकिशोर प्रेस, लखनऊ

(५१) भगवान रविदास की सत्य कथा—रामचन्द्र कुरील, प्रथम संस्करण

(५२) भगवद्गीता—गीताप्रेरा, गोरखपुर

(५३) भारतीय संस्कृति—वाचस्पति गैरोला, लोकभारती प्रकाशन, १९५१

(५४) भगवान रविदास का सत्य स्वभाव—रामदास शास्त्रपाठी—गंगाफाइन आर्ट प्रेस, लखनऊ

(५५) श्रीमद्भागवत सटीक—गीताप्रेस, गोरखपुर

(५६) मध्ययुगीन हिन्दी साहित्य का लोक तात्विक अध्ययन—डॉ० सत्येन्द्र विनोद पुस्तक मन्दिर-आगरा, प्र० सं०

(५७) माण्डूक्य कारिका—गौड़पाद-गीताप्रेस, गोरखपुर

(५८) माण्डूक्य कारिका—शंकाराचार्य-गीताप्रेस, गोरखपुर

(५९) मनुस्मृति—चौखम्भा प्रकाशन, वाराणसी, १९५२

(६०) महाभारत-शान्तिपर्व—गीताप्रेस, गोरखपुर

(६१) मध्ययुगीन भारत—डॉ० आशीर्वाद लाल, १९६२

(६२) माण्डूक्योपनिषद—गीताप्रेस, गोरखपुर

(६३) मीराबाई की पदावली—हिन्दी साहित्य सम्मेलन, सं० २००५

(६४) मुण्डकोपनिषद्—गीताप्रेस, गोरखपुर

(६५) रविदास पुराण—हस्तलिखित प्रति (अगरचन्द नाहटा संग्रहालय-बीकानेर)

(६६) राष्ट्रभारती पत्रिका

(६७) रैदास की परचई—अनन्तदास-(हस्तलिखित-भण्डारकर इन्स्टीट्यूट पूना से प्राप्त)

(६८) रैदास-रामायण—बख्शीदास-(हस्तलिखित-व्यक्तिगत संग्रहालय)

(६९) रैदास की वाणी—विल्वेडियर प्रेस, इलाहाबाद

(७०) रस मीमांसा—रामचन्द्र शुक्ल—नागरी प्रचारिणी सभा काशी, तृतीय संस्करण

(७१) रामचरित्र मानस-तुलसीदास—गीताप्रेस, गोरखपुर (बड़ा साइज़)

(७२) विष्णु पुराण—गीताप्रेस, गोरखपुर

(७३) विनय पत्रिका—गीताप्रेस, गोरखपुर

(७४) वेदान्त सार (टीका प्रो० हरिन्ना) पूना १९२९, हिन्दी संस्करण

(७५) वेदान्त दर्शन (वेदव्यास कृत) गीताप्रेस, गोरखपुर

(७६) श्वेताश्वतरोपनिषद् (वेदव्यास कृत) गीताप्रेस, गोरखपुर

(७७) शाण्डिल्य सूत्र-भाष्य स्वप्नेश्वरः—विश्वेश्वरानन्द वैदिक शोध संस्थान—होशियारपुर, प्रथम संस्करण

(७८) सन्त कबीर—डॉ० रामकुमार वर्मा

(७९) सन्त बानी संग्रह—दो भाग-विल्वेडियर प्रेस, इलाहाबाद

(८०) सहजोबाई की बानी—विल्वेडियर प्रेस, इलाहाबाद

(८१) सन्त साहित्य—डॉ० सुदर्शन सिंह मजीठिया-रूपकमल प्रकाशन, देहली, प्रथम संस्करण

(८२) सन्त रैदास—संगमलाल पाण्डेय-दर्शन पी०-इलाहाबाद, प्रथम संस्करण

(८३) सन्त रविदास—रामानन्द शास्त्री तथा विरेन्दर पाण्डेय—नवभारत प्रेस, लखनऊ, प्र० सं०

(८४) सन्त नामदेव—वानखड़े गुरुजी-सूचना एवं प्रसारण विभाग, भारत सरकार, प्र० सं०

(८५) सन्त सुधांसार—वियोगी हरि—सस्ता साहित्य मण्डल, प्रथम संस्करण

(८६) संस्कृत साहित्य का इतिहास—मेकडानल्ड (अंग्रेजी, अनुवादक-चारुचन्द्र शास्त्री-चौखम्भा प्रकाश, १९६८)

(८७) सर्वांगी-नागरी प्रचारिणी सभा

(८८) सुन्दर विलास—सन्त सुन्दरदास-विल्वेडियर प्रेस, इलाहाबाद

(८९) संगम और संघर्ष—डॉ० रांगेय राघव-किताब महल, इलाहाबाद, १९५३

(९०) सूफ़ी मत और हिन्दी साहित्य—डॉ० विमलकुमार जैन, १९५५

(९१) हिन्दी साहित्य-द्वितीय खण्ड—सम्पा० डॉ० धीरेन्द्र वर्मा-हिन्दी परिषद्, प्रयाग, प्र० सं०

(९२) हिन्दी काव्य में निर्गुण परम्परा और उसकी दार्शनिक पृष्ठभूमि—डॉ० त्रिगुणायत, साहित्य निकेतन, कानपुर

(९३) हिन्दी साहित्य का आलोचनात्मक इतिहास—डॉ० रामकुमार वर्मा-रामनारायण लाल, चतुर्थ संस्करण

(९४) हिन्दी को मराठी सन्तों की देन—विनय मोहन शर्मा—बिहार राष्ट्रभाषा परिषद्, पटना, प्र० सं०

(९५) हिन्दी काव्य में निर्गुण सम्प्रदाय—डॉ० पीताम्बर दत्त बड़थ्वाल अनुवादक परशुराम चतुर्वेदी-अवध प्रकाशन (प्र० सं०)

(९६) त्रिवेणी—रामचन्द्र शुक्ल-सम्पादक कृष्णानन्द-नागरी प्रचारिणी सभा वाराणसी, १५वाँ संस्करण

(९७) ज्ञानसमुद्र—सुन्दरदास-विल्वेडियर प्रेस, इलाहाबाद।

अन्य भाषाओं की पुस्तकें

(९८) ए कन्स्ट्रक्टिव सर्वे ऑफ उपनिषदिक फ़िलास्फी—डॉ० आर० डी० रानाडे-पूना, १९२६

(९९) बाम्बे गज़ेटियर १८८४

(१००) कम्प्लीट वर्क्स ऑफ स्वामी विवेकानन्द-अद्वैत आश्रम-दिल्ली, १९६३

(१०१) केम्ब्रिज हिस्ट्री ऑफ इण्डिया-स्मिथ

(१०२) कन्साइज्ड ऑक्सफोर्ड डिक्शनरी, १९११

(१०३) डिक्शनरी ऑफ इस्लाम—स्टेनली लेनपूल-सुशील गुप्ता कलकत्ता, प्रथम संस्करण

(१०४) गोरखनाथ एण्ड कनफटा योगीज़—जार्ज विस्टन ब्रिग्ज़ कलकत्ता, १९३८

(१०५) हिस्ट्री ऑफ आसाम-गेट-कलकत्ता, १९०६

(१०६) हिन्दू मिस्टिसिज्म डॉ० एस० एन० दास गुप्त-कलकत्ता, प्र० सं०

(१०७) हिस्ट्री ऑफ इण्डिया एज़ टोल्ड बाई इट्स ओन हिस्टोरियन्स डलियड एण्ड डाउसन-लन्दन, १८८६-८७

(१०८) इम्पीरियल गज़ेटियर ऑफ़ इण्डिया, १८८४

(१०९) इण्डियन फ़िलॉसफ़ी—राधाकृष्ण-न्यूयार्क, १९५१

(११०) जोयज़ मिस्टिसिज़्म—एम० के० स्पेन्सर, १९४२
(१११) मिडीवल इण्डिया अण्डर मुहम्डन रूल-स्टेनली लेनपूल—सुशील गुप्ता-कलकत्ता-१९५१
(११२) मुस्लिम रूल इन इण्डिया—ईश्वरी प्रसाद-इण्डियन प्रेस, १९३८
(११३) मिस्टिक सेक्ट्स एण्ड एसेटिक्स-ओमन, १९०३
(११४) मिडीवल मिस्टिसिज़्म—क्षीतिमोहन सेन-लन्दन, १९२९
(११५) मिस्टिसिज़्म—इवजिन अण्डर हिल-लन्दन, १९१२
(११६) मिस्टिसिज़्म इन इंगलिश लिट्रेचर-मिस स्वर्जन, १९२७
(११७) मिस्टिसिज़्म इन महाराष्ट्र—आर० डी० रानाडे, १९३३
(११८) निर्गुण स्कूल ऑफ़ हिन्दी प्रोइट्री—डॉ० पीताम्बर दत्त बड़थ्वाल, इण्डियन बुक शॉप, बनारस, १९३६
(११९) रेशनल मिस्टिसिज़्म—किंग्स लेण्ड-लन्दन, प्र० सं०
(१२०) रूमी पोइट एण्ड मिस्टिक—निकल्सन-लन्दन जार्ज लन्दन एण्ड अनविन, १९५४
(१२१) सिलेक्शन्स फ्रॉम स्वामी विवेकानन्द—मायावती मेमोरियल प्रकाशन, गम्भीरानन्द, १९५७
(१२२) सिख रिलीजन—मेकलिफ़, १९०९
(१२३) स्पिरिचुअल फ़िलासफ़ी इन लाइफ़—एस० के० स्पेन्सर, १९४२
(१२४) तामिल स्टडीज़—प्रथम संस्करण, १९२२
(१२५) थीज़्य इन मिडीवल इण्डिया—कारपेण्टर, १९२१
(१२६) दी आइडिया आफ़ परसनालिटी इन सूफीज़्म आर० ए० निकल्सन-लन्दन, प्रथम संस्करण
(१२७) तज़किरातुल औलिया-मुहम्मद अब्दुल अहद-मत्वा मुजतबाई-दिल्ली, १३२७ हिजरी
(१२८) दि चमार्स—जी० वी० ब्रिग्ज़
(१२९) वैष्णविज़्म, शैविज़्म एण्ड माइनर रिलीजस सिस्टम्स—डॉ० आर० वी० भण्डारकर-पूना, १९२८।

■